El análisis sintáctico

- El análisis sintáctico de una oración consta de **dos pasos fundamentales**:

  - Reconocer las clases de palabras (las **categorías gramaticales**) que forman la oración. Por ejemplo:

Nosotros	defendemos	las	causas	justas.
		artículo	nombre	adjetivo
	verbo	grupo nominal		
pronombre	grupo verbal			

  - Identificar qué **función** desempeñan las palabras dentro de la oración. Para eso es necesario comprender qué relación se establece entre los distintos grupos. Por ejemplo:

Nosotros	defendemos	las	causas	justas.
		artículo actualizador	nombre núcleo	adjetivo modificador
	verbo núcleo	grupo nominal CD		
pronombre sujeto	grupo verbal predicado			

- Además, hay que tener siempre en cuenta que:

  - Una misma función sintáctica puede estar desempeñada por distintas categorías gramaticales. Por ejemplo:

Mario	es	madrileño.
	verbo núcleo	adjetivo atributo
nombre sujeto	grupo verbal predicado	

Mario	es	de	Madrid.
	verbo núcleo	grupo preposicional atributo	
nombre sujeto	grupo verbal predicado		

  - Una misma categoría gramatical puede desempeñar funciones distintas, según el contexto en el que aparezca. Por ejemplo:

El	coche	está	averiado.
artículo actualizador	nombre núcleo	verbo núcleo	adjetivo atributo
grupo nominal sujeto		grupo verbal predicado	

Amparo	aparcó	el	coche.
		artículo actualizador	nombre núcleo
	verbo núcleo	grupo nominal CD	
nombre sujeto	grupo verbal predicado		

Análisis sintáctico

Teoría y práctica

Leonardo Gómez Torrego
Prólogo de Ignacio Bosque

Proyecto editorial
Concepción Maldonado González

Autoría
Leonardo Gómez Torrego

Revisión lingüística y pedagógica
Guadalupe Jover

Ejercicios y solucionario
Guadalupe Jover
Javier Salinas

Diseño de interiores
Estudio SM

Diseño de cubierta
Estudio SM

Edición técnica
Elena Díaz-Plaza Martín-Lorente
Elena Vázquez Risco

Coordinación editorial
Nieves Almarza Acedo
Yolanda Lozano Ramírez de Arellano

Dirección editorial
Concepción Maldonado González

Primera edición: marzo 2002
Tercera edición (revisada y actualizada): marzo 2011

CENTRO INTEGRAL DE ATENCIÓN AL CLIENTE
TEL. 902 12 13 23   FAX 902 24 12 22
clientes@grupo-sm.com
www.grupo-sm.com

Para más información fuera de España:
Grupo Editorial SM Internacional
Impresores, 2 - Urb. Prado del Espino
28660 Boadilla del Monte (Madrid) - España

Teléfono +34 91 4228800
Fax +34 91 4226109
E-mail: internacional@grupo-sm.com

© Leonardo Gómez Torrego - Ediciones SM
ISBN: 978-84-675-4134-2 / Depósito legal: M-7905-2011
Impreso en China - *Printed in China*

Cualquier forma de reproducción, distribución, comunicación pública o transformación de esta obra solo puede ser realizada con la autorización de sus titulares, salvo excepción prevista por la ley. Diríjase a CEDRO (Centro Español de Derechos Reprográficos, www.cedro.org) si necesita fotocopiar o escanear algún fragmento de esta obra

PRÓLOGO

(por Ignacio Bosque, Real Academia Española)

Cualquier persona relacionada profesionalmente con la gramática, y con cierta experiencia en la enseñanza o en la investigación, sabe bien que el lugar en el que residen verdaderamente los conocimientos gramaticales es la punta de los dedos. En otras actividades tiene quizás sentido distinguir las enseñanzas teóricas y las prácticas, pero el que estudia y enseña gramática sabe por experiencia que en nuestra disciplina no existe en realidad ninguna diferencia entre ambas. El que analiza una determinada oración está analizando a la vez todo el sistema de relaciones gramaticales. Los conceptos que proponga se aplicarán al ejemplo inmediato, pero habrán de tener sentido en el sistema en el que ha de inscribirse cada dato particular. El gramático no pretende entender cada secuencia como un objeto aislado, sino más bien usarla como pista que le ayude a comprender un sistema de relaciones abstractas en el que ese dato debería encajar, junto con todos los demás que el texto no muestra. El conocimiento de ese sistema es siempre parcial; el gramático sabe que, aunque tenga un buen nombre para cada construcción y para cada fenómeno, la comprensión del sistema en su conjunto se le escapa siempre, y que su trabajo no es otro que perseguirla.

Mi experiencia en la Enseñanza Media es escasa, pero la actitud de los estudiantes de los primeros cursos de la facultad, con los que he lidiado durante largos años, no es muy distinta de la que otros compañeros y amigos, también profesores de lengua, conocen bien por su experiencia con estudiantes de Secundaria y de Bachillerato. Todos hemos sido alumnos en esos niveles y reconocemos que han tenido que pasar muchos años para que adquiriésemos conciencia de lo que significa estudiar. En la clase de gramática nos presentaban, como en las demás clases, nociones abstrusas que nos parecían ajenas a nosotros, a nuestros intereses, a nuestras vidas. Estudiarlas no era otra cosa que repetirlas, sabérselas. Uno se sabía el artículo o el adverbio, como se sabía la tabla periódica o la Reconquista. Cambiaban los profesores, los cursos y los ejercicios, pero siempre permanecía la sensación de que estudiar no era otra cosa que esforzarse obligadamente en memorizar informaciones siempre ajenas, siempre externas a nosotros.

El pequeño placer del estudiante de gramática casi nunca provenía de la comprensión. Procedía más bien de la seguridad que da el haber recitado algo con precisión y firmeza. Aún recuerdo la satisfacción que me producía el tener ocasión de escribir mecánicamente una lista memorizada de tipos oracionales que casi siempre venían a cuento:

«... transitiva, activa, enunciativa, afirmativa...». Analizar una oración consistía (al menos para mí, para mis compañeros de clase y al parecer también para nuestro profesor de Bachillerato) en hacer una lista con las palabras que la formaban y etiquetar cada una de ellas por separado con nombres que venían en el libro. Nunca nos dimos cuenta de que dar nombres a las partes de una cosa no es lo mismo que entender cómo está hecha. Lleva años comprender algunas obviedades. Lo cierto es que nadie nos había dicho nunca que analizar una oración fuera entender cómo está hecha, y mucho menos, que analizar el idioma significara comprender algún sistema abstracto que relaciona la forma con el significado de lo que decimos, de nuestras palabras (no solo de las del libro), que comprender la gramática es comprender una parte de nosotros mismos. En realidad, nunca nos habían dicho que analizar fuera comprender.

Recuerdo muy bien que para nosotros, analizar una oración era sobre todo *despacharla*, y me parece que aún sigue siendo así para muchos estudiantes en la Enseñanza Media, y hasta en los primeros cursos de la facultad. Sabíamos que el profesor quedaría contento si escribíamos ciertas etiquetas junto a cada palabra (debajo de ella en algunas clases de lengua y al lado en otras, según las preferencias del profesor), y nuestra gran preocupación era saber si las debíamos subrayar con trazo continuo o discontinuo, o si al lado de cada una debíamos escribir dos puntos o bien punto y guion. Recuerdo que me afectó mucho haber bajado bastante la nota de un examen por haberme equivocado en estas cuestiones, pero no me afectó porque las considerara irrelevantes, sino porque había entendido mal las instrucciones del maestro.

Quizás sucede, simplemente, que cuesta muchos años adquirir conciencia de lo que significa exactamente estudiar. Pasan décadas hasta que entendemos una expresión latina que habíamos aprendido cuando éramos niños, un término filosófico, una referencia histórica o literaria, una descripción gramatical que memorizamos en algún momento y que sigue, descolgada, en nuestra cabeza hasta que algún resorte (quizás sea eso la madurez) hace que de repente cobre pleno sentido. Muchas veces me he preguntado si es necesario que pase todo este tiempo para que adquiramos conciencia de que ese mundo, que tan ajeno nos parecía en la escuela, era en realidad el nuestro propio.

Lo cierto es que no debería tener lugar un lapso tan enorme. Es evidente que la capacidad de comprender está en relación con la edad, pero en todos los campos del saber se consiguen progresos cuando se fomenta en los estudiantes la inquietud y la curiosidad, dos ingredientes imprescindibles que les facilitarán la comprensión parcial de las nociones que se les vayan presentando progresivamente.

Pero me temo que los hábitos rutinarios siguen demasiado vivos. Muchos años después, ya como profesor universitario, pude comprobar que la pregunta más repetida en las clases de gramática seguía siendo *¿Puede repetir?* o, a lo sumo, *¿Si sale un infinitivo, qué tengo que poner?* Precisamente por eso, todavía recuerdo con absoluta claridad una clase de gramática, en la Universidad Complutense, en la que una alumna me hizo esta pregunta: *¿Por qué existen conjunciones subordinantes temporales, pero no locativas?* Creo que en ese momento no supe responder, pero me di perfecta cuenta de que yo nunca había hecho esa pregunta cuando era estudiante. No se me había ocurrido hacerla, ni en el Bachillerato ni en la Universidad, y estoy seguro de que a mi profesor tampoco le hubiera gustado que se la planteara. Sencillamente, él estaba allí para exponer su temario, yo estaba allí para asimilarlo, y preguntas de ese estilo (que no existieron, desde luego) hubieran sido casi una falta de educación. Ni que decir tiene que hace años que vengo aconsejando a mis estudiantes de gramática que se las hagan todo lo frecuentemente que puedan, si quieren acercarse al objetivo que verdaderamente importa: la comprensión.

Desde hace años vengo insistiendo también en la necesidad de renovar la práctica de la enseñanza de la gramática y en la conveniencia de introducir ejercicios diversos en los que se asignen tareas muy específicas a los estudiantes en función de los niveles educativos en los que se encuentren. Leonardo Gómez Torrego acogió hace años en una colección dirigida por él un librito mío pensado con esos objetivos. El que el lector tiene ahora en sus manos es uno de los muchos libros didácticos de gramática española, todos excelentes, que su autor ha escrito en los últimos años. Muchos se han reeditado numerosas veces, otros están agotados, y alguno está ya descatalogado porque la editorial que lo publicó ha dejado de existir.

El lector comprobará que el texto que sigue a estas líneas presenta las cuestiones fundamentales con la misma claridad de siempre. Comprobará también que su autor no le permitirá avanzar en la lectura hasta que no haya resuelto los ejercicios que siguen a la presentación resumida de cada una de las nociones gramaticales que se introducen. Los ejemplos son siempre naturales, por lo que al estudiante le parecerán cercanos. Las nociones están explicadas con claridad y sencillez. Naturalmente, no puede estar todo, puesto que el libro se dirige a los estudiantes de los cursos más básicos de gramática. Pero lo fundamental es que los lectores percibirán que las características didácticas del texto van a hacer que contribuya en no poca medida a ayudarles a entender mejor la estructura sintáctica del español. O para decirlo mejor aún, la estructura sintáctica de su propio idioma.

Ignacio Bosque
Universidad Complutense

PRESENTACIÓN

El análisis sintáctico ha sufrido una fuerte trasformación debido al amplio desarrollo que ha experimentado la Lingüística en los últimos años. Nuevas escuelas abordan hoy diversos fenómenos sintácticos desde diferentes perspectivas metodológicas. Sin embargo, esta riqueza de enfoques ha constituido a menudo un obstáculo tanto para los docentes como para aquellos que por primera vez se enfrentan al estudio de la sintaxis[1].

ANÁLISIS SINTÁCTICO. TEORÍA Y PRÁCTICA es una obra didáctica, que pretende superar este escollo y ser un punto de referencia claro y sólido para el estudio de la sintaxis. Es una herramienta que, partiendo de la escuela tradicional, acerca a los lectores a otras corrientes gramaticales de un modo sencillo, comprensible y riguroso. Ya que el objetivo fundamental de esta obra es enseñar al lector a analizar razonando, en ella se ha tenido en cuenta que algunos fenómenos sintácticos admiten más de una interpretación. Por su carácter didáctico, ANÁLISIS SINTÁCTICO. TEORÍA Y PRÁCTICA puede resultar de gran utilidad a todos aquellos que pretendan reforzar o consolidar sus conocimientos en esta área.

El título de esta obra se ajusta perfectamente a los contenidos que en ella se desarrollan. ANÁLISIS SINTÁCTICO. TEORÍA Y PRÁCTICA está estructurado en dos bloques: la oración simple, y las oraciones coordinadas y subordinadas; y constituye un completo recorrido por **cuestiones teóricas** básicas de sintaxis. Incluye, asimismo, **ejercicios prácticos** en cada unidad, y al final de cada bloque incorpora un gran número de oraciones para reforzar los contenidos aprendidos.

Todos estos ejercicios aparecen resueltos en el **solucionario** que se incorpora en las páginas finales del libro.

Esta obra se caracteriza, además, por los siguientes aspectos:
- Las unidades están estructuradas en **fichas a doble página** que constan siempre de dos partes: **una teórica**, con explicaciones sencillas y razonadas, acompañadas de numerosos ejemplos; y **una práctica**, con ejercicios que ayudan a consolidar los contenidos teóricos expuestos.
- La estructura interna de las unidades, en **fichas independientes graduadas según el nivel de dificultad**, permite al lector seleccionar aquellos contenidos que quiere trabajar.
- Las incorrecciones gramaticales motivadas por cuestiones sintácticas (leísmo, dequeísmo, etc.) están tratadas en **cuadros de norma**, no como meros preceptos sino como lógicas evoluciones lingüísticas que se alejan de la norma y cuyo conocimiento ayuda a profundizar más en el funcionamiento de la lengua.

ANÁLISIS SINTÁCTICO. TEORÍA Y PRÁCTICA es, en definitiva, una obra de incuestionable valor pedagógico dirigida a todas aquellas personas que demuestran un claro interés por el conocimiento gramatical de nuestra lengua.

Ediciones SM

---

[1] En la enseñanza de la lengua, está bien arraigada la tradicional división de la gramática en sintaxis y morfología. Por este motivo, el presente libro está dedicado a las cuestiones sintácticas de la lengua, mientras que *Análisis morfológico. Teoría y práctica*, en esta misma colección, se ocupa de las cuestiones morfológicas.

Para quienes, por el contrario, evitan esta división tradicional, la *Gramática didáctica* recoge ese otro enfoque en el que se entiende que la sintaxis también se ocupa, en parte, de las clases de palabras (sus combinaciones y sus funciones).

Esta tercera edición ha sido actualizada con las novedades y cambios normativos más destacados de las últimas obras académicas: la *Ortografía de la lengua española* (2010), los dos primeros volúmenes de la *Nueva gramática de la lengua española* (2009), el *Diccionario panhispánico de dudas* (2005) y la vigesimosegunda edición del *Diccionario de la lengua española* (2001) con las enmiendas avanzadas en su versión digital.

Abreviaturas utilizadas

adj.	adjetivo	m. neg.	marcador negativo
adv.	adverbio	mod. c.	modificador cuantificador
At.	atributo	mod. or.	modificador oracional
At.or.	atributo oracional	N	nombre
C.Adj.	complemento del adjetivo	núcl.	núcleo
C.Adv.	complemento del adverbio	or. coord.	oración coordinada
C.Ag.	complemento agente	or. princ.	oración principal
cant.	cantidad	or. sub.	oración subordinada
CC	complemento circunstancial	or. sub. CC	oración subordinada circunstancial
CCF	complemento circunstancial de finalidad	or. sub. rel.	oración subordinada de relativo
CCI	complemento circunstancial de instrumento	or. sub. sust.	oración subordinada sustantiva
CCL	complemento circunstancial de lugar	or. yuxt.	oración yuxtapuesta
		part.	partícula
CCM	complemento circunstancial de modo	pas. ref.	pasiva refleja
		per. verb.	perífrasis verbal
CCT	complemento circunstancial de tiempo	pred.	predicado
CD	complemento directo	prep.	preposición
CI	complemento indirecto	Pvo.	predicativo
CN	complemento del nombre	pron.	pronombre
comp.	complemento	rel.	relativo
compar.	comparativa	S.O.	sujeto omitido
con.	conector	térm.	término
conj.	conjunción	V	verbo
C.Rég.	complemento de régimen		
dat.	dativo		
det.	determinativo		
enl.	enlace		
G.Adj.	grupo adjetival		
G.Adv.	grupo adverbial		
GN	grupo nominal		
G.Prep.	grupo preposicional		
G.Pron.	grupo pronominal		
GV	grupo verbal		
imp.	impersonal		
int.	intensificador		
loc.	locución		

ÍNDICE

BLOQUE I: LA ORACIÓN SIMPLE 17

1. Categorías y funciones
- 1.1 Definición 18
  - Dos conceptos distintos: categoría y función
- 1.2 Categorías 20
  - Las categorías gramaticales
- 1.3 Funciones 22
  - Las funciones sintácticas
- 1.4 Clasificación 24
  - Clasificación de las funciones sintácticas

2. El grupo nominal
- 2.1 Definición 26
  - Concepto de grupo nominal
  - Estructura del grupo nominal

3. El grupo adjetival
- 3.1 Definición 28
  - Concepto de grupo adjetival
  - Estructura del grupo adjetival

4. El grupo adverbial
- 4.1 Definición 30
  - Concepto de grupo adverbial
  - Estructura del grupo adverbial

5. Oración y enunciado
- 5.1 Definición 32
  - Concepto de oración
  - Diferencias entre oración y enunciado
- 5.2 Clasificación 34
  - Tipos de enunciado según la actitud de los hablantes

6. La oración simple
- 6.1 Definición 36
  - Concepto de oración simple
- 6.2 Clasificación 38
  - Tipos de oración
- 6.3 La oración copulativa 40
  - Concepto de oración copulativa

6.4 La oración predicativa 42
    Concepto de oración predicativa
6.5 La oración pasiva (I) 44
    Concepto de oración pasiva
6.6 La oración pasiva (II) 46
    Trasformación de una oración activa en una oración pasiva
6.7 La oración pasiva (y III) 48
    La pasiva refleja

7. El sujeto
7.1 Definición 50
    Concepto de sujeto
    Una definición inadecuada
7.2 Reconocimiento 52
    Pasos para reconocer el sujeto
    Un ejemplo resuelto
7.3 Categorías (I) 54
    Categorías que pueden ejercer de sujeto
7.4 Categorías (y II) 56
    Otras categorías que pueden ejercer de sujeto
    Inconvenientes para reconocer el sujeto
7.5 Posición 58
    Posición del sujeto
    La posición del sujeto en las oraciones copulativas con *ser*
7.6 Oraciones con sujeto omitido 60
    El sujeto omitido
7.7 Oraciones impersonales 62
    Las oraciones impersonales
7.8 Concordancia 64
    Casos especiales de concordancia

8. El predicado
8.1 Definición 66
    Concepto de predicado
8.2 Núcleo 68
    El núcleo del predicado

9. El complemento directo
9.1 Definición (I) 70
    Concepto de complemento directo
9.2 Definición (y II) 72
    Una definición inadecuada

9.3	Reconocimiento (I)	74
	Pautas para reconocer el complemento directo	
9.4	Reconocimiento (II)	76
	Un procedimiento inadecuado	
9.5	Categorías	78
	Categorías que pueden ejercer de complemento directo	
9.6	Posición	80
	Posición del complemento directo	
9.7	Reconocimiento (y III)	82
	Inconvenientes para reconocer el complemento directo	

10. El complemento indirecto

10.1	Definición	84
	Concepto de complemento indirecto	
10.2	Reconocimiento (I)	86
	Pautas para reconocer el complemento indirecto	
10.3	Reconocimiento (y II)	88
	Otras pautas para reconocer el complemento indirecto	
10.4	Categorías	90
	Categorías que pueden ejercer de complemento indirecto	
10.5	Duplicación	92
	Duplicación del complemento indirecto	

11. Los pronombres átonos con función de complemento directo y complemento indirecto

11.1	Funciones	94
	Las funciones de los pronombres átonos	
11.2	Reconocimiento (I)	96
	Reconocimiento de las funciones de complemento directo e indirecto	
11.3	Reconocimiento (y II)	98
	Uso correcto de los pronombres *la*, *las*, *lo*, *los* y *le*, *les*	
	Origen de la confusión en el uso de los pronombres *la*, *las*, *lo*, *los* y *le*, *les*	
11.4	Leísmo	100
	Leísmo	
11.5	Laísmo y loísmo	102
	Laísmo	
	Loísmo	
11.6	Valor reflexivo	104
	Los pronombres átonos en las oraciones reflexivas	
11.7	Valor recíproco	106
	Los pronombres átonos en las oraciones recíprocas	

12. El complemento circunstancial
- 12.1 Definición 108
  Concepto de complemento circunstancial
- 12.2 Clasificación 110
  Clasificación del complemento circunstancial
- 12.3 Reconocimiento 112
  Pautas para reconocer el complemento circunstancial
- 12.4 Categorías 114
  Categorías que pueden ejercer de complemento circunstancial

13. El atributo
- 13.1 Definición 116
  Concepto de atributo
- 13.2 Reconocimiento (I) 118
  Pautas para reconocer el atributo
- 13.3 Reconocimiento (y II) 120
  Otras pautas para reconocer el atributo
- 13.4 Categorías 122
  Categorías que pueden ejercer de atributo

14. El predicativo
- 14.1 Definición 124
  Concepto de predicativo
- 14.2 Reconocimiento 126
  Pautas para reconocer el predicativo
- 14.3 Categorías 128
  Categorías que pueden ejercer de predicativo

15. El complemento agente
- 15.1 Definición 130
  Concepto de complemento agente
- 15.2 Reconocimiento 132
  Pautas para reconocer el complemento agente
- 15.3 Categorías 134
  Categorías que pueden ejercer de complemento agente

16. El complemento de régimen
- 16.1 Definición 136
  Concepto de complemento de régimen
- 16.2 Reconocimiento (I) 138
  Pautas para reconocer el complemento de régimen

16.3 Reconocimiento (y II) 140
        Otras pautas para reconocer el complemento de régimen
16.4 Categorías 142
        Categorías que pueden ejercer de complemento de régimen
16.5 Ejemplos 144
        Verbos que suelen construirse con complemento de régimen

17. Los elementos extraoracionales

17.1 Definición 146
        Concepto de elemento extraoracional
        La movilidad de los elementos extraoracionales
17.2 Clasificación (I) 148
        El vocativo
17.3 Clasificación (y II) 150
        Otros elementos extraoracionales

18. Los valores gramaticales de *se*

18.1 Clasificación 152
        Los valores gramaticales de *se*
18.2 Pronombre personal 154
        Se pronombre personal
18.3 Pronombre personal reflexivo y recíproco 156
        Se pronombre personal reflexivo
        Se pronombre personal recíproco
18.4 Dativo concordado y parte del verbo 158
        Se dativo concordado
        Se como parte del verbo
18.5 Marca de impersonal y de pasiva refleja 160
        Se partícula de oraciones impersonales y de pasiva refleja

Ejercicios de bloque 163

BLOQUE II: LAS ORACIONES COORDINADAS Y LAS ORACIONES SUBORDINADAS 171

19. Oraciones coordinadas y subordinadas

19.1 Definición y análisis 172
        Oraciones con más de un predicado
19.2 Clasificación (I) 174
        Clasificación tradicional de las oraciones con más de un predicado

19.3	Clasificación (II)	176
	Oraciones coordinadas	
19.4	Clasificación (III)	178
	Oraciones subordinadas	
19.5	Clasificación (IV)	180
	Oraciones yuxtapuestas	
19.6	Clasificación (y V)	182
	Una nueva clasificación	

20. Oraciones coordinadas

20.1	Definición y clasificación	184
	Oraciones coordinadas	
20.2	Clasificación (I)	186
	Oraciones coordinadas copulativas	
20.3	Clasificación (II)	188
	Oraciones coordinadas disyuntivas	
20.4	Clasificación (III)	190
	Oraciones coordinadas adversativas	
20.5	Clasificación (IV)	192
	Oraciones coordinadas ilativas	
20.6	Clasificación (y V)	194
	Oraciones coordinadas explicativas	

21. Oraciones subordinadas sustantivas

21.1	Definición y características	196
	Oraciones subordinadas sustantivas	
	Características de las oraciones subordinadas sustantivas	
21.2	Nexos	198
	Nexos que introducen las oraciones subordinadas sustantivas	
21.3	Interrogativas y exclamativas indirectas	200
	Oraciones interrogativas y exclamativas indirectas	
21.4	Clasificación (I)	202
	Clases de oraciones subordinadas sustantivas según su función	
21.5	Clasificación (II)	204
	Oraciones subordinadas sustantivas de sujeto	
21.6	Clasificación (III)	206
	Oraciones subordinadas sustantivas de complemento directo	
21.7	Clasificación (IV)	208
	Oraciones subordinadas sustantivas de complemento indirecto	

21.8 Clasificación (V) 210
        Oraciones subordinadas sustantivas
        de complemento de régimen

21.9 Clasificación (VI) 212
        Oraciones subordinadas sustantivas
        de complemento del nombre

21.10 Clasificación (VII) 214
        Oraciones subordinadas sustantivas
        de complemento del adjetivo

21.11 Clasificación (y VIII) 216
        Oraciones subordinadas sustantivas
        de complemento del adverbio

22. Oraciones subordinadas de relativo

22.1 Definición 218
        Concepto de oración subordinada de relativo

22.2 Reconocimiento 220
        Un error frecuente

22.3 Clasificación (I) 222
        Oraciones subordinadas de relativo con antecedente

22.4 Clasificación (y II) 224
        Oraciones subordinadas de relativo sin antecedente

22.5 Nexos (I) 226
        Nexos que introducen oraciones subordinadas de relativo

22.6 Nexos (y II) 228
        Las funciones del nexo

23. Oraciones subordinadas circunstanciales

23.1 Definición 230
        Oraciones subordinadas circunstanciales

23.2 Clasificación (I) 232
        Tipos de oraciones subordinadas circunstanciales

23.3 Clasificación (II) 234
        Oraciones circunstanciales adverbiales

23.4 Clasificación (III) 236
        Oraciones circunstanciales no adverbiales

23.5 Clasificación (IV) 238
        Subordinadas circunstanciales no adverbiales causales

23.6 Clasificación (V) 240
        Tipos de subordinadas circunstanciales no adverbiales
        causales

23.7 Clasificación (VI) 242
  Subordinadas circunstanciales finales
23.8 Clasificación (VII) 244
  Subordinadas circunstanciales condicionales
23.9 Clasificación (VIII) 246
  Subordinadas circunstanciales concesivas
23.10 Clasificación (IX) 248
  Subordinadas comparativas
23.11 Clasificación (y X) 250
  Subordinadas consecutivas

Ejercicios de bloque 253

SOLUCIONES A LOS EJERCICIOS 261

I

La oración simple

1.1 DEFINICIÓN

DOS CONCEPTOS DISTINTOS: CATEGORÍA Y FUNCIÓN

Las palabras se pueden clasificar según sus características en distintos grupos. Llamamos **categorías** a los nombres que recibe cada uno de estos grupos. Ejemplos:

estudió
vendrá
estaba
volvía

Estas palabras tienen una característica común: se pueden conjugar. Todas las palabras que se pueden conjugar pertenecen a la categoría *verbo*.

Además, las palabras se unen para formar oraciones. Cada palabra desempeña una determinada **función** en la oración. Ejemplos:

Nieves estudió en Salamanca.
　　　　 núcleo
　　　　　　 predicado

Luis vendrá mañana.
　　　 núcleo
　　　　 predicado

Javier estaba en la piscina.
　　　　 núcleo
　　　　　 predicado

Isa volvía el martes.
　　 núcleo
　　　 predicado

Las palabras *estudió*, *vendrá*, *estaba* y *volvía*, que pertenecen a la categoría *verbo*, desempeñan en estas oraciones la función de núcleo del predicado verbal.

Para saber qué función sintáctica desempeña una determinada palabra es necesario que esta aparezca en una oración. Por el contrario, para saber qué categoría gramatical tiene una palabra no siempre es necesario conocer el contexto. Ejemplos:

hotel

*El **hotel** está completo.*
　　 núcleo
　　 sujeto

*Visitaron el **hotel**.*
　　　　　 núcleo
　　　　　　 CD

En los tres ejemplos, *hotel* pertenece a la misma categoría gramatical: *sustantivo*. Sin embargo, las funciones que *hotel* desempeña varían en estas oraciones:

- En el primer ejemplo, *hotel* no desempeña ninguna función, porque no aparece en relación con otras palabras.
- En el segundo ejemplo, *hotel* desempeña la función de núcleo del sujeto.
- En el último, *hotel* desempeña la función de núcleo del complemento directo.

CATEGORÍAS Y FUNCIONES

EJERCICIOS

1 **Clasifica los siguientes términos en dos grupos, según se refieran a categorías o a funciones.**

- sustantivo
- sujeto
- verbo
- preposición
- complemento directo
- adjetivo
- complemento circunstancial
- atributo

categorías	funciones

2 **Forma al menos tres grupos con palabras que correspondan a la misma categoría gramatical.**

- He perdido las llaves nuevas.
- Manolo dejó el equipo en septiembre.
- El fotógrafo ha obtenido unas fotos increíbles.
- Su viejo peluche lo acompañaba siempre.
- Lorena llegó tarde ayer.

3 **Escribe tres oraciones distintas con el sustantivo *bruja* de modo que en cada una de ellas desempeñe una función diferente.**

- ....
- ....
- ....

1.2 CATEGORÍAS

LAS CATEGORÍAS GRAMATICALES

Dentro de las categorías gramaticales hay que distinguir dos grupos:

- **Categorías palabra**. Coinciden con la palabra gráfica:
  - **Sustantivos**. Ejemplos: *casa, perro, Fernando*.
  - **Adjetivos**. Ejemplos: *simpático, sencillo, rápido*.
  - **Determinativos**. Ejemplos: *el, este, mi, algún, un*.
  - **Verbos**. Ejemplos: *hablas, comerás, vive*.
  - **Adverbios**. Ejemplos: *aquí, hoy, así, mucho, no, también*.
  - **Preposiciones**. Ejemplos: *a, ante, con*.
  - **Conjunciones**. Ejemplos: *y, ni, aunque, porque*.
  - **Pronombres**. Ejemplos: *yo, tú, él, qué*.

- **Categorías grupo**[1]. Están formados por un conjunto de palabras que, como un todo, desempeñan una función sintáctica dentro de la oración. Ejemplo:

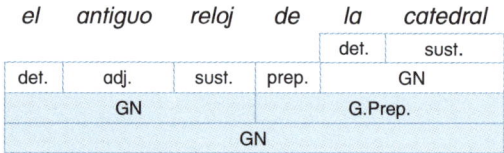

Los grupos sintácticos pueden ser:

- **Nominales**. Tienen como núcleo un sustantivo (ver 2.1).
    Ejemplo: *nuestro **coche** nuevo*.

- **Verbales**. Tienen como núcleo un verbo.
    Ejemplo: ***hablaron** de varios asuntos*.

- **Adjetivales**. Tienen como núcleo un adjetivo (ver 3.1).
    Ejemplo: *tan **bonito***.

- **Adverbiales**. Tienen como núcleo un adverbio (ver 4.1).
    Ejemplo: *muy **cerca***.

- **Preposicionales o construcciones preposicionales**. Están formados por una preposición y un término de la preposición (sustantivo, grupo nominal...). Ejemplo: ***de mi casa***.

---

[1] Las categorías grupo se denominan tradicionalmente **grupos sintácticos** o **sintagmas**.

EJERCICIOS

1 **Cada una de las palabras destacadas en el texto ejemplifica una de las categorías gramaticales. Precisa cuál.**

> **Ella** está **en** el horizonte –dice Fernando Birri–. Me acerco **dos** pasos, ella se **aleja** dos pasos. Camino diez pasos **y** el horizonte se corre diez pasos más **allá**. Por mucho que yo camine, nunca la alcanzaré. ¿Para qué sirve la **utopía**? Para eso sirve: para caminar.
>
> (Eduardo Galeano: *Ventana sobre la utopía*)

- ella ....
- y ....
- en ....
- allá ....
- dos ....
- utopía ....
- aleja ....

■ ¿Cuál es la única categoría palabra que no está representada en el texto?
....

2 **Clasifica los grupos sintácticos destacados en el texto.**

> Diego no conocía la mar. El padre, Santiago Kovadloff, lo llevó a descubrirla.
> **Viajaron al sur**.
> Ella, la mar, estaba **más allá de los altos médanos**, esperando.
> Cuando el niño y su padre alcanzaron por fin **aquellas cumbres de arena,** después de mucho caminar, la mar estalló ante sus ojos. Y fue tanta la inmensidad del mar, y tanto su fulgor, que el niño quedó **mudo de hermosura**.
> Y cuando por fin consiguió hablar, temblando, tartamudeando, pidió **a su padre**:
> –¡Ayúdame a mirar!
>
> (Eduardo Galeano: *El libro de los abrazos*)

- ....
- ....
- ....
- ....
- ....

CATEGORÍAS Y FUNCIONES

1.3 FUNCIONES

LAS FUNCIONES SINTÁCTICAS

Las funciones sintácticas son los **papeles sintácticos que desempeñan las categorías** dentro de una oración o dentro de un grupo sintáctico.

Una misma función sintáctica puede estar desempeñada por distintas categorías gramaticales. Ejemplos:

Mario es <u>madrileño</u>.
          atributo

Mario es <u>de Madrid</u>.
          atributo

⎡ La categoría gramatical de *madrileño* es adjetivo,
⎢ y *de Madrid* es un grupo preposicional;
⎢ sin embargo, ambas categorías desempeñan la misma
⎣ función sintáctica: atributo.

Mario vive <u>lejos</u>.
          CC

Mario vive <u>en Madrid</u>.
          CC

⎡ La categoría gramatical de *lejos* es adverbio,
⎢ y *en Madrid* es un grupo preposicional;
⎢ sin embargo, ambas categorías desempeñan la misma
⎣ función sintáctica: complemento circunstancial.

Además, una categoría puede desempeñar siempre la misma función o desempeñar funciones distintas según el contexto en el que aparezca. Por ejemplo, un verbo siempre desempeña la función de núcleo del predicado. Por el contrario, un grupo nominal puede ser el sujeto de una oración, el complemento directo de un grupo verbal, etc. Ejemplos:

El coche <u>está</u> averiado.
          núcleo

Amparo <u>aparcó</u> el coche.
          núcleo

⎡ La categoría gramatical de *está* y de *aparcó* es verbo.
⎢ Además, *está* y *aparcó* desempeñan la misma función
⎣ sintáctica: núcleo del predicado.

<u>El coche</u> está averiado.
    sujeto

Amparo aparcó <u>el coche</u>.
              CD

⎡ La categoría gramatical de *el coche* es la de grupo
⎢ nominal; sin embargo, ambos desempeñan una
⎢ función sintáctica distinta:
⎢ • En el primer caso, *el coche* es sujeto.
⎣ • En el segundo, *el coche* es complemento directo.

EJERCICIOS

① **En cada pareja de oraciones, una misma función está desempeñada por dos categorías gramaticales diferentes. Indica de qué categorías se trata en cada caso.**

- **Guillermo** ha comprado los billetes para todos.
  ....

- **Nosotros** no sabemos su número de teléfono.
  ....

- No vengáis **tarde**.
  ....

- No vengáis **sin el casco**.
  ....

- ¿Has visto **a María Jesús**?
  ....

- **La** he saludado en la puerta hace un minuto.
  ....

- Julia es **muy prudente**.
  ....

- Julia es **una excelente persona**.
  ....

② **Construye dos oraciones con cada uno de estos grupos sintácticos de forma que el mismo grupo desempeñe dos funciones diferentes.**

- un caballete:
  ....
  ....

- a Santiago:
  ....
  ....

1.4 CLASIFICACIÓN

CLASIFICACIÓN DE LAS FUNCIONES SINTÁCTICAS

Dentro de las funciones sintácticas hay que distinguir tres grupos:

- **Oracionales**: las funciones sintácticas oracionales son el **sujeto** y el **predicado**. Ejemplos:

  <u>Arturo</u> <u>es nuestro amigo</u>.
  sujeto   predicado

  <u>La directora</u> <u>no asistió a la reunión</u>.
  sujeto   predicado

- De **grupo sintáctico**: las funciones de grupo sintáctico son las que desempeñan los componentes dentro de un determinado grupo sintáctico. Dentro de estos grupos hay que establecer distintas jerarquías:

  – Palabras o grupos sintácticos **dentro de un grupo verbal**: complemento directo, complemento indirecto... Ejemplo:

  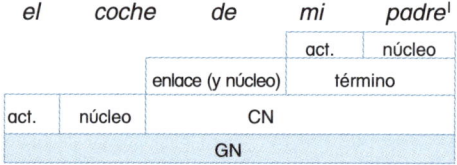

  – Palabras o grupos sintácticos **dentro de un grupo nominal, adjetival o adverbial**: núcleo, actualizador, complemento del nombre, complemento del adjetivo... Ejemplo:

el	coche	de	mi	padre[I]
			act.	núcleo
		enlace (y núcleo)	término	
act.	núcleo	CN		
GN				

- **Extraoracionales**: son las funciones que desempeñan algunos elementos sobre la oración completa, y no sobre alguno de sus componentes. Ejemplo:

  <u>Afortunadamente,</u> <u>no hubo ningún herido</u>.
  complemento   oración
  extraoracional

[I] Nada impide que los grupos nominales como este puedan segmentarse también así:
<u>El</u> <u>coche de mi padre</u> › <u>coche</u> <u>de mi padre</u>
act.   GN   núcl.   CN

En este análisis, el determinativo actualizaría no solo al sustantivo *coche* sino al grupo nominal *coche de mi padre*.

EJERCICIOS

1. **Enumera los tres tipos de funciones sintácticas que cabe distinguir.**

   1. ....
   2. ....
   3. ....

2. **Indica, en cada caso, qué tipos de funciones sintácticas se han establecido.**

   - Esther es una gimnasta extraordinaria.
     ....

   - Las vacaciones se han acabado, desgraciadamente.
     ....

   - He estado hablando con Rosa esta tarde por teléfono de su nuevo trabajo.
     ....

   - Francamente, me desconcierta tu indecisión.
     ....

   - Charo ha bajado un momento a la calle.
     ....

   - Me encanta el tiramisú.
     ....

3. **¿Qué jerarquías podemos establecer en el análisis sintáctico del grupo destacado en el texto?**

   – ¿Servicio de habitaciones? Mándenme **una habitación más grande**.
   (Groucho Marx)

   ....
   ....

CATEGORÍAS Y FUNCIONES

2.1 DEFINICIÓN

CONCEPTO DE GRUPO NOMINAL

Llamamos grupo nominal al **conjunto de palabras que tiene como núcleo un nombre o sustantivo**. Ejemplos:

el <u>autobús</u> del colegio
      núcleo

mi simpática <u>mascota</u>
                    núcleo

una <u>decisión</u> acertada
       núcleo

Un grupo nominal está formado por un sustantivo y sus complementos o modificadores, y sus actualizadores.

ESTRUCTURA DEL GRUPO NOMINAL

Los componentes que pueden aparecer en un grupo nominal son los siguientes:

- **Actualizador**: introduce al sustantivo que realiza la función de núcleo. La categoría que desempeña esta función es la de **determinativo**. Ejemplos:

    el autobús del colegio   **mi** simpática mascota

- **Complemento del nombre**[1]: sirve para especificar o explicar el significado del núcleo. La función de complemento del nombre la pueden desempeñar las siguientes categorías:

    – **Adjetivos**: complementan al sustantivo y concuerdan con él en género y número. Ejemplos:

    un chico **estupendo**   unos chicos **estupendos**
    una chica **estupenda**   unas chicas **estupendas**

    – **Grupos (o construcciones) preposicionales**: la preposición puede preceder a un grupo nominal o a una oración. Ejemplos:

    el compañero **de Julia**   el hecho **de que hayas venido**

    – **Grupos nominales**: esta construcción, en la que un grupo nominal modifica a un sustantivo (núcleo de otro grupo nominal) y se une a él sin preposición, se llama **aposición**. Ejemplos:

    el príncipe **Felipe**   su hija **la abogada**   París, **la capital de Francia**

    – **Una oración**. Ejemplo:

    las montañas **que se ven desde aquí**

---

[1] El complemento del nombre se denomina también **modificador del nombre**.

EJERCICIOS

2

① Señala cuáles de las siguientes expresiones relacionadas con Cervantes son grupos nominales.

☐ *La ilustre fregona.*

☐ *El ingenioso hidalgo don Quijote de la Mancha.*

☐ *Perdió un brazo en la batalla de Lepanto.*

☐ *El celoso extremeño.*

☐ *Divertidísimo.*

☐ *El coloquio de los perros.*

☐ *Lejos de casa.*

☐ *En la cárcel.*

② Analiza la estructura de los siguientes títulos de novelas que constituyen grupos nominales. Entre ellos hay un caso de aposición, localízalo.

☐ *La lluvia amarilla.* (J. Llamazares)

....

☐ *El desorden de tu nombre.* (J. J. Millás)

....

☐ *Siete domingos rojos.* (R. J. Sender)

....

☐ *León el Africano.* (A. Maalouf)

....

☐ *Gente que vino a mi boda.* (S. Puértolas)

....

☐ *Señora de rojo sobre fondo gris.* (M. Delibes)

....

☐ *Ana Karenina.* (L. Tolstoi)

....

EL GRUPO NOMINAL

3.1 DEFINICIÓN

CONCEPTO DE GRUPO ADJETIVAL

Llamamos grupo adjetival al **conjunto de palabras que tiene como núcleo un adjetivo**. Ejemplos:

algo <u>perezoso</u>
       núcleo

demasiado <u>ingenuo</u>
             núcleo

<u>lento</u> de reflejos
núcleo

Un grupo adjetival está formado por un adjetivo y sus complementos o modificadores.

ESTRUCTURA DEL GRUPO ADJETIVAL

Los complementos que pueden aparecer en un grupo adjetival son los siguientes:

- **Modificador cuantificador**: la categoría que desempeña esta función suele ser un **adverbio de cantidad**. Ejemplos:

    más alegre

    nada previsor

    enormemente despistada

- **Complemento del adjetivo**[1]: sirve para especificar el significado del núcleo. La función de complemento del adjetivo la desempeña casi siempre un **grupo** (o **construcción**) **preposicional**. La preposición puede preceder a un grupo nominal o a una oración. Ejemplos:

    lento **de reflejos**

    cercano **a esa ciudad**

    dispuesto **a sacrificarse por sus amigos**

---

[1] El complemento del adjetivo se denomina también **modificador**.

EJERCICIOS

1 Solo cuatro de los conjuntos de palabras destacados en el texto son adjetivos o grupos adjetivales. Indica cuáles.

EL SOL Y LA NUBE

El sol viajaba por el cielo, **muy alegre**, en su carro de fuego, despidiendo sus rayos en todas direcciones, con **gran rabia** de una nube de **tempestuoso humor**, que murmuraba:

—**Despilfarrador**, **manirroto**; derrocha, derrocha tus rayos, ya verás lo que te queda.

(...) El sol proseguía **alegremente** su viaje, regalando rayos a millones, a billones, sin contarlos.

Solo en su ocaso contó los rayos que le quedaban, y, mira por dónde, no le faltaba siquiera uno. La nube, **sorprendida**, se deshizo en granizo.

El sol **se zambulló alegremente en el mar**.

(Gianni Rodari: *Cuentos por teléfono*)

- ....
- ....
- ....
- ....

2 Analiza la estructura de los siguientes grupos adjetivales.

- fácil de recordar

....

- más entretenido

....

- profundamente conmovido

....

- hábil para las relaciones sociales

....

- muy tímida

....

4.1 DEFINICIÓN

CONCEPTO DE GRUPO ADVERBIAL

Llamamos grupo adverbial al **conjunto de palabras que tiene como núcleo un adverbio.** Ejemplos:

algo <u>lejos</u>
_{núcleo}

demasiado <u>mal</u>
_{núcleo}

<u>cerca</u> de tu casa
_{núcleo}

Un grupo adverbial está formado por un adverbio y sus complementos o modificadores.

ESTRUCTURA DEL GRUPO ADVERBIAL

Los complementos que pueden aparecer en un grupo adverbial son los siguientes:

- **Modificador cuantificador**: la categoría que desempeña esta función suele ser un **adverbio de cantidad**. Ejemplos:

    más *arriba*

    algo *lejos*

    demasiado *atrás*

- **Complemento del adverbio**[1]: sirven para especificar el significado del núcleo. La función de complemento del adverbio la desempeña normalmente un **grupo** (o **construcción**) **preposicional**. La preposición puede preceder a un sintagma nominal o a una oración. Ejemplos:

    lejos *de España*

    delante *de la oficina de tu madre*

    cerca *de los que llegaron una hora después*

---

[1] El complemento del adverbio se denomina también **modificador**.

EJERCICIOS

1 Solo cinco de los conjuntos de palabras destacados en el texto son adverbios o grupos adverbiales. Indica cuáles.

TAXI PARA LAS ESTRELLAS

Una noche el taxista Compagnoni Peppino, de Milán, terminado su turno de servicio, iba conduciendo **despacito** para llevar el coche **al garaje**, **abajo**, por la zona de Porta Genova. No se sentía **demasiado contento** porque **había hecho pocas carreras** y tuvo más de un cliente caprichoso (...). Y en esto un señor le hace una señal.

—¡Taxi, taxi!

—Entre, señor —el Compagnoni Peppino frenó **rápidamente**—. Pero voy hacia abajo, hacia Porta Genova, ¿le viene **bien**?

—Vaya adonde quiera, pero **deprisa**.

(Gianni Rodari: *Cuentos para jugar*)

- ....
- ....
- ....
- ....
- ....

2 Analiza la estructura de los siguientes grupos adverbiales.

- muy bien

....

- demasiado pronto

....

- más allá

....

- detrás del colegio

....

- lejos de África

....

5.1 DEFINICIÓN

CONCEPTO DE ORACIÓN

Una oración es **toda secuencia de palabras que tiene al menos un verbo**. Ejemplos:

*Mi hermana **trabaja** en Bilbao.*   *Fernando **es** director teatral.*

La estructura habitual de la oración es: **sujeto** (omitido o no) **y predicado**, excepto en el caso de las oraciones impersonales (ver 7.7). Ejemplos:

<u>*El museo*</u> <u>*está abierto.*</u>   Es una oración –tiene un verbo– que consta de sujeto
  sujeto   predicado   y de predicado.

<u>**Tengo dos hermanos**.</u>   Es una oración –tiene un verbo– con sujeto omitido (*yo*).
   predicado

DIFERENCIAS ENTRE ORACIÓN Y ENUNCIADO

La oración no debe confundirse con el **enunciado**. El enunciado es una **palabra o un grupo de palabras que comunican algo** en una situación concreta.

La oración es una unidad gramatical abstracta, mientras que el enunciado es una unidad pragmática, es decir, que tiene que ver con el acto de la comunicación.

Desde este punto de vista, los enunciados pueden ser **oracionales** o **no oracionales**. Ejemplos:

<u>*Luisa se fue.*</u>   Es un enunciado oracional porque tiene un verbo.
sujeto predicado

¡Adiós!   Es un enunciado con forma no oracional porque carece de verbo.

<u>*¡Qué rico está*</u> <u>*este helado!*</u>   Es un enunciado oracional porque tiene un verbo.
  predicado   sujeto

¡Qué rico!   Es un enunciado con forma no oracional porque carece de verbo.

Las **interjecciones** y **locuciones interjectivas** constituyen una clase de palabras que siempre se comportan como enunciados. Ejemplos:

¡Ah!   *¡Bravo!*   *¡Dios mío!*

EJERCICIOS

1 **Localiza en el siguiente texto dos enunciados oracionales y dos enunciados no oracionales.**

> Entonces apareció el zorro.
>
> –Buenos días –dijo el zorro.
>
> –Buenos días –respondió cortésmente el principito, que se dio la vuelta, pero no vio nada.
>
> –Estoy acá –dijo la voz–, bajo el manzano...
>
> –¿Quién eres? –dijo el principito–. Eres muy lindo...
>
> –Soy un zorro –dijo el zorro.
>
> –Ven a jugar conmigo –le propuso el principito–. ¡Estoy tan triste!...
>
> –No puedo jugar contigo –dijo el zorro–. No estoy domesticado.
>
> –¡Ah! Perdón –dijo el principito.
>
> (Antoine de Saint Exupéry: *El principito*)

enunciados oracionales	....
enunciados no oracionales	....

▎ Señala el sujeto y el predicado en dos de los enunciados oracionales del texto anterior.

....

2 **Inventa un diálogo, recreando tu primer día de clase, en el que se combinen enunciados oracionales y no oracionales.**

....
....
....
....

ORACIÓN Y ENUNCIADO 5

5.2 CLASIFICACIÓN

TIPOS DE ENUNCIADO SEGÚN LA ACTITUD DE LOS HABLANTES

Los enunciados (sean o no oracionales) pueden ser de varios tipos según la actitud del hablante:

- **Enunciativos** (o aseverativos). Este tipo de enunciados, al igual que los demás, pueden ser afirmativos o negativos. Ejemplos:
    Tengo hambre.
    Hoy volveré pronto.
    No fumo.

- **Interrogativos**. Ejemplos:
    ¿Ha llegado Pedro?
    ¿Qué hora es?
    ¿No sé cómo lo has hecho?

- **Exclamativos**. Ejemplos:
    ¡Qué me dices!
    ¡No me lo puedo creer!
    ¡Vaya cantidad de gente!

- **Desiderativos**. Ejemplos:
    ¡Que llueva!   *Ojalá vengas.*
    ¡Así te caigas!   *Ojalá puedas jugar mañana.*

- **Imperativos**. Ejemplos:
    ¡Atención!   *Fuera de aquí.*
    ¡Salgan de aquí!   *No os calléis.*

- **Potenciales** (o dubitativos). Ejemplos:
    Quizá me quede.
    A lo mejor mañana vamos de excursión.
    Tal vez sea Isabel.

- **Realizativos**. Ejemplos:
    Os declaro marido y mujer.
    Te juro que no he sido yo.

EJERCICIOS

1) **En el texto encontrarás distintos tipos de enunciado, según la actitud del hablante. Completa el siguiente cuadro con un ejemplo de cada uno de ellos.**

TOCHO.–Un paquete de Fortuna, señora.

(*La anciana se lo alcanza y él se busca los duros disimulando mientras el otro vigila de reojo. A una seña se lanzan al lío amaneciendo en un tris en las manos del más joven un pistolón de aquí te espero, con el que se hace dueño de la situación*).

¡Manos arriba! ¡Esto es un atraco, como en el cine! ¡Señora, la pasta o la mando al otro barrio!

ABUELA.–¡Ay, Jesús, María y José! ¡Ay, Cristo bendito! ¡Santa Águeda de mi corazón! ¡Santa Catalina de Siena...!

TOCHO.–Déjese de santos y levante el ladrillo. No nos busque complicaciones y a lo mejor le dejamos pa la compra de mañana ¡Venga, que se nos hace tarde y nos van a cerrar! ¡Qué pasa! ¡La pasta o la pego un tiro, ya!

LEANDRO.–(*Entrando desde la puerta*). ¿Qué? ¿Está sorda o no oye? ¡El dinero!

(José Luis Alonso de Santos: *La estanquera de Vallecas*)

enunciativos	
interrogativos	
exclamativos	
imperativos	
potenciales	

■ Continúa el diálogo de manera que aparezcan también enunciados desiderativos y realizativos.

....

....

6.1 DEFINICIÓN

CONCEPTO DE ORACIÓN SIMPLE

Las oraciones simples son aquellas que **se componen de un solo verbo** normalmente conjugado. Por tanto, para reconocer dónde hay una oración debemos hacer lo siguiente:

1. Localizar el **verbo conjugado**. Ejemplos:

   *El arcoíris **tiene** siete colores.*
   *El Raval **es** un barrio de Barcelona.*
   ⎡ Son oraciones simples porque se componen de un solo verbo conjugado.

   frente a:

   *Rita me **pidió** que **viniera**.*
   *Si no **corres**, **llegarás** tarde.*
   ⎡ No son oraciones simples porque se componen de varios verbos.

   No obstante, el **núcleo** del predicado de una oración simple puede ser **múltiple**; es decir, aunque haya un solo verbo sintáctico, este puede estar constituido por más de una palabra. Por tanto, el núcleo del predicado de una oración simple puede estar constituido por una forma verbal simple, una forma verbal compuesta, una perífrasis verbal o una locución verbal (ver 8.2). Ejemplos:

   *Joaquín **vive** en Ceuta.* ⎡ Es una oración simple constituida por la forma verbal simple *vive*.

   *Sandra **ha vuelto** de Turquía.* ⎡ Es una oración simple constituida por la forma verbal compuesta *ha vuelto*.

   *El bebé **rompió a llorar**.* ⎡ Es una oración simple constituida por la perífrasis *rompió* (verbo auxiliar) *a llorar* (verbo principal).

   *Pedro te **echa de menos**.* ⎡ Es una oración simple constituida por la locución verbal *echar de menos*.

2. Una vez localizado el verbo, podemos reconocer en la oración el **sujeto** y el **predicado**. Ejemplo:

   <u>Susana</u> <u>**toca** el piano</u>.
     sujeto   predicado

   Sin embargo, aunque la estructura habitual de las oraciones simples es sujeto + predicado, en ocasiones puede faltar el sujeto. En este caso, se trata de oraciones impersonales (ver 7.7). Ejemplos:

   <u>Aquí hace mucho calor</u>.   <u>En Murcia apenas llueve</u>.
       predicado   predicado

EJERCICIOS

6

LA ORACIÓN SIMPLE

1 Lee el siguiente texto y subraya en él los verbos conjugados.

Gandhi nació en Portbandar (India) en 1869. Fue enviado a Londres por sus padres de 1888 a 1891. Allí completó sus estudios de Derecho. En mayo de 1893 se trasladó a Sudáfrica como representante legal de una empresa india. Pensaba estar un año, pero permaneció 21 años. Numerosos indios sufrían entonces discriminación en Sudáfrica por parte de los europeos. Gandhi inició un movimiento de desobediencia civil, que concluyó con unos acuerdos muy favorables para los inmigrantes indios.

En 1915 regresó a su país. Allí dio inicio a la lucha no violenta por la independencia de la India del dominio inglés. Esta se consiguió en 1947. Este logro se vio ensombrecido por las luchas internas entre hindúes y musulmanes, que acabaron con la separación de Pakistán. Gandhi fue asesinado por un extremista hindú en Nueva Delhi el 30 de enero de 1948.

▌ ¿Cuántas oraciones simples hay en el texto?

....

▌ ¿Has encontrado alguna oración con más de un verbo conjugado?

....

2 Señala el sujeto y el predicado de las siguientes oraciones.

• Gandhi nació en Portbandar (India) en 1869.

....

• Numerosos indios sufrían entonces discriminación en Sudáfrica por parte de los europeos.

....

• «No hay caminos para la paz. La paz es el camino». (Gandhi)

....

6.2 CLASIFICACIÓN

TIPOS DE ORACIÓN

Las oraciones se suelen clasificar en distintos grupos, atendiendo a los siguientes criterios:

- Según estén constituidas o no por formas verbales activas o pasivas (ver 6.5):
  - **Activas**. Ejemplo:

    *Colón **descubrió** América.*

  - **Pasivas**. Ejemplo:

    *América **fue descubierta** por Colón.*

- Según tengan o no un verbo copulativo (ver 6.3 y 6.4):
  - **Copulativas** o **atributivas**. Ejemplo:

    *Mi tío **está** cansado.*

  - **Predicativas** (o no copulativas). Ejemplo:

    *Mi tío **llegó** cansado.*

- Según tengan o no complemento directo:
  - **Transitivas**. Ejemplo:

    *Luis se tomó **un helado**.*
    *Hoy comeremos **pescado**.*

  - **Intransitivas**. Ejemplo:

    El bebé lloraba.
    Comemos todos los días a las dos.

EJERCICIOS

LA ORACIÓN SIMPLE

① **Lee el siguiente texto y subraya los verbos conjugados.**

En 1955 existía mucho racismo en Estados Unidos. Los negros no podían entrar en muchos cafés o restaurantes. Tampoco podían mezclarse con los blancos en los autobuses.

El 1 de diciembre de ese mismo año, una joven negra de Alabama ocupó en un autobús un asiento reservado a los blancos. Fue arrestada por ello. El joven abogado Martin Luther King convocó un mitin y lanzó al mundo las siguientes preguntas: ¿Es justo esto? ¿Son justas estas reglas? ¿Cómo podemos cambiarlas?

Durante más de un año los negros hicieron boicot a los autobuses. Caminaban durante horas hasta sus puestos de trabajo. Finalmente, se abolió la segregación racial en los transportes públicos de Alabama.

La acción de Luther King prosiguió con medios no violentos en busca de la igualdad entre blancos y negros. En 1964 recibió el Premio Nobel de la Paz. Fue asesinado el 4 de abril de 1968 en Memphis (Tennessee).

▪ ¿De cuántas oraciones consta cada párrafo?

....

② **Una de estas dos oraciones es pasiva. Indica cuál.**

☐ En 1964 recibió el Premio Nobel de la Paz.

☐ Fue asesinado el 4 de abril de 1968 en Memphis (Tennessee).

③ **Una de estas dos oraciones es copulativa. Indica cuál.**

☐ ¿Son justas estas reglas?

☐ ¿Cómo podemos cambiarlas?

④ **Una de estas dos oraciones es transitiva. Indica cuál.**

☐ Durante más de un año los negros hicieron boicot a los autobuses.

☐ Caminaban durante horas hasta sus puestos de trabajo.

6.3 LA ORACIÓN COPULATIVA

CONCEPTO DE ORACIÓN COPULATIVA[1]

Los **verbos copulativos** (*ser, estar, parecer*...) **no poseen un significado pleno** y realizan una función meramente copulativa, de unión, entre el sujeto y su atributo. Ejemplos:

> *Nuria **es** mi vecina.*
>
> *Alberto **está** contento.*
>
> *Andrés **parece** buena persona.*

Las **oraciones copulativas** están **formadas por un sujeto y por un predicado nominal**[2]. El núcleo del predicado nominal es un verbo copulativo. Ejemplos:

Pedro	es	simpático.
núcleo	núcleo	atributo
sujeto	predicado nominal	
oración copulativa		

La oración copulativa contiene un predicado nominal cuyo núcleo es el verbo copulativo *ser*.

María	llegará a ser	amiga tuya.
núcleo	núcleo	atributo
sujeto	predicado nominal	
oración copulativa		

La oración copulativa contiene un predicado nominal cuyo núcleo es la perífrasis copulativa *llegar a ser*.

La presencia del atributo es obligatoria en este tipo de oraciones, porque aporta un significado del que carece el verbo. Ejemplos:

Alberto	está	muy feliz.
núcleo	núcleo	atributo
sujeto	predicado nominal	
oración copulativa		

El atributo *muy feliz* aporta significado y es necesario en la oración copulativa.

Mis	primos	son	valencianos.
act.	núcleo	núcleo	atributo
sujeto		predicado nominal	
oración copulativa			

El atributo *valencianos* aporta significado y es necesario en la oración copulativa.

---

[1] Las oraciones copulativas reciben también el nombre de **oraciones atributivas**.

[2] El predicado nominal se llama así porque la función de atributo la desempeña siempre una categoría nominal (adjetivo, sustantivo, pronombre, etc.), que semánticamente es el elemento relevante del predicado.

EJERCICIOS

① ¿A qué llamamos oraciones copulativas?

....

② **Solo cuatro de las siguientes greguerías de Ramón Gómez de la Serna son oraciones copulativas. Indica cuáles.**

☐ Los billetes de banco son el papel secante del sudor del mundo.

☐ Aquella mujer me miró como a un taxi ocupado.

☐ Las hojas secas parecen papeletas de una rifa de pájaros.

☐ La media luna mete la noche entre paréntesis.

☐ Los recuerdos encogen como las camisetas.

☐ La sandía está llena por dentro de borrones de tinta.

☐ En la guía telefónica todos somos seres microscópicos.

③ **En el siguiente texto hay siete oraciones copulativas. Localízalas.**

Durante la década de los noventa, los gobiernos del Sur y del Norte y las agencias de Naciones Unidas se han comprometido en reiteradas ocasiones a facilitar educación primaria a todos los niños y niñas.

Pero la realidad es otra: 125 millones de niños y niñas entre seis y once años están sin escolarizar. Dos de cada tres son niñas. Otros 150 millones abandonan la escuela antes de haber adquirido una formación básica. 872 millones de adultos son analfabetos.

La educación es la mejor herramienta para romper el círculo de la pobreza. Contribuye a aumentar la esperanza de vida y mejorar la salud, y ofrece a las personas la oportunidad de mejorar sus vidas y de hacer oír su voz.

Conseguir el objetivo de una educación primaria universal y gratuita para el año 2015 es posible. Económicamente solo harían falta en torno a 8000 millones de dólares más al año. Esta cantidad es inferior al gasto militar de cuatro días en el mundo.

(Fuente: Intermón Oxfam)

6.4 LA ORACIÓN PREDICATIVA

CONCEPTO DE ORACIÓN PREDICATIVA

Las **oraciones predicativas** están **formadas por un sujeto y por un predicado verbal**. El núcleo del predicado verbal es un verbo no copulativo. Ejemplos:

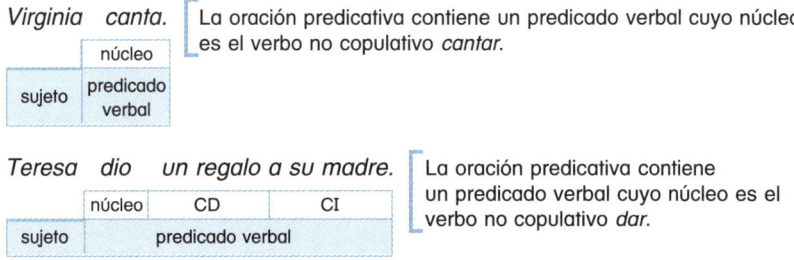

Los **verbos predicativos poseen significado pleno** y pueden aparecer con o sin complementos. Ejemplos:

*Julián **sonrió**.*   *Luis **abrazó a su madre**.*

Las oraciones predicativas se clasifican según lleven o no complemento directo en:

- **Oraciones transitivas**: si el verbo lleva un complemento directo, llamamos transitiva a la oración. Ejemplos:

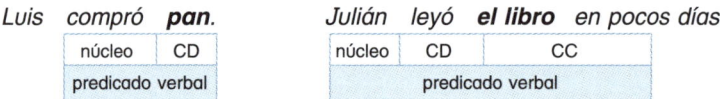

- **Oraciones intransitivas**: si el verbo no lleva un complemento directo llamamos intransitiva a la oración. Ejemplos:

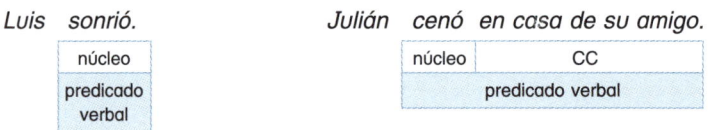

Marisa aprueba con facilidad.

núcleo	CC
predicado verbal	

EJERCICIOS

1 ¿A qué llamamos oraciones predicativas?

....

2 Solo cuatro de las siguientes greguerías son oraciones predicativas. Indica cuáles.

☐ Al ombligo le falta el botón.

☐ En el desengaño hasta las luces de las estrellas hieren el corazón.

☐ El musgo es el peluquín de las piedras.

☐ El león tiene en la punta de la cola la brocha de afeitar.

☐ El arcoíris es la bufanda del cielo.

☐ El tiempo desgasta la vuelta de las esquinas.

3 Preséntate a ti mismo en no más de tres líneas, utilizando solo oraciones predicativas.

....
....
....

4 Lee el siguiente texto y selecciona tres oraciones copulativas y tres predicativas.

Las personas mayores aman las cifras. Cuando les habláis de un nuevo amigo, no os interrogan jamás sobre lo esencial. Jamás os dicen: ¿Cómo es el timbre de su voz? ¿Cuáles son los juegos que prefiere? ¿Colecciona mariposas? En cambio, os preguntan: «¿Qué edad tiene? ¿Cuántos hermanos tiene? ¿Cuánto pesa? ¿Cuánto gana su padre?». Solo entonces creen conocerle. Si decís a las personas mayores: «He visto una hermosa casa de ladrillos rojos con geranios en las ventanas y palomas en el techo...», no acertarán a imaginarse la casa. Es necesario decirles: «He visto una casa de cien mil francos». Entonces exclaman: «¡Qué hermosa es!».

(Antoine de Saint Exupéry: *El principito*)

6.5 LA ORACIÓN PASIVA (I)

CONCEPTO DE ORACIÓN PASIVA

Las siguientes oraciones dan la misma información, pero presentan una estructura sintáctica diferente:

El <u>gobierno</u> escuchó <u>las peticiones de los manifestantes</u>.
　　sujeto　　　　　　　　　　　CD

<u>Las peticiones de los manifestantes</u> fueron escuchadas <u>por el gobierno</u>.
　　　　　　sujeto　　　　　　　　　　　　　　　　　　　　　C.Ag.

La primera es una oración activa y presenta un complemento directo. La segunda es una oración pasiva y presenta un complemento agente.

La estructura de las construcciones activas y pasivas es diferente:

- **Oración activa**: sujeto + verbo + complemento directo. Ejemplos:

    <u>Antonio y Yolanda</u> visitaron <u>Grecia</u>.
    　　sujeto　　　　　　　　　　CD

    <u>Los periodistas</u> entrevistaron <u>a algunos invitados a la fiesta</u>.
    　　sujeto　　　　　　　　　　　　　　CD

    <u>George Lucas</u> dirigió <u>La guerra de las galaxias</u>.
    　　sujeto　　　　　　　　　　　CD

- **Oración pasiva**: sujeto + verbo en forma pasiva (*ser* + participio) + complemento agente. Ejemplos:

    <u>Grecia</u> fue visitada <u>por Antonio y Yolanda</u>.
    sujeto　　　　　　　　　C.Ag.

    <u>Algunos invitados a la fiesta</u> fueron entrevistados <u>por los periodistas</u>.
    　　　　sujeto　　　　　　　　　　　　　　　　　　　　C.Ag.

    <u>La guerra de las galaxias</u> fue dirigida <u>por George Lucas</u>.
    　　　sujeto　　　　　　　　　　　　　　C.Ag.

Sin embargo, puede haber casos en los que el complemento agente no esté presente en la oración pasiva. Ejemplos:

<u>América</u> fue descubierta en 1492.
sujeto

<u>La gata de Fernando</u> ya ha sido vacunada.
　　sujeto

<u>El incendio</u> ha sido sofocado.
　sujeto

EJERCICIOS

① **Una de las oraciones de cada pareja está en voz pasiva. Márcala.**

- ☐ Harrison Ford encarna en el cine al aventurero Indiana Jones.
- ☐ El aventurero Indiana Jones es encarnado en el cine por Harrison Ford.

- ☐ *Casablanca* fue dirigida por Michael Curtiz en 1942.
- ☐ Michael Curtiz dirigió *Casablanca* en 1942.

- ☐ Hitchcock rodó *La soga* en un solo plano secuencia.
- ☐ *La soga* fue rodada por Hitchcock en un solo plano secuencia.

- ☐ Rita Hayworth fue abofeteada por Glenn Ford en *Gilda*.
- ☐ Glenn Ford abofeteó a Rita Hayworth en *Gilda*.

② **Todas las oraciones que siguen están en pasiva, pero solo en tres de ellas está presente el complemento agente. Indica en cuáles.**

- ☐ *Matar un ruiseñor* fue protagonizada por Gregory Peck.
- ☐ El *Otelo* de Shakespeare ha sido llevado al cine en numerosas ocasiones.
- ☐ Nanni Moretti fue galardonado en el Festival de Cannes.
- ☐ En *El gran dictador* Hitler es magistralmente parodiado por Charlot.
- ☐ Los problemas de la Europa contemporánea son ácidamente expuestos en las películas de Ken Loach.
- ☐ Eric Rohmer fue ovacionado por el público en el estreno de su última película.

③ **Busca en el periódico de hoy dos titulares que estén en voz pasiva, uno de ellos con complemento agente y otro sin él.**

sin complemento agente	con complemento agente

LA ORACIÓN SIMPLE

6.6 LA ORACIÓN PASIVA (II)

TRASFORMACIÓN DE UNA ORACIÓN ACTIVA EN UNA ORACIÓN PASIVA

En castellano la construcción pasiva es poco frecuente en la lengua hablada; de hecho, algunas oraciones pasivas sintácticamente correctas resultan algo forzadas. Ejemplos:

Los resultados electorales serán anunciados.

Grandes atascos fueron provocados.

Sin embargo, es importante saber que cuando trasformamos una oración activa en una oración pasiva se producen algunos cambios:

- El **complemento directo** de la oración activa pasa a ser el **sujeto** de la pasiva. Ejemplo:

    El portavoz del gobierno leyó el informe.
    <u>CD</u>

    El informe fue leído por el portavoz del gobierno.
    <u>sujeto</u>

- El **sujeto** de la oración activa pasa a ser el **complemento agente** de la pasiva. Ejemplo:

    Un cazador descubrió las cuevas de Altamira.
    <u>sujeto</u>

    Las cuevas de Altamira fueron descubiertas por un cazador.
    C.Ag.

- El verbo de la segunda oración también cambia. El **verbo en voz pasiva** se forma sustituyendo un verbo transitivo por la perífrasis **ser + participio**. Ejemplos:

    *La masiva salida de vehículos **provocó** un gran atasco.*
    sujeto — CD

    *Un gran atasco **fue provocado** por la masiva salida de vehículos.*
    sujeto — C.Ag.

    La radio difundió con rapidez la noticia.
    sujeto — CD

    *La noticia **fue difundida** por la radio con rapidez.*
    sujeto — C.Ag.

EJERCICIOS

① **En las oraciones pasivas que siguen falta el sujeto. Complétalas.**

- Los romanos llamaron al río Lima el río del Olvido.

- .... fue llamado por los romanos el río del Olvido.

- Sócrates fue acusado de «llevar a la juventud por caminos equivocados» por un jurado de 500 miembros.

- .... acusó a Sócrates de «llevar a la juventud por caminos equivocados».

- Los hermanos Grimm recopilaron en el siglo XIX una gran cantidad de cuentos de la tradición oral europea.

- .... fue recopilada por los hermanos Grimm en el siglo XIX.

② **Añade el complemento agente que falta en las siguientes oraciones pasivas.**

- El 10 de diciembre de 1948 la Asamblea General de Naciones Unidas aprobó la Declaración Universal de Derechos Humanos.

- La Declaración Universal de Derechos Humanos fue aprobada el diez de diciembre de 1948 ....

- Leonard Cohen escribió la canción *Suzanne* en 1966.

- La canción *Suzanne* fue escrita .... en 1966.

- Los cartagineses fundaron la ciudad de Cartagena antes de la romanización de la Península.

- La ciudad de Cartagena fue fundada .... antes de la romanización de la Península.

- Lewis Carrol escribió *Alicia en el país de las maravillas* en 1864.

- *Alicia en el país de las maravillas* fue escrita .... en 1864.

6.7 LA ORACIÓN PASIVA (y III)

LA PASIVA REFLEJA

Las oraciones pasivas reflejas son aquellas que **tienen forma activa y significado pasivo**, y se introducen con la partícula *se*. Ejemplos:

Se comentan las palabras del presidente. ⎡ Aunque su forma es activa, su significado es pasivo: *Fueron comentadas las palabras del presidente.*

Se anunciarán los resultados electorales. ⎡ Aunque su forma es activa, su significado es pasivo: *Los resultados electorales serán anunciados.*

En estas oraciones *se* no es más que un encubridor de un «agente» (persona o cosa que realiza la acción del verbo). Para reconocer las oraciones pasivas reflejas es importante comprobar que:

- Tienen **sujeto**[1]. Ejemplos:

  Se <u>vendieron</u> <u>unos pisos</u> hace poco.
       verbo   sujeto
  ⎡ El sujeto de la oración es *unos pisos*, porque concuerda en número y persona con el verbo de la oración. Si cambiamos el número del verbo, cambia también el del sujeto: *Se vendió un piso hace poco.*

  Pronto se <u>conocerá</u> <u>el resultado</u>.
              verbo   sujeto
  ⎡ El sujeto de la oración es *el resultado*, porque concuerda en número y persona con el verbo de la oración. Si cambiamos el número del verbo, cambia también el del sujeto: *Pronto se conocerán los resultados.*

- El sujeto de las oraciones pasivas reflejas **coincide con el sujeto de la oración pasiva** correspondiente con *ser*. Ejemplos:

  Se <u>han previsto</u> <u>varias medidas</u>
         verbo   sujeto
  para evitar incendios en verano.
  ⎡ El sujeto *varias medidas* coincide con el sujeto de la oración pasiva con *ser*: *Varias medidas han sido previstas para evitar incendios en verano.*

  Se <u>buscará</u> <u>una solución pacífica</u>.
        verbo   sujeto
  ⎡ El sujeto *una solución pacífica* coincide con el sujeto de la oración pasiva con *ser*: *Una solución pacífica será buscada.*

---

[1] El sujeto puede estar omitido (ver 7.4) si es recuperable en el contexto. Ejemplo:
Las palabras fueron duras. Se comentarán en el claustro.

EJERCICIOS

1 Escribe la oración pasiva con *ser* + participio correspondiente a cada una de estas oraciones pasivas reflejas. Señala después el sujeto de las oraciones pasivas con *ser* + participio.

- Numerosos vocablos de las lenguas precolombinas se incorporaron al español durante los siglos XVI y XVII.

  ....

- El español se adoptó en Hispanoamérica como lengua común en la época de la emancipación.

  ....

- Aún se hablan en Hispanoamérica algunas de aquellas lenguas indígenas como el náhuatl, maya, araucano, aimara, quechua y guaraní.

  ....

2 Convierte estas oraciones pasivas con *ser* + participio en pasivas reflejas suprimiendo el complemento agente.

- Amnistía Internacional fue fundada en 1961 por el abogado Peter Benenson.

  ....

- Todos los años son abandonados por sus propietarios en nuestra región más de 6000 perros.

  ....

▌ ¿Coincide el sujeto de cada par de oraciones?

  ....

▌ ¿Cuál es el sujeto de cada una de las oraciones pasivas reflejas?

  ....

7.1 DEFINICIÓN

CONCEPTO DE SUJETO

El sujeto es la **palabra, oración o grupo nominal cuyo núcleo concuerda con el verbo** en número y persona. Ejemplos:

<u>Nosotros</u> **fuimos** el sábado al partido.
   sujeto

⎡ El pronombre *nosotros* concuerda en
⎢ 1.ª persona del plural con la forma
⎣ verbal *fuimos*.

<u>Estefanía</u> **come** mucho.
   sujeto

⎡ El nombre propio *Estefanía* concuerda en 3.ª persona
⎣ del singular con la forma verbal *come*.

Me **gustan** <u>las manzanas</u>.
              sujeto

⎡ El grupo nominal *las manzanas* concuerda en
⎣ 3.ª persona del plural con la forma verbal *gustan*.

UNA DEFINICIÓN INADECUADA

A menudo se define el sujeto como la persona o cosa que realiza la acción del verbo:

<u>Nosotros</u> <u>fuimos</u> el sábado al partido.
   sujeto   verbo

⎡ El sujeto *nosotros* realiza
⎣ la acción del verbo *ir*.

<u>Estefanía</u> <u>come</u> mucho.
   sujeto   verbo

⎡ El sujeto *Estefanía* realiza la acción del
⎣ verbo *comer*.

Pero esto no es siempre adecuado:

- En las oraciones **pasivas** (ver 6.5) y en otras con verbo en forma activa el sujeto no realiza la acción del verbo sino que normalmente la padece. Ejemplo:

    El ladrón fue detenido por la policía.

    ⎡ *El ladrón* es el sujeto porque concuerda
    ⎢ en 3.ª persona del singular con
    ⎢ *fue detenido*, pero no realiza la acción
    ⎣ del verbo *detener*.

    Mi abuelo murió el año pasado.

    ⎡ *Mi abuelo* es el sujeto y no realiza ninguna
    ⎣ acción.

- Hay verbos que expresan un **estado** (*ser, estar, parecer*, etc.) y, por lo tanto, el sujeto no realiza ninguna acción. Ejemplo:

    María **está** *feliz.*

    ⎡ *María* es el sujeto porque concuerda en 3.ª persona del singular
    ⎣ con el verbo *está*, pero no realiza ninguna acción.

EJERCICIOS

1) Marca la definición correcta.

☐ El sujeto es la palabra, oración o grupo nominal cuyo núcleo concuerda con el verbo.

☐ El sujeto es la persona o cosa que realiza la acción del verbo.

☐ El sujeto es la palabra o grupo de palabras que concuerda con el verbo y realiza la acción que en él se indica.

2) Une cada sujeto con su predicado.

- Los estudiantes
- Yo
- Vosotros
- El gazpacho

- me gusta mucho.
- no tengo frío.
- están en clase.
- ya sabéis la historia.

▌ Indica en cada caso cómo concuerda el verbo con su sujeto.

....

3) Subraya en la siguiente oración el elemento que realiza la acción del verbo y rodea el que concuerda con el verbo en número y persona.

Los nuevos alumnos fueron recibidos por sus compañeros.

▌ ¿Cuál de ellos es el sujeto?

....

4) Subraya el verbo de estas oraciones y di cuál es el sujeto en cada caso.

- Mi hermano y su novia estarán el verano que viene en Burgos.
- En marzo irán los primos al valle del Jerte.
- A Luis se lo he contado yo.
- Esos dos partidos los ganó nuestro equipo por los pelos.

7.2 RECONOCIMIENTO

PASOS PARA RECONOCER EL SUJETO

La **concordancia entre el sujeto y el verbo** de una oración permite reconocer el sujeto. Una forma de saber qué palabra (o grupo nominal) concuerda con el verbo es la siguiente:

1. **Señalar el verbo** de la oración. Ejemplo:

    El libro **está** sobre la mesa.

2. **Cambiar el número del verbo y la persona** (si está en singular, pasarlo a plural; si está en plural, a singular; si está en 3.ª persona, a 1.ª, etc.). Ejemplo:

    *El libro **están** sobre la mesa.

3. Comprobar si hay que **cambiar el número de otras palabras** para que la oración sea correcta. Ejemplo:

    Los libros están sobre la mesa.

La palabra o palabras que también cambien de número y de persona constituyen el sujeto de la oración.

UN EJEMPLO RESUELTO

Este mismo proceso debe seguirse en otros casos que pueden resultar menos evidentes.

Así, por ejemplo, para averiguar el sujeto de la oración *Me encanta este zumo*, han de seguirse los mismos pasos:

1. Señalar el verbo: *Me **encanta** este zumo.*

2. Cambiar el número del verbo: **Me **encantan** este zumo.*

3. Cambiar el número de otras palabras de la oración para que sea correcta: *Me encantan **estos zumos**.*

Por lo tanto, el sujeto de esta oración es *estos zumos* (y no *me* o *yo*, como se analiza a veces erróneamente).

EJERCICIOS

1 Escribe sujetos para estos predicados. No olvides que deben concordar con el verbo en número y persona.

- .... tenemos mucha hambre.
- .... están en el armario.
- Me importan ....
- .... le gustan mucho.

2 Averigua cuál es el sujeto de estas oraciones realizando los pasos necesarios.

- Yo siempre confiaré en ella.
  ....
- A tu hermano lo vio Mario en el cine.
  ....
- La directora fue destituida por el comité la semana pasada.
  ....
- Me sorprendió mucho esa película.
  ....
- Nos preocupa su actitud.
  ....

3 Si en la oración *Le molesta el ruido*, tanto *le* como *el ruido* concuerdan con el verbo en número y persona, ¿cómo se averigua cuál de ellos es el sujeto?

....
....

EL SUJETO

7.3 CATEGORÍAS (I)

CATEGORÍAS QUE PUEDEN EJERCER DE SUJETO

La función de sujeto puede estar desempeñada, en las oraciones simples, por las siguientes categorías gramaticales:

- Un **sustantivo** (común o propio). Ejemplos:

    *Entra **frío**.*   ***Marta** vive en el campo.*

- Un **pronombre** (demostrativos, numerales, indefinidos, interrogativos, exclamativos y algunos personales). Ejemplos:

    ***Eso** está bien.*   ***Todo** saldrá bien.*   *¡**Cuántos** han venido!*

    ***Cuatro** son suficientes.*   *¿**Quién** llamó?*   ***Ellos** llegaron antes.*

    Los únicos pronombres personales que pueden realizar la función de sujeto son **yo**, **tú** (*vos*, en algunas zonas de Hispanoamérica), **él/ella**, **nosotros/nosotras**, **vosotros/vosotras**, **ellos/ellas**. Ejemplos:

    ***Tú** vete tranquilo.*   ***Nosotros** fuimos ayer al teatro.*

    Por tanto, la función de sujeto no puede estar desempeñada por un pronombre átono (*me, te, se, nos, os, se, le, la, lo, les, las, los*), ni por los tónicos *mí, ti, sí, conmigo, contigo, consigo*.

    Así pues, en oraciones como:

    ***Me** gusta el color azul.*

    el sujeto nunca puede ser *me* ni *yo* (el sujeto es *el color azul* porque el núcleo *color* concuerda en 3.ª persona del singular con el verbo *gusta*).

- Un **grupo nominal**: es decir, un grupo de palabras cuyo núcleo es un sustantivo o un pronombre. Ejemplos:

    *Me encantan **las películas de suspense**.*

    ***Los nuevos compañeros** están en la clase de al lado.*

    A veces, el sujeto está formado por dos o más elementos. En estos casos se habla de sujeto **compuesto**. Ejemplo:

    ***Beatriz y Santiago** vendrán hoy a la fiesta.*

    La función de sujeto **nunca puede estar desempeñada** por un elemento introducido por preposición (*a ti, con ella, para Ramón*, etc.).

EJERCICIOS

1 **Señala los sujetos de estas oraciones.**

- Esta mujer necesita ayuda.
- Aurora viene muy pronto.
- Me parece mal eso.
- ¿Quién te lo ha dicho?
- Esto no es propio de ti.
- A María no le gusta su carácter.
- Son importantes tus razones.

▌ Clasifícalos en el cuadro según la categoría gramatical que desempeñe la función de sujeto:

sustantivo	
pronombre	
grupo nominal	

2 **Escribe:**

- Una oración cuyo sujeto sea un nombre propio.

....

- Una oración cuyo sujeto sea un pronombre interrogativo.

....

- Una oración cuyo sujeto sea un grupo nominal.

....

- Una oración cuyo sujeto sea compuesto.

....

3 **Da tres razones por las que es imposible que «a mí» sea el sujeto de la oración *A mí me asusta la oscuridad*.**

....
....
....

EL SUJETO

7.4 CATEGORÍAS (y II)

OTRAS CATEGORÍAS QUE PUEDEN EJERCER DE SUJETO

La función de sujeto puede ser desempeñada, además de por un sustantivo, un pronombre o un grupo nominal, por:

- Una **oración** (ver 21.5). Ejemplos:

    Me encanta *que escuches música*.
    Es importante *que vengas pronto esta tarde*.

- Cualquier **elemento sustantivado**. Ejemplo:

    A veces *lo barato* es caro.

- Cualquier elemento que exprese **metalenguaje** (lenguaje que se usa para hablar del lenguaje mismo). Ejemplo:

    «*Por*» es una preposición.

INCONVENIENTES PARA RECONOCER EL SUJETO

Para reconocer el sujeto es necesario cambiar el número en las palabras que realizan esa función. Sin embargo, en ciertos casos no es posible este cambio:

- Cuando el sujeto es una **oración**.
- Con **algunos nombres** y grupos nominales.

En estos casos se deben cambiar en singular por el pronombre *eso*; y en plural, por el grupo nominal *esas cosas*. Ejemplos:

	Conviene que vengas.	Fue vendido petróleo.
sustitución por *eso*	Conviene *eso*.	Fue vendido *eso*.
cambio de n.º del verbo	*Convienen eso.	*Fueron vendidos eso.
otros cambios	Convienen *esas cosas*.	Fueron vendidas *esas cosas*.
conclusión	El sujeto es *que vengas*.	El sujeto es *petróleo*.

En los casos en los que el sujeto está constituido por una oración es importante discriminar cuál es el verbo de la oración principal y cuál el de la subordinada para realizar los pasos adecuadamente.

EJERCICIOS

1 Marca cuáles de estas categorías gramaticales pueden realizar la función de sujeto.

- ☐ una conjunción
- ☐ un adverbio
- ☐ una oración
- ☐ un adjetivo sustantivado
- ☐ un nombre propio
- ☐ un pronombre interrogativo

▎ Escribe un ejemplo de cada caso marcado.

....

....

2 Escribe sujetos para estos predicados siguiendo las indicaciones que hay entre paréntesis.

- .... (una oración subordinada) es muy importante.
- .... (un adverbio usado como metalenguaje) es lo contrario de *cerca*.
- .... (un adjetivo sustantivado) es siempre lo más conveniente.

3 Sigue los pasos necesarios para averiguar el sujeto de estas oraciones.

- Me encanta el azúcar.

....

- ¿Te preocupa que no hayan llegado aún?

....

- Sale mucho calor de ese radiador.

....

- Que tengas tanta hambre ahora me parece increíble.

....

- Fueron rechazadas las propuestas de los vecinos.

....

EL SUJETO

7.5 POSICIÓN

POSICIÓN DEL SUJETO

El sujeto puede aparecer **delante o detrás del verbo**. Ejemplos:

Mi hermano regresó ayer.

Ayer regresó mi hermano.

Sin embargo, con ciertos verbos y con determinadas construcciones, como las oraciones pasivas reflejas (ver 6.7), es más frecuente que el sujeto aparezca pospuesto. Ejemplos:

Me apetece un vaso de leche. ⌈Es más frecuente que *Un vaso de leche me apetece.*

Se han vendido dos pisos. ⌈Es más frecuente que *Dos pisos se han vendido.*

Cuando el sujeto está desempeñado por un pronombre interrogativo, siempre precede al verbo. Ejemplos:

¿Quién ha llamado?

¿Qué te preocupa?

Aunque es un error muy común, **no se debe pensar que el sujeto es siempre el elemento que abre la oración**.

LA POSICIÓN DEL SUJETO EN LAS ORACIONES COPULATIVAS CON *SER*

Hay un único caso en el que la posición del sujeto puede influir en su reconocimiento. Se trata de las oraciones con el verbo *ser* en las que tanto lo que aparece delante como detrás del verbo podría ser sujeto. En estos casos, se suele considerar sujeto el elemento que aparece en primer lugar[1]. Ejemplos:

La capital de Italia es Roma. ⌈El sujeto es *la capital de Italia.*

Roma es la capital de Italia. ⌈El sujeto es *Roma.*

---

[1] No obstante, en enunciados como *el problema eres tú* o *¿qué es una quena?*, los sujetos respectivos son *tú* y *una quena*.

EJERCICIOS

1 Escribe dos oraciones que tengan el sujeto delante del verbo, y dos oraciones que lo tengan detrás.

delante del verbo	....
detrás del verbo	....

2 Señala el sujeto de estas oraciones.

- Los hermanos de Ana son Juan y Tomás.

....

- Juan y Tomás son los hermanos de Ana.

....

▎ ¿Cuál es el criterio en estos casos para reconocer el sujeto?

....

3 Construye una oración con cada una de las siguientes indicaciones.

- Una oración en la que el sujeto tenga que estar obligatoriamente delante del verbo.

....

- Una oración en la que el sujeto suela aparecer detrás del verbo.

....

7.6 ORACIONES CON SUJETO OMITIDO

EL SUJETO OMITIDO[1]

Hay oraciones en las que no aparece explícitamente el sujeto, aunque esto no quiere decir que no exista.

Las oraciones con sujeto omitido son **aquellas en las que el sujeto no se menciona aunque se puede saber cuál es**.

En estos casos, se establece que el sujeto omitido corresponde a un pronombre que está en la misma persona y el mismo número que el verbo de la oración. Ejemplos:

Llegó pronto. ⎡ El verbo *llegar* está en 3.ª persona del singular; por tanto, el sujeto omitido es una 3.ª persona del singular; es decir, corresponde a un pronombre de 3.ª persona del singular.

Llegaréis pronto. ⎡ El verbo *llegar* está en 2.ª persona del plural; por tanto, el sujeto omitido es una 2.ª persona del plural; es decir, corresponde a un pronombre de 2.ª persona del plural.

En ocasiones también el contexto puede dar algunos datos sobre cuál es el sujeto. Ejemplos:

Sara salió a dar un paseo. Por el camino, se encontró a sus padres. ⎡ El sujeto elíptico de la segunda oración ha de ser una 3.ª persona del singular (ya que el verbo está en 3.ª persona del singular). Por el contexto, podemos saber cuál es su referente (*Sara*), ya que aparece en la oración anterior.

No metas nada en ese cajón. Se ha roto. ⎡ El sujeto elíptico de la segunda oración ha de ser una 3.ª persona del singular (ya que el verbo está en 3.ª persona del singular). Por el contexto podemos saber cuál es su referente (*el cajón*), ya que aparece en la oración anterior.

Sin embargo, en algunos contextos el sujeto elíptico no es recuperable. Ejemplo:

¿Qué ha sido ese ruido? Han llamado a la puerta. ⎡ El sujeto de *han llamado a la puerta* es una 3.ª persona del plural. Sin embargo, en un contexto como este el sujeto no es recuperable.

No obstante, al redactar un texto, siempre que se omita el sujeto de una oración, es importante asegurarse de que esto no dificulta la comprensión.

---

[1] El sujeto omitido también se denomina a veces **sujeto elíptico**, **elidido** o **tácito**.

EJERCICIOS

1 Marca las oraciones de este texto en las que el sujeto esté omitido.

> Pedro y Cristina han ido hoy a pasar el día al campo. Han salido esta mañana muy temprano en autobús. Llevaban la comida en una mochila enorme. A mí me ha parecido que iban demasiado cargados. ¡En fin! Vendrán felices de todas formas. Les encanta la naturaleza.

2 Señala las oraciones en las que el sujeto esté omitido e intenta recuperarlo fijándote en el contexto.

- Gema me dio el regalo. Era muy bonito.
- Felipe y Nuria son hermanos. Sin embargo, apenas se parecen.
- Encontramos a Pedro dormido en el sillón. No nos oyó entrar en casa.
- No olvides regar las plantas. Parece que están un poco mustias.

■ ¿Es correcto omitir el sujeto en el siguiente caso? ¿Por qué?

> Javier vendrá mañana y Lucía el viernes. Me dijo que cogería el tren.

....

3 Localiza los sujetos correspondientes a los verbos destacados.

> El cruel rey Minos **gobernaba** la isla de Creta. La mala fama de este rey se **había extendido** hacia todos los lugares.
>
> Un día, el rey **mandó** llamar a un famoso inventor llamado Dédalo. Le **envió** el siguiente mensaje para que **acudiera** a su reino:
>
> –**Ven**, Dédalo, y **trae** también a tu hijo Ícaro, **tengo** un trabajo para ti. Y, además, **pago** muy bien.
>
> (G. M.ª Caughrean y T. Ross: *Dédalo e Ícaro*)

7.7 ORACIONES IMPERSONALES

LAS ORACIONES IMPERSONALES

Las **oraciones impersonales** son aquellas que no tienen sujeto léxico, ni siquiera omitido. En estos casos en los que el sujeto léxico no aparece y no es recuperable, se habla de **sujeto cero**. En realidad el verbo aparece solo en una 3.ª persona de singular que no se refiere a nada[1].

Hay verbos que siempre forman oraciones impersonales:

- Los **verbos meteorológicos** como *llover, granizar...* Ejemplos:

    Llueve mucho.   **Ha nevado** durante toda la noche.

    No obstante, hay ocasiones en las que se utilizan estos verbos de forma personal en un sentido metonímico o metafórico. Ejemplos:

    ¿A qué hora has amanecido hoy?   *Le llovieron las críticas.*

- El verbo **ser** en ciertas construcciones temporales. Ejemplos:

    Es tarde.   **Es** de día.

- El verbo **haber** cuando expresa existencia. Ejemplos:

    Aquí **había** *nidos.*   **Hay** *muchos libros.*

- El verbo **hacer** cuando acompaña a palabras que expresan un fenómeno meteorológico o el paso del tiempo. Ejemplos:

    Hizo mucho frío ayer.   **Hacía** días que no hablábamos.

- En otras ocasiones la impersonalidad no viene determinada por el verbo sino por otro tipo de construcciones, como por ejemplo las que se construyen con la partícula **se** como encubridora de agente y no son pasivas reflejas (ver 18.5). Ejemplos:

    Se llamó a los alumnos.

    Se vive bien aquí.

    Cuando **se** está contento...

---

[1] En lenguas como el francés y el inglés se usa un pronombre sujeto pero también sin referencia: *il pleut (llueve)*; *it rains (llueve)*.

Por otra parte, hay oraciones impersonales con un predicativo: *amaneció nevado.*

EJERCICIOS

1) Marca las oraciones impersonales que encuentres a continuación.

☐ Ayer estuvo lloviendo todo el día en el norte.

☐ Tú y yo somos capaces de todo.

☐ A mí no me molestan las tormentas.

☐ Hay retenciones de tráfico en las principales entradas de la ciudad.

☐ Hace tiempo de eso.

☐ Este año iremos de vacaciones a la playa.

☐ Es necesaria una reforma de la casa.

☐ Se está muy bien aquí.

▍ Indica cuál es el sujeto en las oraciones que no has marcado.

....

2) Clasifica estas oraciones en el cuadro.

- Te debo un favor.
- Hay mucha gente en la puerta del teatro.
- Llovió toda la tarde.
- El domingo pasaremos el día en el campo.
- Ese libro está ya muy viejo.
- Me interesan mucho tus preguntas.

or. impersonales	or. con sujeto omitido	or. con sujeto explícito

7 EL SUJETO

7.8 CONCORDANCIA

CASOS ESPECIALES DE CONCORDANCIA

EL SUJETO

El sujeto es el elemento que concuerda en número y persona con el verbo de la oración. Sin embargo, esta regla de la concordancia puede variar en algunos casos:

- Cuando el núcleo del sujeto es un **sustantivo colectivo** (*mayoría, mitad, resto, montón, grupo, infinidad,* etc.), la concordancia se puede producir en singular o en plural. Ejemplos:

    *El **resto** de los niños **se fue** pronto.* El verbo concuerda con *resto*.
    _{sujeto   predicado}

    *El resto de **los niños** **se fueron** pronto.* El verbo concuerda con *los niños*.
    _{sujeto   predicado}

- Cuando el **verbo** no **concuerda** con el sustantivo o grupo nominal que aparece como sujeto, sino **con su referente** (aquello a lo que se refiere el grupo nominal). Ejemplo:

    Los estudiantes solemos llevar una vida sedentaria.
    _{3.ª p. plural   1.ª p. plural}

- En las oraciones construidas con **ser + atributo**, si el atributo es un sustantivo en plural, el verbo debe aparecer en plural. Ejemplo:

    *Todo (todas esas cosas) **son** rumores.*

    *Mi infancia (las cosas de mi infancia) **son** recuerdos de un patio de Sevilla.*

    *Esa casa **son** solo cuatros ladrillos.*

- Cuando la oración tiene un **sujeto compuesto**, el verbo va generalmente en plural. Ejemplo:

    *La camiseta y el pantalón de este equipo **son** del mismo color.*
    _{sujeto}

Sin embargo, cuando los dos elementos coordinados forman una unidad de significado, el verbo debe ir en singular. Ejemplo:

*Se **prohíbe** la entrada y salida de camiones.*
_{sujeto}

EJERCICIOS

1) Marca los casos en los que la concordancia se haya establecido de forma correcta y explica por qué.

- ☐ Eso son tonterías.
- ☐ Eso es tonterías.

....

- ☐ Los directivos asumen grandes responsabilidades.
- ☐ Los directivos asumís grandes responsabilidades.

....

- ☐ Pronto vendrán a visitarme mi hermana y mi cuñado.
- ☐ Pronto vendrás a visitarme mi hermana y mi cuñado.
- ☐ Pronto vendrá a visitarme mi hermana y mi cuñado.

....

- ☐ Gran parte de mis amigos están de vacaciones
- ☐ Gran parte de mis amigos está de vacaciones.
- ☐ Gran parte de mis amigos estáis de vacaciones.

....

- ☐ No está permitida la carga y descarga.
- ☐ No están permitidas la carga y descarga.

....

2) ¿Está establecida la concordancia de los siguientes paneles de forma adecuada? ¿Por qué?

«Solo el 13% de los niños acogidos está en proceso de adopción».

«La mayoría de los productores de aceite prevén una subida de los precios».

«Se prohíbe el consumo y la venta de bebidas alcohólicas».

EL SUJETO

8.1 DEFINICIÓN

CONCEPTO DE PREDICADO

Los dos componentes fundamentales de una oración son el sujeto y el predicado. El predicado es una **función sintáctica desempeñada por un verbo o grupo verbal**. Ejemplos:

<u>Margarita</u> <u>aprobó</u>.
  sujeto   predicado

<u>Margarita</u> <u>aprobó ayer el examen de conducir</u>.
  sujeto   predicado

En la primera de estas oraciones el predicado está ejercido por *aprobó*. Un solo verbo puede desempeñar la función de predicado.
En la segunda, el predicado lo ejerce *aprobó ayer el examen de conducir*. Un verbo con sus complementos desempeñan esta función.

<u>Carlos</u> <u>canta</u>.
 sujeto   predicado

<u>Carlos</u> <u>siempre canta en la ducha</u>.
 sujeto   predicado

En la primera de estas oraciones el predicado está ejercido por *canta*. Un solo verbo puede desempeñar la función de predicado.
En la segunda, el predicado lo ejerce *siempre canta en la ducha*. Un verbo con sus complementos desempeñan esta función.

Hemos definido el predicado desde un punto de vista sintáctico, pero también se suele definir por su significado. **Desde el punto de vista semántico, el predicado es aquello que se dice del sujeto.** Ejemplos:

José Antonio <u>tiene una empresa en Almería</u>.
                      predicado

José Antonio es el sujeto de la oración; todo lo que se afirma de él es el predicado. En este caso, el predicado está formado por una forma del verbo *tener* y por sus complementos *una empresa* y *en Almería*.

Elena <u>es una buena doctora</u>.
          predicado

Elena es el sujeto de la oración; todo lo que se afirma de él es el predicado. En este caso, el predicado está formado por una forma del verbo *ser* y el atributo *una buena doctora*.

EJERCICIOS

1) **Completa estas oraciones relacionando cada predicado con el sujeto al que va referido.**

- La etapa mítica del *Tour*
- Un partido de balonmano
- Un corredor de maratón
- El decatlón
- La canasta de baloncesto
- Una piscina olímpica
- Los jugadores de voleibol

- combina diez pruebas atléticas.
- mide 50 metros.
- está a una altura de 3,05 metros.
- rotan sus posiciones.
- es la subida al Alpe d´Huez.
- ha de cubrir 42,195 km.
- consta de dos partes.

2) **Completa estas oraciones proponiendo un predicado para cada una de ellas. Dos de los predicados estarán formados solo por un verbo; los otros cuatro, por un verbo y algún complemento.**

- Caperucita Roja ....
- Pulgarcito ....
- .... Alí Babá y los 40 ladrones.
- El flautista de Hamelín ....
- Los siete cabritillos ....
- Las hermanastras de Cenicienta ....

3) **Señala el predicado en los siguientes titulares de periódico.**

- La avalancha de voluntarios complicó las labores de rescate.
  ....

- Termina la Semana de Música de Cámara de Segovia.
  ....

- España es el país con mayor número de donantes de órganos.
  ....

8

EL PREDICADO

8.2 NÚCLEO

EL NÚCLEO DEL PREDICADO

El núcleo del predicado puede estar formado por:

- Una **forma verbal simple**. Ejemplos:

    José Antonio **come**.   Laura **viene**.

- Una **forma verbal compuesta**. Ejemplos:

    José Antonio **ha comido**.   Laura **ha venido**.

- Una **perífrasis verbal**: construcción sintáctica constituida por dos o más verbos que se unen para formar un solo núcleo del predicado[1]. De ellos, el principal aporta el significado léxico. El auxiliar va conjugado e indica los valores de tiempo, modo, aspecto, persona y número. Las perífrasis verbales presentan las siguientes características:

    – El verbo principal puede aparecer en infinitivo, gerundio o participio, y el auxiliar debe aparecer conjugado. Ejemplos:

    debes ir ⎡El verbo principal *ir* aparece en infinitivo y el auxiliar *deber*, conjugado.

    está viniendo ⎡El verbo principal *venir* aparece en gerundio y el auxiliar *estar*, ⎣conjugado.

    se lo tengo dicho ⎡El verbo principal *decir* aparece en participio y el auxiliar ⎣*tener*, conjugado.

    – El verbo auxiliar y el principal pueden unirse directamente o a través de una preposición o la conjunción *que*. Ejemplos:

    Puede llegar en cualquier momento. ⎡El verbo auxiliar *poder* y el verbo principal *llegar* están unidos ⎣directamente.

    Empieza a llover. ⎡El verbo auxiliar *empezar* y el verbo principal *llover* están ⎣unidos mediante la preposición *a*.

    Tengo que estudiar. ⎡El verbo auxiliar *tener* y el verbo principal *estudiar* están ⎣unidos mediante la conjunción *que*.

- Una **locución verbal**: conjunto de palabras con significado unitario, de las que al menos una es un verbo, que funciona como núcleo del predicado. Ejemplos:

    caer en la cuenta   *echar de menos*   *echar en cara*

---

[1] Frecuentemente aparecen encadenados varios auxiliares: *voy a tener que ponerme a estudiar*.

EJERCICIOS

① **¿Qué elementos pueden constituir el núcleo del predicado?**

- ....
- ....
- ....
- ....

② **En todas estas oraciones el núcleo del predicado es una perífrasis verbal. Copia estas perífrasis verbales poniendo en infinitivo el verbo auxiliar. Fíjate en el ejemplo.**

- El director debe estar en su despacho.

    Ejemplo: deber estar.

- Fernando debe de estar ya en casa.

    ....

- ¿Qué vas a hacer esta tarde?

    ....

- Tienes que consultarlo en un diccionario.

    ....

- Agustín y Mercedes están preparando un viaje a Lisboa.

    ....

- Gerardo se echó a llorar desconsoladamente.

    ....

③ **Inventa una oración con cada una de las siguientes locuciones verbales.**

- echar de menos: ....
- caer en la cuenta: ....
- echar en cara: ....

EL PREDICADO

9.1 DEFINICIÓN (I)

CONCEPTO DE COMPLEMENTO DIRECTO[1]

El complemento directo es una función sintáctica desempeñada por una **palabra o grupo de palabras exigidas por el verbo y que completan el significado de este**. Ejemplos:

Esta habitación tiene <u>dos ventanas</u>.
                        CD

El complemento directo *dos ventanas* completa el significado del verbo *tener* y está exigido por él. Por eso no es correcto **Esta habitación tiene*.

Ayer vi <u>una película</u> en el cine.
          CD

El complemento directo *una película* completa el significado del verbo *ver* y está exigido por él. Por eso no es correcto **Ayer vi en el cine*.

¿Has encontrado ya <u>tu cuaderno</u>?
                         CD

El complemento directo *tu cuaderno* completa el significado del verbo *encontrar* y está exigido por él. Por eso no es correcto **¿Has encontrado ya?*

He sacado <u>dos entradas</u> para el concierto.
             CD

El complemento directo *dos entradas* completa el significado del verbo *sacar* y está exigido por él. Por eso no es correcto **He sacado para el concierto*.

Jimena dirige <u>un taller de teatro</u>.
               CD

El complemento directo *un taller de teatro* completa el significado del verbo *dirigir* y está exigido por él. Por eso no es correcto *Jimena dirige.

Desconozco <u>el significado de esa palabra</u>.
                 CD

El complemento directo *el significado de esa palabra* completa el significado del verbo *desconocer* y está exigido por él. Por eso no es correcto *Desconozco.

El complemento directo, cuando se refiere a una persona, a un animal o a una cosa personalizados, suele llevar delante la preposición *a*; sobre todo, si los referentes de esos nombres están determinados. Ejemplos:

*Violeta admira **a su profesor de pintura**.*

*Paseamos **a mi perro** todas las tardes.*

*Mi hermano pequeño abraza **a su muñeco** todas las noches.*

Por tanto, el complemento directo o bien no lleva preposición o bien lleva la preposición *a*.

---

[1] El complemento directo también se denomina **objeto directo** y, en cierta escuela gramatical, **implemento**.

EJERCICIOS

9

EL COMPLEMENTO DIRECTO

① **Relaciona cada verbo con su complemento directo.**

- He rellenado
- Están midiendo
- Han invitado
- Hemos agrupado
- Han interpretado
- Envíame

- a Irene.
- *La casa de Bernarda Alba*.
- la habitación.
- a todos los participantes.
- una postal.
- el impreso.

▌ ¿En qué casos aparece la preposición *a*?

....

② **Completa el sentido de estas oraciones añadiéndoles el complemento directo que falta.**

- ¿Has oído ....?
- Estamos buscando ....
- Por favor, vigila ....
- He de visitar ....
- ¿Tienes algún ....?
- Aún no me has devuelto ....

③ **Forma dos oraciones con cada uno de estos verbos, de modo que en una de ellas el complemento directo se refiera a personas y en la otra a cosas.**

- querer: .... , ...
- escuchar: .... , ...
- encontrar: .... , ...
- conocer: .... , ...
- observar: .... , ...

71

9.2 DEFINICIÓN (y II)

UNA DEFINICIÓN INADECUADA

A menudo se define erróneamente el complemento directo como 'la persona o cosa que recibe la acción del verbo'. Ejemplo:

Besé <u>a mi madre</u>.
       CD

[Mi madre recibe la acción del verbo *besar* y *a mi madre*[1] es el complemento directo.

Premiaron <u>a Isabel</u>.
              CD

[Isabel recibe la acción del verbo *premiar* y *a Isabel* es el complemento directo.

La policía multó <u>a Julia</u>.
                        CD

[Julia recibe la acción del verbo *multar* y *a Julia* es el complemento directo.

Pero esto no es siempre verdad, ya que la palabra que corresponde a esta definición no es siempre el complemento directo. Ejemplos:

Di <u>un beso</u> <u>a mi madre</u>.
       CD   CI

[Mi madre recibe la acción del verbo *dar* pero *a mi madre* no es complemento directo sino indirecto. El complemento directo es *un beso*.

Dieron <u>un premio</u> <u>a Isabel</u>.
              CD   CI

[Isabel recibe la acción del verbo *dar* pero *a Isabel* no es complemento directo sino indirecto. El complemento directo es *un premio*.

La policía puso <u>una multa</u> <u>a Julia</u>.
                       CD   CI

[Julia recibe la acción del verbo *poner* pero *a Julia* no es complemento directo sino indirecto. El complemento directo es *una multa*.

Además, algunos verbos como *haber*, *tener*, *merecer*, *valer*, etc., no significan acción y, sin embargo, llevan complemento directo. Ejemplos:

Ha habido <u>fuegos artificiales</u>.
                         CD

Mi hija <u>tiene fiebre</u>.
                   CD

Merecías <u>mejor trato</u>.
                    CD

---

[1] Algunos gramáticos prefieren no incluir la preposición *a* en el complemento directo y defienden que dicha preposición funciona aquí como una mera marca de función.

EJERCICIOS

9
EL COMPLEMENTO DIRECTO

① **Marca la definición adecuada de complemento directo.**

☐ Palabra o grupo de palabras exigidos por el verbo, que completan su significado y que no llevan delante ninguna preposición, excepto *a* en algunos casos.

☐ Persona o cosa que recibe la acción del verbo.

② **Propón un complemento directo posible para estas oraciones.**

- De pequeña siempre les pedía a los Reyes Magos ....
- ¿Entregaste por fin .... al secretario?
- Le hemos dado a las nueve .... al niño.
- A Carmen le ofrecieron .... en su despedida.
- Tengo que llevarle a mi abuela ....

■ Subraya en las oraciones anteriores «las personas o cosas que reciben la acción del verbo». ¿Coinciden con el complemento directo?

....

③ **En los siguientes reclamos publicitarios falta el complemento directo. Complétalos.**

Le regalamos .... solo por su visita.

¡No te pierdas ....!

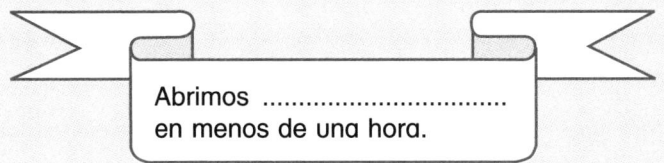

Abrimos .... en menos de una hora.

9.3 RECONOCIMIENTO (I)

PAUTAS PARA RECONOCER EL COMPLEMENTO DIRECTO

Para localizar el complemento directo en una oración se puede tener en cuenta lo siguiente:

- El complemento directo suele ser **sustituible por los pronombres átonos *lo*, *la*, *los*, *las***. El pronombre que sustituye al núcleo del complemento directo concuerda con él en género y número. Ejemplos:

    *He cogido **tu lápiz**.* → ***Lo** he cogido.* El pronombre *lo* (masculino singular) repite el género y el número del elemento al que sustituye: *tu lápiz* (masculino singular).

    *Tengo **una revista**.* → ***La** tengo.* El pronombre *la* (femenino singular) repite el género y el número del elemento al que sustituye: *una revista* (femenino singular).

    *Hice **muchas fotos** en el viaje a Lisboa.* → ***Las** hice en el viaje a Lisboa.* El pronombre *las* (femenino plural) tiene el mismo género y número que el elemento al que sustituye: *muchas fotos* (femenino plural).

    *Beatriz compró **varios libros** ayer.* → *Beatriz **los** compró ayer.* El pronombre *los* (masculino plural) tiene el mismo género y número del elemento al que sustituye: *varios libros* (masculino plural).

    Algunos hablantes, al sustituir el complemento directo por el pronombre átono correspondiente, utilizan las formas *le*, *les* (ver 11.4).

- Si se trasforma a pasiva (*ser* + participio) una oración activa que tiene complemento directo, el **complemento directo se convierte en sujeto de la oración pasiva**. Ejemplos:

    *Beatriz compró **varios libros** ayer.* → ***Varios libros** fueron comprados por Beatriz ayer.* *Varios libros* es ahora el sujeto de la oración.

    *Los agricultores recogen **las uvas** en septiembre.* → ***Las uvas** son recogidas en septiembre por los agricultores.* *Las uvas* es ahora el sujeto de la oración.

- Las oraciones copulativas (construidas con los verbos *ser, estar, parecer, llegar a ser*...) nunca llevan complemento directo.

EJERCICIOS

9 EL COMPLEMENTO DIRECTO

1 Sustituye el complemento directo por el pronombre correspondiente (*lo, la, los, las*) en los siguientes consejos para cuidar el medio ambiente.

- No desperdicies el agua. → ....
- No tires los periódicos. → ....
- Comparte el coche. → ....
- Recarga las pilas. → ....
- Recicla el vidrio. → ....
- Corta los anillos de plástico. → ....
- Utiliza un detergente ecológico. → ....
- Planta un árbol. → ....
- Difunde estas ideas. → ....

2 Convierte en pasivas las oraciones que aparecen a continuación.

- La policía detuvo en Madrid al terrorista Pasquale Belsito.

  ....

- Ridley Scott cambió varias veces el final de la película *Blade Runner*.

  ....

- La Cruz Roja ha rescatado a todos los montañeros desaparecidos en los Pirineos.

  ....

- La huelga de aviones atrapa a miles de turistas en Baleares.

  ....

■ ¿Qué función ha pasado a desempeñar el complemento directo?

  ....

9.4 RECONOCIMIENTO (II)

UN PROCEDIMIENTO INADECUADO

Suele decirse que para reconocer el complemento directo se debe hacer la pregunta *¿qué?* o *¿qué cosa?* al verbo. Sin embargo, este procedimiento es incorrecto porque la respuesta a esta pregunta no siempre coincide con el complemento directo. Ejemplos:

La campana sonó. — Si preguntamos *qué* al verbo, la respuesta será *la campana*. Sin embargo, su función no es la de complemento directo, sino la de sujeto.

Me gusta tu casa. — Si preguntamos *qué* al verbo, la respuesta será *tu casa*. Sin embargo, su función no es la de complemento directo, sino la de sujeto.

Me molesta tu actitud. — Si preguntamos *qué* al verbo, la respuesta será *tu actitud*. Sin embargo, su función no es la de complemento directo, sino la de sujeto.

Mi hermano es veterinario. — Si preguntamos *qué* al verbo, la respuesta será *veterinario*. Sin embargo, su función no es la de complemento directo, sino la de atributo.

Emilia y Fernando son novios. — Si preguntamos *qué* al verbo, la respuesta será *novios*. Sin embargo, su función no es la de complemento directo, sino la de atributo.

Turquía es una república laica desde 1923. — Si preguntamos *qué* al verbo, la respuesta será *una república laica*. Sin embargo, su función no es la de complemento directo, sino la de atributo.

Además, en los complementos directos de persona precedidos por la preposición *a*, la pregunta a la que, en ocasiones, contesta el complemento directo es *¿a quién?*. Sin embargo, esta pregunta no es válida para diferenciar el complemento directo en otros muchos casos. Ejemplos:

He llamado a Carlos. — Si preguntamos *qué* al verbo, no obtendremos ninguna respuesta, a pesar de que *a Carlos* es el complemento directo de la oración. En este caso, el complemento directo responde a la pregunta *a quién*.

Almudena dio un regalo a Carlos. — Si preguntamos *a quién* al verbo, la respuesta será *a Carlos*. Sin embargo, su función no es la de complemento directo, sino la de indirecto.

EJERCICIOS

1 **Indica en cuáles de estas oraciones hay un complemento directo.**

☐ Marruecos y España han mantenido el acuerdo de pesca.

☐ Fede es farmacéutico.

☐ Me desconcertó el desenlace de la novela.

☐ Este verano he visitado Madrid con mis primos.

☐ ¿Cambiaste la rueda de la bici?

☐ A mi cuñado le tocó la lotería el año pasado.

☐ Ramiro está distraído.

2 **Copia la definición correcta de complemento directo.**

....

....

▎ ¿Qué pautas nos ayudan a reconocerlo?

....

....

3 **Localiza el complemento directo en las siguientes oraciones.**

- El euro sustituyó a la peseta en el 2002.

- El Instituto Cervantes certifica el aumento de hispanohablantes en Estados Unidos.

- El africano Salif Keita interpretó sus nuevos temas en el festival La Mar de Músicas.

- Los directivos de las cadenas examinan la televisión digital.

- Los meteorólogos han pronosticado lluvias para el próximo fin de semana.

9.5 CATEGORÍAS

CATEGORÍAS QUE PUEDEN EJERCER DE COMPLEMENTO DIRECTO

La función de complemento directo puede estar desempeñada por las siguientes categorías gramaticales:

- Un **nombre** o sustantivo (propio o común) o un **grupo nominal**. Ejemplos:

    Patricia compró **Blancanieves** el año pasado.
    Tengo **fiebre**.
    El pintor analizó **su cuadro** durante horas.
    Quiero **el periódico de ayer**.

- Un **pronombre**. Ejemplos:

    – personal átono:

    Carmen **me** vio cuando subí al taxi.   Mis padres **me** abrazaron.

    – interrogativo o exclamativo:

    ¿**Qué** quieres?   ¡**Qué** dices!

    – demostrativo:

    Trajo **eso**.   Acerca **aquello**.

    – indefinido:

    No tengo **ninguno**.   No tengo **nada**.   Préstame **alguno**.

- Una **oración subordinada** (ver 21.6). Ejemplos:

    Me preguntaron **qué había dicho**.
    Recuerda **que Carlos llegará hoy**.
    Deseo **que todo te vaya bien**.

- Un **pronombre** o **grupo nominal precedidos de la preposición *a***[1] cuando el referente del complemento directo es una persona o animal determinados, o una cosa personalizada. Ejemplos:

    Vi **a Raquel** anoche.   Quiero **a mi gato**.   Me miró **a mí**.

---

[1] Los gramáticos que no incluyen la preposición *a* en el complemento directo no admiten que esta y el complemento directo constituyan un grupo (o construcción) preposicional.

EJERCICIOS

1 Escribe el complemento directo que falta en estas oraciones con las categorías que hay entre paréntesis.

- ¿Tienes .... (sustantivo)?
- Hemos colgado .... (grupo nominal) en las perchas de la entrada.
- Ayer .... (pronombre) vieron en la Gran Vía.
- Aún no conozco .... (nombre precedido de *a*).
- Le contestaron .... (oración subordinada).

2 Señala el complemento directo y precisa en cada caso de qué categoría gramatical se trata.

- Plácido Domingo dirige con Halfter la gala de los 150 años del Teatro Real.

  ....

- ¿Qué habéis pedido?

  ....

- El público acogió con entusiasmo a la actriz Juliette Binoche en el estreno de *Chocolat*.

  ....

- Vicente piensa que Luis llegará hoy.

  ....

3 ¿Puede un nombre o grupo nominal precedido de *a* desempeñar la función de complemento directo? ¿En qué casos?

....

▌ Inventa una oración que justifique tu respuesta.

....

9.6 POSICIÓN

POSICIÓN DEL COMPLEMENTO DIRECTO

El complemento directo suele aparecer en la oración **detrás del verbo**. Ejemplos:

> He escrito **una carta** a Carmen.
>
> He comprado **el pan**.
>
> Estoy buscando **a María**.
>
> Los bomberos apagaron **el incendio**.

Sin embargo, en algunas ocasiones el complemento directo aparece **antepuesto al verbo**:

- Cuando la función de complemento directo está desempeñada por **pronombres tónicos** interrogativos o exclamativos o por pronombres personales átonos, dichos pronombres se suelen anteponer al verbo. Ejemplos:

  > Nieves **lo** trajo.
  >
  > **Me** miró.
  >
  > ¿**Qué** has dicho?

- Cuando se quiere destacar el complemento directo desempeñado por un nombre o grupo nominal, precedido o no de la preposición *a*, este se antepone al verbo y suele repetirse con el **pronombre personal átono** (*lo, la, los, las*) correspondiente. Ejemplos:

  > **Ese pastel lo** he traído yo.
  >
  > **Tu chaqueta la** he dejado en el armario de mi habitación.
  >
  > **A mis hermanos los** he acompañado al aeropuerto.
  >
  > **A tus amigas** no **las** he visto.

Es incorrecto:

> *****Ese pastel** he traído yo.
>
> *****Tu chaqueta** he dejado en el armario de mi habitación.
>
> *****A mis hermanos** he acompañado al aeropuerto.
>
> *****A tus amigas** no he visto.

EJERCICIOS

1 Escribe dos oraciones que tengan el complemento directo detrás del verbo, y escríbelas de nuevo anteponiendo al verbo el complemento directo.

detrás del verbo	....
delante del verbo	....

▌ ¿Ha sido necesario algún otro cambio en la oración?

....

2 Formula las preguntas correspondientes a estas respuestas.

- He preguntado la hora.

....

- Estoy leyendo *El hereje*, de Miguel Delibes.

....

- Voté a Marisa.

....

▌ ¿Qué función desempeñan en las oraciones escritas por ti los pronombres interrogativos?

....

▌ ¿Pueden cambiar de posición en la oración?

....

EL COMPLEMENTO DIRECTO

9.7 RECONOCIMIENTO (y III)

INCONVENIENTES PARA RECONOCER EL COMPLEMENTO DIRECTO

Para reconocer el complemento directo es necesario sustituir las palabras que realizan esa función por los pronombres personales átonos *lo, la, los, las,* o pasar la oración a pasiva. Sin embargo, en ciertos casos no son posibles estos cambios:

- Hay verbos de estado (*haber*, *tener*...) con complemento directo que no admiten la trasformación a pasiva. Ejemplos:

    Hay alumnos. → ***Son habidos** alumnos.

    Tengo la sal. → *La sal **es tenida**.

En estos casos, hay que llevar a cabo la sustitución del complemento directo por el pronombre correspondiente.

   Hay alumnos. → **Los** hay.

   Tengo la sal. → **La** tengo.

- Cuando el complemento directo de una oración no es definido ni específico, no suele admitir la trasformación a pasiva. En estos casos, la sustitución por los pronombres personales se puede hacer, pero hay que tener en cuenta que implica un pequeño cambio de significado en la oración. Ejemplos:

    *Carolina no conoce **a nadie**.*

    *Nadie es conocido por Carolina. [La trasformación a pasiva da como resultado una oración agramatical.

    Carolina no lo conoce. [La oración es gramatical. Pero el pronombre no puede haber sustituido al complemento directo *a nadie*, sino a un complemento directo definido y específico.

En estos casos, es preferible sustituirlo por un referente definido y específico. Ejemplos:

   *Carolina no conoció **a Rita**.*

   Rita no fue conocida por Carolina. [La trasformación a pasiva da como resultado una oración gramatical.

   Carolina no la conoció. [La oración es gramatical y el pronombre sustituye al complemento directo definido y específico *a Rita*.

EJERCICIOS

1 **En todas estas oraciones hay un complemento directo. Señálalo.**

- No lo creo.

  ....

- Hay mantas en el armario.

  ....

- ¿Tienes hambre?

  ....

- No entendí nada.

  ....

- Había demasiados coches en aquella plaza.

  ....

- Tengo muchos amigos en el barrio.

  ....

- ¿Ves algo con esas gafas?

  ....

2 **Indica los complementos directos de los verbos que aparecen marcados en el siguiente texto.**

Había una vez un rey. Este rey **tenía** una hija llamada Dánae. Como un oráculo había vaticinado al monarca que su nieto lo mataría, el rey **encerró** a su hija en una torre. Dánae no **veía** a nadie en todo el día. Pero el dios Zeus se encaprichó con la joven y consiguió fecundarla en forma de lluvia de oro. Dánae se quedó embarazada y, al cabo de un tiempo, **tuvo** un hijo. Este hijo se llamó Perseo.

Varios pintores **han inmortalizado** esta escena en cuadros memorables. Los de Tiziano y Gustav Klimt son tal vez los más conocidos.

9 EL COMPLEMENTO DIRECTO

10.1 DEFINICIÓN

EL COMPLEMENTO INDIRECTO

CONCEPTO DE COMPLEMENTO INDIRECTO[1]

Tradicionalmente, el complemento indirecto se ha definido como la **persona o cosa que recibe indirectamente la acción del verbo**; y también como **la persona o cosa que recibe el daño o provecho de la acción del verbo**. Ejemplos:

Raúl regaló una cartera <u>a su amiga</u>.
                              CI

Su amiga recibe el provecho de la acción del verbo *regalar* y es el complemento indirecto.

Diana dio la enhorabuena <u>a Félix</u>.
                             CI

Félix recibe el provecho de la acción del verbo *dar* y es el complemento indirecto.

Cantó una nana <u>al bebé</u>.
                   CI

El bebé recibe el provecho de la acción del verbo *cantar* y es el complemento indirecto.

Sin embargo, esta definición puede aplicarse también, en muchos casos, a la palabra que realiza la función de complemento directo. Ejemplos:

Premiaron <u>a Mercedes</u>.
              CD

Dieron <u>un premio</u> <u>a Mercedes</u>.
          CD   CI

En ambos casos, *Mercedes* recibe el provecho del verbo. Sin embargo, realiza la función de complemento indirecto solo en el segundo caso.

Golpearon <u>a Carlos</u>.
              CD

Dieron <u>un golpe</u> <u>a Carlos</u>.
          CD   CI

En ambos casos, *Carlos* recibe el daño del verbo. Sin embargo, realiza la función de complemento indirecto solo en el segundo caso.

Por tanto, la definición debe ser: el complemento indirecto es aquel complemento del verbo encabezado siempre por la preposición *a* y que se sustituye por *le, les*, además de permanecer sin cambios en las oraciones pasivas[2].

---

[1] El complemento indirecto también se denomina **objeto indirecto** y, en cierta escuela gramatical, **complemento**.

[2] Solo cuando el complemento indirecto está ejercido por un pronombre átono (*me, te, se, le, les, nos, os*), no lleva preposición.

EJERCICIOS

1) Completa estas oraciones con el complemento indirecto que falta.

- El director del nuevo curso dio las gracias a ....
- ¿Has echado ya la sal a ....?
- El técnico dio instrucciones muy claras y precisas a ....
- Están cambiando la tapicería a ....
- Has dado sin querer un empujón a ....
- Ayer devolví los libros a ....

2) Marca en cuál de las dos oraciones hay un complemento indirecto.

- ☐ Los nietos besaron a su abuela.
- ☐ Los nietos dieron un beso a su abuela.

- ☐ Los anfitriones saludaron a sus invitados.
- ☐ Los anfitriones estrecharon la mano a sus invitados.

- ☐ Enmarcaron todos los grabados.
- ☐ Pusieron un marco nuevo a todos los grabados.

3) Señala en estas oraciones el complemento indirecto.

- La Academia Sueca concedió el Premio Nobel de Medicina a Ramón y Cajal en 1906.
- Carmen Martín Gaite dedicó su libro *La reina de las nieves* a Hans Christian Andersen.
- Lorenzo de Médicis encargó a Miguel Ángel su monumento funerario.

10 — EL COMPLEMENTO INDIRECTO

10.2 RECONOCIMIENTO (I)

PAUTAS PARA RECONOCER EL COMPLEMENTO INDIRECTO

Para diferenciar el complemento indirecto de otros complementos del verbo pueden servir de pauta las siguientes indicaciones:

- El complemento indirecto es **sustituible por los pronombres átonos le, les**. Ejemplos:

    Esteban dio la enhorabuena **a Susana**. → Esteban **le** dio la enhorabuena. [*A Susana* es el único elemento de la oración que puede ser sustituido por alguno de estos pronombres.

    Conté un cuento **a los niños**. → **Les** conté un cuento. [*A los niños* es el único elemento de la oración que puede ser sustituido por alguno de estos pronombres.

    Algunos hablantes, al sustituir el complemento indirecto por el pronombre correspondiente, utilizan erróneamente las formas *lo, la, los, las* (ver 11.5).

- El complemento indirecto siempre va introducido por la preposición *a*, salvo en los casos en los que esta función la desempeñe un pronombre átono (*me, te, se, le, nos, os, les*). Ejemplos:

    Los habitantes del pueblo dieron posada **a los peregrinos**.
    Me entregaron las llaves del piso.
    Los habitantes del pueblo **les** dieron posada.

    No obstante, esto no significa que toda construcción introducida por *a* desempeñe la función de complemento indirecto.

- Si el complemento directo está desempeñado por un pronombre átono (*lo, la, los, las*), el complemento indirecto no **se sustituye por** *le, les*, sino por el pronombre personal no reflexivo **se**. Ejemplos:

    Presté <u>el boli</u> <u>a mi compañero</u>. → <u>Lo</u> presté <u>a mi compañero</u>.
            CD   CI   CD   CI
    → **Se** lo presté. [La función de complemento indirecto la desempeña ahora
       CI CD   el pronombre *se*.

    Lo mismo ocurre en estos casos:

    Entregué la carta **a Felipe**.
    → La entregué **a Felipe**. → **Se** la entregué.

    Donó varios de sus grabados **a un museo**.
    → Los donó **a un museo**. → **Se** los donó.

    Enseñé las notas **a mis padres**. →
    Las enseñé **a mis padres**. → **Se** las enseñé.

    [En el último paso, la función de complemento indirecto la desempeña el pronombre *se*.

EJERCICIOS

① Sustituye en estas oraciones el complemento indirecto por el pronombre átono correspondiente (*le, les*).

- El médico recetó a su paciente una dieta sana y muchos paseos.

  ....

- ¿Has echado abono a las plantas?

  ....

- Todavía no he dicho nada a María.

  ....

- La palabra *viernes* debe su nombre a la diosa Venus.

  ....

- Los monitores explicaron a los principiantes los fundamentos básicos del esquí.

  ....

② Di en qué casos el grupo preposicional construido con *a* desempeña la función de complemento indirecto.

☐ Esta mañana he puesto un telegrama de felicitación a Fernando.

☐ Están ordeñando a las vacas.

☐ En julio iremos a la montaña palentina.

☐ Este mes entregarán las llaves del piso a los nuevos propietarios.

☐ ¿Has visto a Paloma?

10.3 RECONOCIMIENTO (y II)

OTRAS PAUTAS PARA RECONOCER EL COMPLEMENTO INDIRECTO

Además de la sustitución del complemento indirecto por los pronombres *le*, *les* hay una serie de rasgos característicos del complemento indirecto que pueden servir de pautas para identificarlo:

- El complemento indirecto **puede aparecer junto al complemento directo**. Ejemplos:

    Di <u>las gracias</u> <u>a Chus</u>.
         CD   CI

    <u>Nos</u> dedicaron <u>una canción</u>.
     CI   CD

    Pero también **puede complementar al verbo sin la presencia del complemento directo**. Ejemplos:

    Nos gustan mucho <u>los pasteles</u>.
     CI   sujeto

    Me duele <u>la pierna</u>.
     CI   sujeto

- Si se trasforma a pasiva (*ser* + participio) una oración activa que tiene complemento indirecto, este **permanece como tal en la oración pasiva**. Ejemplos:

    Yo di <u>el dinero</u> <u>a mi hija</u>.
            CD   CI

    <u>El dinero</u> fue dado por mí <u>a mi hija</u>.
     sujeto   CI

    A mi hija es el complemento indirecto de la oración activa. Aunque otras palabras cambien de función (*yo, el dinero*), *a mi hija* sigue siendo el complemento indirecto de la oración pasiva.

    He enseñado el cuadro **a Gerardo**.
    → El cuadro fue enseñado por mí **a Gerardo**.

    El profesor explicó la lección **a los alumnos**.
    → La lección fue explicada por el profesor **a los alumnos**.

    El complemento indirecto no cambia de función al trasformarse la oración activa en pasiva.

EJERCICIOS

1. ¿Cuáles son las cinco pautas que nos permiten reconocer el complemento indirecto?

   - ....
   - ....
   - ....
   - ....
   - ....

2. Aplícalas en las siguientes oraciones y señala en cada caso cuál es el complemento indirecto.

   - He recomendado a mis amigos *La vida es bella*.
   ....

   - Franz Kafka escribió a su padre una estremecedora carta.
   ....

   - Los escapados sacan ya cinco minutos al pelotón.
   ....

   - Nos interesa mucho el arte contemporáneo.
   ....

   - Llama la atención a esos insensatos. Van a sacar un ojo a alguien.
   ....

   - Han devuelto los colores originales a *La última cena* de Leonardo da Vinci.
   ....

   - Las venas devuelven la sangre sin oxígeno al corazón.
   ....

   - ¿Te molesta la pierna?
   ....

10.4 CATEGORÍAS

CATEGORÍAS QUE PUEDEN EJERCER DE COMPLEMENTO INDIRECTO

La función de complemento indirecto puede estar desempeñada por las siguientes categorías gramaticales:

- Un **grupo** (o **construcción**) **preposicional formado con la preposición *a*** y seguida de:

  - Un **nombre**. Ejemplos:

    *Compré un libro **a mamá**.*   *Elena dio un abrazo **a Samuel**.*

  - Un **grupo nominal**. Ejemplos:

    *Puse la merienda **a mi hermana**.*

    *No hagas caso **a personas así**.*

  - Un **pronombre** (pronombres personales tónicos y otros pronombres no personales). Ejemplos:

    - personal tónico:

      ***A mí me** otorgaron el premio.*   El pronombre personal tónico (*mí*) con función de complemento indirecto debe ir siempre duplicado con un pronombre personal átono (*me*).

    - interrogativo o exclamativo:

      *¿**A quién** has pedido los disquetes?*

      *¡**A quién** entregaste la carta!*

    - demostrativo:

      *Pásale esta nota **a ese**.*

    - indefinido:

      *No cuentes esto **a nadie**.*

  - Una **oración subordinada** (ver 21.7). Ejemplo:

    *No di importancia **a que no me saludara**.*

- Un **pronombre personal átono**. Ejemplos:

  ***Le** regalé una caja de música.*   ***Os** dieron buenas noticias.*

EJERCICIOS

① **Completa estas oraciones con el complemento indirecto que falta siguiendo las indicaciones que hay entre paréntesis.**

- Dedicaré esta canción .... (*a* + nombre propio).

- Por favor, pon el babero .... (*a* + grupo nominal).

- Solo puedes contarle el secreto .... (*a* + pronombre).

- Aconsejaron un poco de calma .... (*a* + oración subordinada).

- Devuélve .... (pronombre personal átono) las raquetas esta tarde, por favor.

② **Señala los complementos indirectos que aparecen en este texto y clasifícalos luego según su categoría gramatical.**

Paris tenía que entregar la manzana de la discordia a la diosa más hermosa. Hera, Atenea y Afrodita deseaban ser las elegidas. Por eso, cada una ofreció al joven un don extraordinario.

Hera prometió a Paris el dominio del universo. Atenea le ofreció la sabiduría. Y Afrodita le aseguró el amor de la mujer más hermosa.

¿A quién entregó Paris la codiciada manzana?

a + nombre propio	*a* + grupo nominal	*a* + pronombre	pronombre átono

EL COMPLEMENTO INDIRECTO — **10**

10.5 DUPLICACIÓN

DUPLICACIÓN DEL COMPLEMENTO INDIRECTO

En algunas oraciones el complemento indirecto puede, o debe, aparecer duplicado. Para esta duplicación se utiliza un pronombre átono.

- Cuando el complemento indirecto desempeñado por un nombre o grupo nominal precedido de la preposición *a* **se antepone al verbo**, es obligatorio **repetirlo con el pronombre personal átono** (*le*, *les*) correspondiente. Ejemplos:

    A mi hermano le gustan las flores.   *A mi hermano gustan las flores.
    A los árboles se les ha caído la hoja.   *A los árboles se ha caído la hoja.

Esta repetición es opcional cuando el complemento aparece detrás del verbo. Ejemplos:

    Le trajeron un paquete *a José*.   o   Trajeron un paquete *a José*.
    Le mandaron flores *a la doctora*.   o   Mandaron flores *a la doctora*.

Concordancia

NORMA

Los pronombres *le*, *les* deben concordar en número con el complemento indirecto al que duplican. Sin embargo, cuando el complemento indirecto es plural, a menudo el pronombre *le* antepuesto aparece erróneamente en singular. Por eso es incorrecto:

   *¿*Le* has contado a tus padres la noticia?

Lo correcto es:

   ¿*Les* has contado a tus padres la noticia?

- Cuando la función de complemento indirecto está desempeñada por un **pronombre tónico** *mí*, *ti*, *sí*, *nosotros*, etc., es obligatorio **repetirlo con el pronombre personal átono** correspondiente. Ejemplos:

    A nosotros nos gustan los deportes.   *A nosotros gustan los deportes.
    A mí me encanta la paella.   *A mí encanta la paella.

Pero si aparece delante el pronombre átono con función de complemento indirecto, es opcional la repetición con el pronombre tónico correspondiente. Este se emplea por énfasis o como contraste. Ejemplos:

    Me dieron el premio *a mí*.   o   *Me* dieron el premio.

- Con el pronombre interrogativo *quién*, *quiénes* es opcional la duplicación. Ejemplo:

    ¿A quién (le) concedieron el premio?

EJERCICIOS

1) Altera el orden de estas oraciones de manera que el complemento indirecto preceda al verbo.

- Todas las noches contaba un cuento a sus hijos.

  ....

- En los Juegos Olímpicos de la antigua Grecia, ceñían una corona de laurel a los ganadores.

  ....

▎ ¿Qué otro cambio has tenido que introducir?

  ....

2) En todas estas oraciones el complemento indirecto aparece duplicado. Señálalo.

- Phileas Fogg les hizo una apuesta a sus colegas del Reform Club.

- Mowgli les prometió a los lobos la piel de Shere Khan.

- Billy Bones le pidió una vez más a Jim Hawkins la botella de ron.

3) Corrige los errores de concordancia en estas oraciones.

- *Astérix le propuso un combate a los normandos.

  ....

- *Magneto le pidió un rescate a los superhéroes.

  ....

11.1 FUNCIONES

LAS FUNCIONES DE LOS PRONOMBRES ÁTONOS

Los pronombres personales y reflexivos átonos (*me, te, se, le, la, lo, les, las, los, nos, os, se*) pueden desempeñar, según los casos, las funciones de **complemento directo** o de **indirecto**. Por este motivo, se produce a veces confusión a la hora de reconocer en qué casos funcionan como complemento directo y en qué casos funcionan como indirecto. Ejemplos:

Javier me besó.
       CD

Javier me dio un beso.
       CI   CD

Él te miró.
   CD

Él te lanzó una mirada.
   CI   CD

Ella os saludó.
     CD

Ella os dijo hola.
     CI   CD

Pedro se peinó.
      CD

Pedro se peinó el pelo.
      CI   CD

La distribución de las funciones de complemento directo y complemento indirecto en los pronombres átonos es la siguiente:

			CD	CI
SINGULAR	1.ª p.	m./f.	me	
	2.ª p.	m./f.	te	
	3.ª p.	m.	lo, se	le, se
		f.	la, se	le, se
PLURAL	1.ª p.	m./f.	nos	
	2.ª p.	m./f.	os	
	3.ª p.	m.	los, se	les, se
		f.	las, se	les, se

EJERCICIOS

1 En todas estas oraciones hay al menos un pronombre átono que desempeña la función de complemento directo. Localízalo, precisando si es un pronombre de 1.ª, 2.ª o 3.ª persona.

- «Hoy la he visto... la he visto y me ha mirado...» (G. A. Bécquer)
  ....

- «Ayer te besé en los labios». (P. Salinas)
  ....

- «Yo la quise, y a veces ella también me quiso». (P. Neruda)
  ....

- «Me llamarán. Nos llamarán». (Blas de Otero)
  ....

2 En todas estas oraciones hay un pronombre átono que desempeña la función de complemento indirecto. Localízalo, precisando si es un pronombre de 1.ª, 2.ª o 3.ª persona.

- «Me gustas cuando callas porque estás como ausente». (P. Neruda)
  ....

- «(...) solo nos quedaría entre las manos un poco de agua». (Á. González)
  ....

- «Me hacía un gran favor... Le di las gracias». (G. A. Bécquer)
  ....

- «A las palabras de amor/les sienta bien su poquito/de exageración». (A. Machado)
  ....

- «Pero callad./Quiero deciros algo». (J. Gil de Biedma)
  ....

3 ¿En qué personas coinciden las formas de los pronombres de complemento directo y complemento indirecto?

....

LOS PRONOMBRES ÁTONOS CON FUNCIÓN DE CD Y CI — 11

11.2 RECONOCIMIENTO (I)

RECONOCIMIENTO DE LAS FUNCIONES DE COMPLEMENTO DIRECTO E INDIRECTO

Para distinguir si los pronombres *me, te, se, nos, os* desempeñan la función de complemento directo o de complemento indirecto se pueden hacer las siguientes comprobaciones:

- Para comprobar si el pronombre es complemento directo, **se sustituye** el pronombre **por un nombre o grupo nominal** y se aplican las pautas de reconocimiento del complemento directo (ver 9.3). Ejemplos:

    *Beatriz **nos** buscaba.* → *Beatriz buscaba **a los niños**.* ⎡1.º Se sustituye *nos* por un grupo nominal (*los niños*).

    Los niños eran buscados por Beatriz. ⎡2.º Se hace la transformación a pasiva.
    _{sujeto}

    Beatriz buscaba a los niños. ⎡3.º El sujeto de la oración pasiva (*los niños*) es el complemento directo de la oración activa.
    _{CD}

    Beatriz nos buscaba. ⎡4.º Por tanto, si el grupo nominal es complemento directo, también lo es el pronombre que lo sustituye.
    _{CD}

    Si el pronombre no desempeña función de complemento directo, entonces es un complemento indirecto. Ejemplos:

    1.º *Abel **nos** regaló una cubertería.* → *Abel regaló una cubertería a los novios.*
    2.º **Los novios fueron regalados una cubertería.*
    3.º *Abel regaló una cubertería <u>a los novios</u>.*
    _{CI}
    4.º *Abel <u>nos</u> regaló una cubertería.*
    _{CI}

- También pueden **sustituirse estos pronombres por *la* o *las*** y comprobar si la oración sigue siendo gramatical. Los pronombres *la, las* pueden sustituir al complemento directo, pero no al complemento indirecto (salvo en los casos de laísmo [ver 11.5]). Por tanto:

    – Si la sustitución de los pronombres átonos por *la, las* es posible, dicho pronombre es **complemento directo**. Ejemplos:

    *Javier **me** saludó.* → *Javier **la** saludó.* ⎡*Me, te, nos* realizan la función de complemento directo.
    *Él **te** miró.* → *Él **la** miró.*
    *Mi madre **nos** llamó.* → *Mi madre **las** llamó.*

    – Si la sustitución de los pronombres átonos por *la, las* no es posible, dicho pronombre es **complemento indirecto**. Ejemplos:

    *Paco **me** contó **un cuento**.* → **Paco **la** contó un cuento.* ⎡*Me, te, nos* realizan la función de complemento indirecto.
    *Él **te** dio un beso.* → **Él **la** dio un beso.*
    *Mamá **nos** dio el recado.* → **Mamá **las** dio el recado.*

EJERCICIOS

1 Sustituye en estas oraciones los pronombres *me, te, se, nos, os* por un nombre o por un grupo nominal –precedidos de preposición cuando sea necesario– y determina qué función desempeñan.

- ¿Me dejas el destornillador?
  ....

- Te acompañaré yo a casa.
  ....

- Pedro se miró en el espejo de la entrada.
  ....

- Nos han devuelto ya las llaves.
  ....

- Os vimos en la manifestación del viernes.
  ....

2 Sustituye en estas oraciones los pronombres *me, te, se, nos, os* por los pronombres femeninos *la, las* para determinar si desempeñan o no la función de complemento directo.

- Me duele la cabeza.
  ....

- ¿Te has vestido ya?
  ....

- Amelia se maquilla todos los días.
  ....

- Me recomendó Jesús este libro de Miguel Torga.
  ....

- Os habéis manchado de tinta.
  ....

11.3 RECONOCIMIENTO (y II)

USO CORRECTO DE LOS PRONOMBRES *LA, LAS, LO, LOS* Y *LE, LES*

Los pronombres átonos *le*, *le* y *la*, *las*, *lo*, *los* desempeñan las funciones de complemento indirecto y directo, respectivamente.

La distribución de las funciones de complemento directo y complemento indirecto en estos pronombres es la siguiente:

	COMPLEMENTO DIRECTO		COMPLEMENTO INDIRECTO	
	masculino	femenino	masculino	femenino
singular	lo	la	le	le
plural	los	las	les	les

ORIGEN DE LA CONFUSIÓN EN EL USO DE LOS PRONOMBRES *LA, LAS, LO, LOS* Y *LE, LES*

Como se ve en el cuadro anterior, los pronombres de complemento directo tienen formas distintas para el masculino (*lo*, *los*) y el femenino (*la*, *las*), cosa que no sucede con los pronombres de complemento indirecto (*le*, *les*). Sin embargo, a veces se produce confusión en el empleo de estos pronombres por la necesidad de los hablantes de distinguir, mediante el pronombre, entre persona o cosa, y entre masculino y femenino.

Estos fenómenos se denominan **laísmo**, **leísmo** y **loísmo**. Ejemplos:

Le escribí un mensaje. 	Es correcto aunque no permite distinguir si el destinatario del mensaje es hombre o mujer.

*La escribí un mensaje. 	Es incorrecto aunque indica que el destinatario del mensaje es mujer.

Le dije que iría. 	Es correcto aunque no permite distinguir si el hablante se refiere a un hombre o una mujer.

*Lo dije que iría. 	Es incorrecto aunque indica que el hablante se refiere a un hombre.

En ambos pares de ejemplos, el segundo es incorrecto, aunque los pronombres *la* y *lo* respectivamente aporten más información que *le* acerca del referente.

EJERCICIOS

1 Indica la función de los pronombres *lo*, *la*, *los*, *las*, *le* y *les* en las siguientes oraciones.

- Le pedí disculpas inmediatamente.

  ....

- Lo recordaré siempre.

  ....

- Dales recuerdos de mi parte, por favor.

  ....

- La conoceremos el próximo domingo.

  ....

- ¿Las has echado tú al correo?

  ....

2 Sustituye el complemento directo o complemento indirecto destacado en el texto por el pronombre correspondiente (*lo*, *la*, *los*, *las*, *le*, *les*).

- Estoy buscando **a Ricardo**.

  ....

- Estoy buscando **su número de teléfono**.

  ....

- Pide estos impresos **al secretario**.

  ....

- Pide estos impresos **a la secretaria**.

  ....

- Ayer entrevistaron a **Luis Landero** en la radio.

  ....

- Ayer entrevistaron a **Rigoberta Menchú** en la radio.

  ....

11.4 LEÍSMO

LEÍSMO

Los pronombres *le*, *les* desempeñan la función de complemento indirecto. Ejemplos:

Di <u>el regalo</u> <u>a Laura</u>. → <u>Le</u> di <u>el regalo</u>.
    CD   CI   CI   CD

Compré <u>un juego de café</u> <u>a mis padres</u>. → <u>Les</u> compré <u>un juego de café</u>.
        CD   CI   CI   CD

Sin embargo, a veces se produce un fenómeno denominado **leísmo** que consiste en emplear los pronombres *le*, *les* **como complemento directo** en lugar de *la*, *las*, *lo* y *los*. Ejemplos:

Están esperando <u>a Fina</u>. → *<u>Le</u> están esperando. → <u>La</u> están esperando.
               CD   CD   CD

Tiré <u>mi viejo jersey</u>. → *<u>Le</u> tiré. → <u>Lo</u> tiré.
      CD   CD   CD

Admiro <u>a mis hermanas</u>. → *<u>Les</u> admiro. → <u>Las</u> admiro.
         CD   CD   CD

No encuentro <u>mis discos</u>. → *No <u>les</u> encuentro. → No <u>los</u> encuentro.
             CD   CD   CD

NORMA — Leísmo

Los pronombres *le*, *les* se emplean en algunos casos como complementos directos de persona masculina, tanto en singular como en plural. Ejemplos:

Le miré.   *Les miré.

Sin embargo, las Academias de la Lengua Española solo admiten el uso de *le* como complemento directo de persona masculina y singular. Ejemplo:

Vi a tu primo. → Le vi/Lo vi.

frente a:

Abrí el libro. → *Le abrí (lo correcto es *Lo abrí*).
Vi a María. → *Le vi (lo correcto es *La vi*).
Vi a tus primos. → *Les vi (lo correcto es *Los vi*).
Vi a mis amigas. → *Les vi (lo correcto es *Las vi*).

EJERCICIOS

1. ¿En qué consiste el leísmo?
   ....

2. ¿En qué caso está admitido por las Academias de la Lengua Española?
   ....

3. Sustituye los complementos directos destacados en el texto por el pronombre correspondiente.
   - Estoy escuchando **el *Canon* de Pachelbel**.
     ....
   - Ha curado **a la niña** un enfermero.
     ....
   - Perseguiremos **a los responsables de este fraude**.
     ....
   - Después de la presentación del libro saludé **a Bernardo Atxaga**.
     ....
   - He echado de menos **a Beatriz y a Alicia**.
     ....

4. En cada una de estas oraciones hay al menos un caso de leísmo. Localízalo, identifica su referente y señala si se trata de un caso de leísmo admitido por las Academias de la Lengua Española.
   - He perdido mi carné. Necesito encontrarle inmediatamente.
   - Voy a llamar a Óscar y a Eduardo. No les veo desde el verano.
   - Hoy es el cumpleaños de Luis. ¿Le has felicitado?
   - Déjame ver tus cromos. Este no le tengo. ¿Me le cambias?
   - Echa una mano a Carmen. Le están agobiando.
   - A los jugadores del Manchester les llaman *los diablos rojos*.
   - ¿Cómo has visto a Pablo? No le he encontrado muy animado.

11.5 LAÍSMO Y LOÍSMO

LAÍSMO

Los pronombres *la*, *las* desempeñan la función de complemento directo cuando el referente es femenino. Ejemplos:

Felicitaron <u>a la finalista del concurso</u>. → <u>La</u> felicitaron.
                CD   CD

Puse <u>las flores</u> en el jarrón. → <u>Las</u> puse en el jarrón.
      CD   CD

Sin embargo, a veces se produce un fenómeno denominado **laísmo**, que consiste en emplear erróneamente los pronombres *la*, *las* como **complemento indirecto** en lugar de *le*, *les*. Ejemplos:

*A Eva <u>la</u> gusta <u>la paella</u> (lo correcto es: A Eva **le** gusta la paella).
       CI   CD

*A mis amigas <u>las</u> dije <u>la verdad</u> (lo correcto es: A mis amigas **les** dije la verdad).
             CI   CD

> **NORMA**
> **Laísmo**
> Las Academias de la Lengua Española consideran incorrecto el uso de *la*, *las* como complemento indirecto en todos los casos.

LOÍSMO

Los pronombres *lo*, *los* desempeñan la función de complemento directo cuando el referente es masculino. Ejemplos:

Serví <u>el asado</u>. → <u>Lo</u> serví.
       CD   CD

Escuché <u>a los conferenciantes</u>. → <u>Los</u> escuché.
             CD   CD

Sin embargo, a veces se produce un fenómeno denominado **loísmo**, que consiste en emplear erróneamente los pronombres *lo*, *los* como **complemento indirecto** en lugar de *le*, *les*. Ejemplos:

*A Hugo <u>lo</u> dieron <u>una beca</u> (lo correcto es: A Hugo **le** dieron una beca).
        CI   CD

*A ellos <u>los</u> compró <u>un libro</u> (lo correcto es: A ellos **les** compró un libro).
       CI   CD

> **NORMA**
> **Loísmo**
> Las Academias de la Lengua Española consideran incorrecto el uso de *lo*, *los* como complemento indirecto en todos los casos.

EJERCICIOS

1 ¿En qué consiste el laísmo?

....

2 Sustituye el complemento indirecto destacado en el texto por el pronombre correspondiente.

- Rindieron un homenaje **a Carmen Martín Gaite**.

  ....

- El aire acondicionado provoca **a muchas personas** dolor de cabeza.

  ....

- Los periódicos dan poca cobertura **a las deportistas españolas**.

  ....

3 En las oraciones que siguen hay tres casos de laísmo. Localízalos.

- ☐ La he pedido dos entradas.
- ☐ La admiro profundamente.
- ☐ Llevo llamándola toda la noche.
- ☐ Las hemos regalado una planta preciosa.
- ☐ La escribí una felicitación por su nombramiento.

4 ¿En qué consiste el loísmo?

....

5 En las siguientes oraciones hay dos casos de loísmo. Localízalos.

- ☐ Los tengo mucho aprecio.
- ☐ Lo invité yo a la excursión.
- ☐ Lo conozco bien.
- ☐ Lo rompieron dos dientes en el partido.
- ☐ Averígualo cuanto antes, por favor.

11.6 VALOR REFLEXIVO

LOS PRONOMBRES ÁTONOS EN LAS ORACIONES REFLEXIVAS

- Se denominan oraciones reflexivas aquellas en las que **las personas, animales o cosas personificadas que ejercen de sujeto tienen el mismo referente que los complementos correspondientes**. Estas oraciones **se construyen con** los pronombres personales átonos *me*, *te*, *se*, *nos*, *os*[1]. Ejemplos:

    *Yo **me** afeito.* [El sujeto de la acción *yo* recibe también la acción del verbo *afeitar*. *Yo* y *me* tienen el mismo referente.

    *Tú **te** miras al espejo.* [El sujeto de la acción *tú* recibe también la acción del verbo *mirar*. *Tú* y *te* tienen el mismo referente.

    *Juan **se** golpeó.* [El sujeto de la acción *Juan* recibe también la acción del verbo *golpear*. *Juan* y *se* tienen el mismo referente.

    Con frecuencia, **el valor reflexivo** de estos pronombres **aparece reforzado** con la forma pronominal tónica correspondiente, precedida de *a* y seguida de los adjetivos **mismo**, **misma**, **mismos**, **mismas**. Ejemplo:

    *Gema **se** peina **a sí misma**.*

- Los pronombres átonos con valor reflexivo pueden desempeñar las siguientes funciones:

    – **Complemento directo**: si en la oración no existe otro complemento directo explícito[2]. Ejemplos:

    Daniel se peina.
             CD

    Tú te lavas.
         CD

    Elvira se miró al espejo.
              CD

    – **Complemento indirecto**: si existe otro complemento directo explícito en la oración. Ejemplos:

    Daniel se cepilla el pelo.
             CI   CD

    Tú te lavas las manos.
         CI   CD

    Elvira se cortó las uñas.
              CI   CD

---

[1] En sentido amplio, también son reflexivas las oraciones que se construyen con los pronombres tónicos reflexivos, sin pronombres átonos: *Elías confía en sí (mismo)*.

[2] Obsérvese que en *Daniel peina a Julia* es posible la pasiva *Julia es peinada por Daniel*.

EJERCICIOS

1 Explica qué es una oración reflexiva.

....

2 Señala cuáles de estas oraciones son reflexivas.

- ☐ Me he mordido la lengua.
- ☐ Mamá, ¿me atas los cordones de las zapatillas, por favor?
- ☐ ¡Hazte la cama de una vez, so gandul!
- ☐ Hoy os he preparado yo la comida.
- ☐ Nosotros nos cuidamos bien.
- ☐ Enséñale el billete al revisor.

3 En cada una de estas parejas de oraciones, el mismo pronombre reflexivo desempeña una función diferente. Marca aquellas en que funcione como complemento directo.

- ☐ Voy a lavarme.
- ☐ Voy a lavarme el pelo.
- ☐ Los dos se miraron al espejo.
- ☐ Los dos se miraron la cara en el espejo.
- ☐ ¡Te has manchado!
- ☐ ¡Te has manchado el vestido!
- ☐ David y Carmen se lesionaron.
- ☐ David y Carmen se lesionaron el tobillo.

4 Escribe dos oraciones reflexivas en las que el pronombre realice la función de complemento directo y otras dos en las que realice la función de complemento indirecto.

complemento directo	complemento indirecto
....	....
....	....

LOS PRONOMBRES ÁTONOS CON FUNCIÓN DE CD Y CI

11.7 VALOR RECÍPROCO

LOS PRONOMBRES ÁTONOS EN LAS ORACIONES RECÍPROCAS

- Se denominan oraciones recíprocas aquellas en las que dos o más personas o cosas **realizan la acción y la reciben mutuamente**. Estas oraciones se construyen con los pronombres personales átonos *se, nos, os*. Ejemplos:

    *Martina y Pablo **se** quieren.* ⎡*Martina quiere a Pablo y Pablo quiere a Martina.*

    *Alba y yo **nos** escribimos a menudo.* ⎡*Alba me escribe a mí y yo escribo a Alba.*

    Con frecuencia, el **valor recíproco** de estos pronombres **aparece reforzado** con los adverbios ***mutuamente***, ***recíprocamente*** y con las expresiones ***entre sí***, ***entre ellos***, ***el uno al otro***, etc. Ejemplos:

    *Los alumnos **se** respetan **unos a otros**.*

    *En las asociaciones simbióticas dos especies **se** benefician **mutuamente**.*

- Los pronombres átonos con valor recíproco pueden desempeñar las siguientes funciones:

    – **Complemento directo**: si en la oración no existe otro complemento directo explícito[1]. Ejemplos:

    Daniel y Patricia se contagiaron (el uno al otro).
                   CD

    Mis hijas se visitan con frecuencia.
            CD

    – **Complemento indirecto**: si en la oración existe otro complemento directo explícito. Ejemplos:

    Daniel y Patricia se pidieron disculpas.
                CI   CD

    Mis hijas y yo nos mandamos correos electrónicos.
               CI   CD

- En una oración puede producirse **ambigüedad** entre el valor reflexivo y el recíproco. Ejemplo:

    *Cristina y María **se** peinan.* ⎡Esta oración significa o bien «Cristina se peina a sí misma y María también» (valor reflexivo), o bien «Cristina peina a María y María peina a Cristina» (valor recíproco). En ambos casos, la función del pronombre es complemento directo porque no hay otro complemento directo explícito.

---

[1] Obsérvese que en *Daniel contagió a Patricia* y *Patricia contagió a Daniel* son posibles las pasivas *Patricia fue contagiada por Daniel* y *Daniel fue contagiado por Patricia*.

EJERCICIOS

1. Cinco de las siguientes oraciones son recíprocas. Indica cuáles.

- ☐ Fernando y yo nos conocimos en Zaragoza.
- ☐ Os envidiamos profundamente por vuestro trabajo.
- ☐ Nos han regalado un cuadro precioso nuestros vecinos.
- ☐ En la discusión los dos líderes se lanzaron acusaciones muy graves.
- ☐ Emilio se enfada por tonterías.
- ☐ ¿No os habéis visto desde entonces?
- ☐ Siempre se piden perdón después de cada discusión.
- ☐ Se quieren muchísimo.

2. Señala la función que desempeñan los pronombres recíprocos que aparecen en estas oraciones.

- Debéis escucharos con más atención el uno al otro.

  ....

- Los dos cineastas se dedicaron encendidos elogios.

  ....

- Carmen y yo nos prestamos libros continuamente.

  ....

- En aquel momento los dos nos buscamos con la mirada.

  ....

- Los compañeros se saludaron el primer día de clase.

  ....

- Esos dos no se soportan.

  ....

- No os olvidaréis jamás el uno al otro.

  ....

12.1 DEFINICIÓN

CONCEPTO DE COMPLEMENTO CIRCUNSTANCIAL[1]

- El complemento circunstancial es la función desempeñada por una **palabra o grupo de palabras que complementan al verbo pero no están exigidos por él**, por lo que generalmente se puede eliminar de la oración. Ejemplos:

    Raúl tiene una casa en Zamora.
    CC

    El complemento circunstancial *en Zamora* complementa al verbo *tener* pero no está exigido por él. Por eso, también es correcto: *Raúl tiene una casa.*

    Ricardo vino a la fiesta con sus amigos.
    CC

    El complemento circunstancial *con sus amigos* complementa al verbo *venir* pero no está exigido por él. Por eso, también es correcto: *Ricardo vino a la fiesta.*

    No fui por motivos personales.
    CC

    El complemento circunstancial *por motivos personales* complementa al verbo *fui* pero no está exigido por él. Por eso, también es correcto: *No fui.*

- Desde el **punto de vista del significado**, el complemento circunstancial es aquel complemento del verbo que **expresa las condiciones o circunstancias en las que se desarrolla la acción del verbo**: el tiempo, el lugar, la compañía, el modo, la finalidad, etc.

    Todos los días leo el periódico.
    CC de tiempo

    El complemento circunstancial *todos los días* expresa el tiempo en el que se desarrolla la acción del verbo *leer*.

    Araceli vive en Manzanares.
    CC de lugar

    El complemento circunstancial *en Manzanares* expresa el lugar en el que se desarrolla la acción del verbo *vivir*.

    Nada muy rápido.
    CC de modo

    El complemento circunstancial *muy rápido* expresa el modo en que se desarrolla la acción del verbo *nadar*.

    El ladrón abrió la puerta con una ganzúa.
    CC de instrumento

    El complemento circunstancial *con una ganzúa* expresa el instrumento con que se realiza la acción del verbo *abrir*.

---

[1] El complemento circunstancial se denomina **aditamento** en cierta escuela gramatical.

EJERCICIOS

① **Completa las siguientes oraciones con los complementos circunstanciales que aparecen en el cuadro.**

> en la Universidad de Padua   a mediados del siglo XIX
>
> con el descubrimiento de la penicilina

- Darwin estableció su teoría de la evolución ....
- Alexander Fleming contribuyó a la curación de numerosas enfermedades
  ....
- Galileo Galilei enseñaba astronomía ....

② **Completa estas oraciones con un complemento circunstancial que añada información referida a lo que indican los paréntesis.**

- Los últimos Juegos Olímpicos se celebraron .... (lugar).
- Yo nací .... (tiempo).
- Hemos hecho este disfraz .... (modo).
- Esta película la vi .... (compañía).
- Han traído estas flores .... (finalidad).

③ **Solo en una de las oraciones de cada pareja encontrarás un complemento circunstancial. Indica en cuál.**

- ☐ El mago sacó una moneda del bolsillo.
- ☐ El mago sacó un caramelo de menta.

- ☐ Me tomé un café con leche.
- ☐ Me tomé un café con Marta.

- ☐ Dame una cerveza sin alcohol, por favor.
- ☐ Ayer me fui al restaurante sin la cartera.

- ☐ Dale a Patricia el recado.
- ☐ Fui a Sevilla.

12

EL COMPLEMENTO CIRCUNSTANCIAL

12.2 CLASIFICACIÓN

CLASIFICACIÓN DEL COMPLEMENTO CIRCUNSTANCIAL

Dependiendo de su significado, los complementos circunstanciales pueden ser de:

- **Tiempo**. Ejemplos: <u>Ayer</u> llovió. Tus tíos llegarán <u>en una hora</u>.
                                  CCT   CCT

- **Lugar**. Ejemplo: El cantautor actuará <u>en un pequeño café</u>.
                                                    CCL

- **Compañía**. Ejemplo: Vino <u>conmigo</u> al campamento de verano.
                                    CC de compañía

- **Modo**. Ejemplo: Habla inglés <u>correctamente</u>.
                                       CCM

- **Instrumento**. Ejemplo: El escultor trabaja la piedra <u>con un cincel</u>.
                                                            CCI

- **Causa**. Ejemplo: Celebraron una fiesta <u>con motivo de su aniversario</u>.
                                                            CC de causa

- **Finalidad**. Ejemplo: Llegaré pronto <u>para sacar las entradas</u>.
                                                     CCF

- **Destinatario**. Aunque tradicionalmente se ha analizado como complemento indirecto, es un tipo particular de complemento circunstancial. Ejemplo: Ha llegado una carta <u>para ti</u>.
                                                                                              CCD

- **Cantidad**. Ejemplo: Viajo <u>mucho</u>.
                                       CC de cantidad

Además, existen complementos circunstanciales con otros significados (concesivos, condicionales, etc.) que no forman parte de la clasificación tradicional. Ejemplos:

    A pesar del mal tiempo, salimos de excursión.   Iré ***con una condición***.

El adverbio de negación ***no*** y el de afirmación ***sí*** no son complementos circunstanciales con valor de negación y afirmación. **Son**, en realidad, **marcadores** de la modalidad negativa y afirmativa de los verbos, de los predicados e, incluso, de las oraciones. Ejemplos:

    No llegará hasta dentro de una hora.   Yo ***sí*** voy con ellos.

EJERCICIOS

① **Clasifica los complementos circunstanciales que aparecen en estas oraciones.**

- Los aztecas llegaron al valle de México hacia 1250.

  ....

- El jurado concedió el premio a Antonio Tabucchi por su libro *Sostiene Pereira*.

  ....

- Francis Crick descubrió la estructura molecular del ADN junto con James D. Watson.

  ....

- Roma celebra la vitalidad del futurismo con una exposición de 450 obras.

  ....

- La primera Exposición Universal de la historia se celebró en Londres en 1851.

  ....

② **Clasifica los complementos circunstanciales subrayados en el texto.**

<u>Actualmente</u>, el 20% de la población mundial vive <u>con el 80% de los recursos</u>. 40 000 niños y niñas mueren <u>cada día</u> <u>de hambre</u>. Doce millones de niños mueren <u>anualmente</u> <u>por diarrea, anemia y otros males ligados a la desnutrición</u>.

<u>Simultáneamente</u>, el gasto mundial anual de armamento es de 100 billones de pesetas. <u>Con un 2% de esa cantidad</u> podríamos erradicar el hambre <u>del planeta</u>. <u>Con el 1,5%</u> habría asistencia sanitaria <u>para todas las personas</u>. <u>Con el 3%</u> proporcionaríamos agua a toda la población mundial.

(Fuente: *El País. Cartas al director.* 18 de mayo de 2001)

12.3 RECONOCIMIENTO

PAUTAS PARA RECONOCER EL COMPLEMENTO CIRCUNSTANCIAL

Para diferenciar el complemento circunstancial de otros complementos del verbo, pueden servir de pauta las siguientes indicaciones:

- Muchos complementos circunstanciales **son sustituibles por un adverbio**, siempre que este exprese la misma circunstancia. Ejemplos:

    Salió al <u>amanecer</u>. → Salió <u>entonces</u>.
           CCT   CCT

    Consulté el teléfono <u>en mi agenda</u>. → Consulté el teléfono <u>allí</u>.
                        CCL   CCL

    Debes contestar <u>de una forma educada</u>. → Debes contestar <u>educadamente</u>.
                    CCM   CCM

- Una oración simple puede ir acompañada de **varios** complementos circunstanciales. Ejemplos:

    <u>Todos los días</u> salgo <u>al parque</u> <u>con mi perro</u>.
        CCT   CCL   CC de compañía

    <u>Desde hace tres años</u> habla inglés <u>correctamente</u>.
         CCT   CCM

- El complemento circunstancial puede ir **precedido de cualquier preposición**. Ejemplos:

    Te esperaré <u>hasta las seis</u>.
                 CCT

    Dibuja <u>con mucha maña</u>.
              CCM

    He venido <u>para verte</u>.
              CCF

- El complemento circunstancial no es un complemento exigido por el verbo; por eso, generalmente puede **eliminarse de la oración** sin que esta resulte agramatical.

    Paloma sale a correr <u>todas las mañanas</u>. → Paloma sale a correr.
                               CCT

EJERCICIOS

1 **Incorpora posibles complementos circunstanciales a esta oración, de manera que cada uno vaya introducido por una preposición diferente.**

Fuimos a Granada en .... de ....

por .... para ....

con .... sin ....

2 **En todas estas oraciones hay un grupo preposicional introducido por *a*, pero solo en dos de ellos funciona como complemento circunstancial. Indica en cuáles.**

☐ Estás molestando a esos niños.

☐ ¿Quedamos a las ocho para el partido?

☐ Entrégale este paquete a Santiago, por favor.

☐ Este verano iremos probablemente a Soria.

3 **Señala los complementos circunstanciales de las siguientes oraciones.**

- Montserrat Caballé conquistó anoche Perelada con un emocionante concierto lírico.

  ....

- Los pedidos de aceite de oliva caen un 62% por la crisis del orujo.

  ....

- El eneldo se ha cultivado por sus hojas y semillas desde tiempos antiguos.

  ....

- Los italianos utilizan el queso *mascarpone* para el tiramisú.

  ....

12.4 CATEGORÍAS

CATEGORÍAS QUE PUEDEN EJERCER DE COMPLEMENTO CIRCUNSTANCIAL

La función de complemento circunstancial puede estar desempeñada por las siguientes categorías gramaticales:

- Un **adverbio** o **grupo adverbial**. Ejemplos:

    Luis llegó <u>tarde</u>.
    CCT

    ¿<u>Dónde</u> vive Pedro?
    CCL

    Vive <u>muy lejos</u>.
    CCL

- Un **grupo** (o **contrucción**) **preposicional** formada por una preposición seguida de un nombre o grupo nominal, un pronombre o una oración subordinada. Ejemplos:

    Vivo <u>en Salamanca</u>.
    CCL

    Leí la noticia <u>en el periódico de ayer</u>.
    CCL

    Lo trajo <u>para mí</u>.
    CCF

    Te llamaré <u>para que vengas</u>.
    CCF

- Un **grupo nominal**. Ejemplos:

    Trabajo <u>los martes</u>.
    CCT

    Libro <u>todos los lunes</u>.
    CCT

- Una **oración subordinada** (ver 23). Ejemplos:

    Iré <u>en cuanto pueda</u>.
    CCT

    No salgo <u>porque estoy cansado</u>.
    CC de causa

EJERCICIOS

① **Busca en el periódico titulares que lleven algún complemento circunstancial y clasifícalos según su categoría gramatical.**

grupo adverbial	
grupo nominal	
grupo preposicional	
oración subordinada	

② **Analiza los complementos circunstanciales que aparecen subrayados en el siguiente texto, precisando su categoría gramatical.**

¿POR QUÉ LAS MORAS SON ROJAS?

Píramo y Tisbe se amaban <u>en secreto</u>. Eran vecinos, pero sus padres se oponían a ese amor. <u>Por eso</u> tenían que hablarse <u>a través de la pared</u>. Incluso hicieron <u>en ella</u> un pequeño agujero. <u>Como esto no les bastaba</u>, <u>una noche</u> se citaron <u>en el bosque</u>. Quedaron <u>al pie de un moral</u>.

Tisbe llegó <u>primero</u>. <u>De repente</u>, apareció una leona. Tisbe huyó. <u>En la carrera</u> perdió el velo. <u>A los pocos minutos</u> llegó Píramo. No vio a Tisbe, pero sí a la leona. Esta llevaba el velo de Tisbe <u>en las fauces</u>. Píramo creyó muerta a su amada. Sacó un puñal <u>de su cintura</u> y se quitó la vida. <u>Enseguida</u> regresó Tisbe. Vio a Píramo, vio a la leona; comprendió lo sucedido. Arrancó el puñal <u>del corazón de su amado</u> y se lo clavó.

Y los frutos del moral, que <u>hasta entonces</u> habían sido blancos, se tiñeron <u>para siempre</u> <u>con la sangre de los dos enamorados</u>, <u>para que nadie pudiera olvidar jamás aquella conmovedora historia de amor</u>.

(Ovidio, Metamorfosis [adaptación])

adverbio	grupo nominal	grupo preposicional	oración subordinada
....	....	....	....
....	....	....	....

EL COMPLEMENTO CIRCUNSTANCIAL

13.1 DEFINICIÓN

CONCEPTO DE ATRIBUTO

El atributo es **la función por la que una palabra o un grupo de palabras complementan al sujeto de la oración a través de un verbo copulativo** (*ser*, *estar*, *parecer*) **o semicopulativo** (*permanecer*, *quedarse*, *ponerse…*)[1]. Ejemplos:

<u>El mes de abril</u> **es** <u>lluvioso</u>.
    sujeto   atributo

El atributo *lluvioso* complementa a la vez al sujeto *el mes de abril* y al verbo copulativo *ser*.

<u>Yo</u> **soy** <u>médico</u>.
sujeto   atributo

El atributo *médico* complementa a la vez al sujeto *yo* y al verbo copulativo *ser*.

<u>Víctor</u> **está** <u>enfermo</u>.
 sujeto   atributo

El atributo *enfermo* complementa a la vez al sujeto *Víctor* y al verbo copulativo *estar*.

<u>Mi habitación</u> **está** <u>sucia</u>.
   sujeto   atributo

El atributo *sucia* complementa a la vez al sujeto *mi habitación* y al verbo copulativo *estar*.

<u>Dani y Chus</u> **son** <u>vecinos de Marta</u>.
  sujeto   atributo

El atributo *vecinos de Marta* complementa a la vez al sujeto *Dani y Chus* y al verbo copulativo *ser*.

<u>Alejandro</u> **parece** <u>cansado</u>.
  sujeto   atributo

El atributo *cansado* complementa a la vez al sujeto *Alejandro* y al verbo copulativo *parecer*.

<u>El Museo Guggenheim</u> **está** <u>cerrado</u> hoy.
      sujeto   atributo

El atributo *cerrado* complementa a la vez al sujeto *el Museo Guggenheim* y al verbo copulativo *estar*.

<u>Beatriz</u> **llegará a ser** <u>una gran novelista</u>.
 sujeto   atributo

El atributo *una gran novelista* complementa a la vez al sujeto *Beatriz* y a la perífrasis copulativa *llegar a ser*.

---

[1] En un sentido más amplio, también se considera atributo cualquier elemento gramatical que complementa a la vez a un nombre (en función de sujeto o de complemento directo) y a un verbo que lo necesita, aunque el verbo no sea copulativo. Ejemplos:

    María se puso nerviosa.   → *María se puso.
    Noto a tu hija muy cansada. → *Noto a tu hija.

EJERCICIOS

EL ATRIBUTO — 13

① **Completa estas oraciones relacionando cada atributo con el sujeto a que va referido.**

- Dublín es
- Muchas ciudades están
- El mapa de Italia parece
- Este libro es
- El Rin y el Danubio son
- Alejandro Magno llegó a ser
- Vasco de Gama fue

- de sintaxis.
- dos importantes ríos europeos.
- un famoso navegante portugués.
- señor de un gran imperio.
- demasiado contaminadas.
- una bota.
- la capital de Irlanda.

② **Completa estas oraciones con el atributo que les falta.**

- Mi actor favorito es ....
- Chile, Ecuador y Uruguay son ....
- Al final del partido los jugadores estaban ....
- La capital de Italia es ....
- Esa muchacha llegará a ser ....
- Este libro me parece ....
- El ganador de la prueba de 1500 fue ....

■ ¿Cuáles son los principales verbos copulativos?

.................., ..., ..., ...

■ Escribe una oración con cada uno de ellos.

....
....
....
....

13.2 RECONOCIMIENTO (I)

PAUTAS PARA RECONOCER EL ATRIBUTO

Para diferenciar el atributo de otros complementos (especialmente del predicativo) pueden servir de pauta las siguientes indicaciones:

- Muchos atributos **aparecen con verbos copulativos** (*ser, estar, parecer, llegar a ser...*). Ejemplos:

    Alejandro **es** muy simpático.   Jacobo **está** distraído.
    Mi padre **parece** enfadado.   Van Gogh no **llegó a ser** famoso en vida.

- Los atributos que acompañan a verbos copulativos **se pueden sustituir por** el pronombre neutro *lo*, sin que este varíe en género y número. Ejemplos:

    Juanjo es **biólogo**. → Juanjo **lo** es.   [El pronombre es invariable en género; sustituye a *biólogo* (masculino, singular).

    Isabel es **farmacéutica**. → Isabel **lo** es.   [El pronombre es invariable en género; sustituye a *farmacéutica* (femenino, singular).

    La pasta está **fría**. → La pasta **lo** está.   [El pronombre es invariable en número; sustituye a *fría* (femenino, singular).

    Las amapolas son **rojas**. → Las amapolas **lo** son.   [El pronombre es invariable en número, sustituye a *rojas* (femenino, plural).

- El **atributo**, cuando lo desempeña un adjetivo o un sustantivo, **concuerda generalmente en género y número con el sujeto**. Ejemplos:

    Tu hijo está molesto.   [El atributo *molesto* concuerda en masculino singular con
    sujeto   atributo   el sustantivo *hijo*.

    Tus hijas están molestas.   [El atributo *molestas* concuerda en femenino plural
    sujeto   atributo   con el sustantivo *hijas*.

EJERCICIOS

1 ¿Qué pautas nos permiten reconocer el atributo?

- ....
- ....
- ....

2 Precisa cómo concuerdan en cada caso el sujeto y el atributo.

- Algunos de los dioses griegos más importantes eran Zeus, Atenea, Eros y Afrodita.

  ....

- Zeus era el rey de los dioses.

  ....

- Eros y Afrodita eran los dioses del amor.

  ....

- Atenea era la diosa de la sabiduría y de la guerra.

  ....

3 Localiza el atributo en las siguientes oraciones, y sustitúyelo por el pronombre neutro *lo*.

- El hígado es el órgano más grande del cuerpo humano.

  ....

- Las selvas son los lugares más lluviosos de la Tierra.

  ....

- La talasoterapia es una forma de curación con baños de mar.

  ....

- Las cuevas de Altamira fueron refugio de los cazadores del Paleolítico.

  ....

EL ATRIBUTO

13.3 RECONOCIMIENTO (y II)

OTRAS PAUTAS PARA RECONOCER EL ATRIBUTO

- El atributo **no puede eliminarse de la oración**. La oración sin atributo sería agramatical. Ejemplos:

  *Estrella es **profesora de inglés**.* ⎡ Si eliminamos el atributo *profesora de inglés* la oración resulta agramatical: **Estrella es.*

  *La hora de llegada de mi vuelo es **la una y media**.* ⎡ Si eliminamos el atributo *la una y media*, la oración resulta agramatical: **La hora de llegada de mi vuelo es.*

  *María está **cansada**.* ⎡ Si eliminamos el atributo *cansada* la oración resulta agramatical: **María está.*

  *Los almendros están **en flor**.* ⎡ Si eliminamos el atributo *en flor*, la oración resulta agramatical: **Los almendros están.*

  *Almudena parece **inteligente**.* ⎡ Si eliminamos el atributo *inteligente*, la oración resulta agramatical: **Almudena parece.*

  *Esta novela llegará a ser **un éxito de ventas**.* ⎡ Si eliminamos el atributo *un éxito de ventas*, la oración resulta agramatical: **Esta novela llegará a ser.*

- En las oraciones con el verbo *ser*, si la categoría que realiza la función de sujeto y atributo es un nombre o grupo nominal determinados, se suele considerar atributo el elemento que aparece en segundo lugar. Ejemplos:

  *La capital de Italia es **Roma**.* ⎡ El sujeto es *la capital de Italia* y el atributo es *Roma*.

  *Roma es **la capital de Italia**.* ⎡ El sujeto es *Roma* y el atributo es *la capital de Italia*.

  *Raquel es **la hija de David y Carmen**.* ⎡ El sujeto es *Raquel* y el atributo es *la hija de David y Carmen*.

  *La hija de David y Carmen es **Raquel**.* ⎡ El sujeto es *la hija de David y Carmen* y el atributo es *Raquel*.

EJERCICIOS

EL ATRIBUTO 13

① **Localiza el atributo en las siguientes greguerías de Ramón Gómez de la Serna.**

- Las golondrinas son los pájaros vestidos de etiqueta.
  ....
- El sueño es un depósito de objetos extraviados.
  ....
- El ascensor está lleno de seriedad.
  ....
- Aburrirse es besar la muerte.
  ....
- La jirafa es la escalera contra incendios de los animales.
  ....
- La sandía es una hucha de ocasos.
  ....
- La O es el bostezo del alfabeto.
  ....
- La S es el anzuelo del alfabeto.
  ....

② **Inventa tú alguna greguería incorporando a estas oraciones el atributo que les falta.**

- Las nubes son ....
- El mar parece ....

③ **Señala el atributo en cada una de estas oraciones.**

- La proa es la parte delantera de una nave.
- La parte delantera de una nave es la proa.

13.4 CATEGORÍAS

CATEGORÍAS QUE PUEDEN EJERCER DE ATRIBUTO

La función de atributo suele estar desempeñada por las siguientes categorías gramaticales:

- Un **adjetivo** o **grupo adjetival**. Ejemplos:

    Unamuno era **bilbaíno**.

    El río Manzanares no es **caudaloso**.

    Mercedes estará **muy emocionada** en la entrega de premios.

    Con esos zapatos pareces **más alto**.

- Un **nombre** o **grupo nominal**. Ejemplos:

    Almudena parece **doctora**.

    José María llegará a ser **enfermero**.

    El Mulhacén es **el pico más alto de la península Ibérica**.

    Arancha parece **una buena compañera**.

También pueden desempeñar esta función otras categorías gramaticales:

- Un **pronombre**. Ejemplos:

    Beatriz **lo** es. ¿**Quién** es Beatriz?

- Un **grupo** (o **construcción**) **preposicional**. Ejemplo:

    Unamuno era **de Bilbao**.

- Un **adverbio modal**. Ejemplos:

    Juan es **así**. Mi padre ya está **bien**.

- Un **gerundio**. Ejemplo:

    La ropa está todavía **chorreando**.

- Un **infinitivo**. Ejemplo:

    Querer es **poder**.

- Una **oración de relativo** (ver 22). Ejemplo:

    Yo soy **el que estuvo ayer en el cine**.

EJERCICIOS

① Localiza el atributo en las siguientes oraciones precisando su categoría gramatical.

- La sopa estaba demasiado salada.
  ....

- Hoy estoy que no doy pie con bola.
  ....

- Estos tres problemas están bien.
  ....

- La situación está complicada.
  ....

- Mozart fue un niño prodigio.
  ....

- Julio Llamazares es de León.
  ....

② Busca en el periódico dos oraciones en las que el atributo sea un adjetivo o grupo adjetival, dos en las que sea un nombre o grupo nominal, y dos en las que esa función esté desempeñada por un infinitivo.

adjetivo o grupo adjetival	....
nombre o grupo nominal	....
infinitivo	....

13 EL ATRIBUTO

14.1 DEFINICIÓN

CONCEPTO DE PREDICATIVO

El predicativo es **la función por la que una palabra o un grupo sintáctico de palabras complementa a un verbo pleno y se predica del sujeto o del complemento directo de ese verbo**[1].

En el primer caso se habla de **predicativo del sujeto**, en el segundo se habla de **predicativo del complemento directo**; en ambos casos concuerda con el sustantivo en género y número. El predicativo en algunos casos se puede eliminar, ya que no siempre es necesario para el verbo. Ejemplos:

<u>Los jugadores</u> <u>salieron</u> <u>cansados</u> del entrenamiento.
sujeto — núcleo — predicativo

> El predicativo *cansados* se predica del sujeto *los jugadores* (concuerda con él en género y número) y complementa al verbo *salir*, pero se puede eliminar de la oración sin que esta resulte agramatical. Por eso también es correcto: *Los jugadores salieron del entrenamiento.*

<u>Paula</u> <u>llegó</u> <u>muy contenta</u> a casa.
sujeto — núcleo — predicativo

> El predicativo *muy contenta* se predica del sujeto *Paula* (concuerda con él en género y número) y complementa al verbo *llegar*, pero se puede eliminar de la oración sin que esta resulte agramatical. Por eso también es correcto: *Paula llegó a casa.*

<u>Susana</u> <u>recibió</u> <u>ilusionada</u> la noticia.
sujeto — núcleo — predicativo

> El predicativo *ilusionada* se predica del sujeto *Susana* (concuerda con él en género y número) y complementa al verbo *recibir*, pero se puede eliminar de la oración sin que esta resulte agramatical. Por eso también es correcto: *Susana recibió la noticia.*

Me <u>devolvió</u> <u>sucias</u> <u>las botas</u>.
núcleo — predicativo — CD

> El predicativo *sucias* se predica del complemento directo *las botas* (concuerda con él en género y número) y complementa al verbo *devolver*, pero se puede eliminar de la oración sin que esta resulte agramatical. Por eso también es correcto: *Me devolvió las botas.*

Mila <u>encontró</u> <u>al bebé</u> <u>despierto</u>.
núcleo — CD — predicativo

> El predicativo *despierto* se predica del complemento directo *al bebé* (concuerda con él en género y número) y complementa al verbo *encontrar*, pero se puede eliminar de la oración sin que esta resulte agramatical. Por eso también es correcto: *Mila encontró al bebé.*

---

[1] Los gramáticos que consideran el atributo como toda función gramatical que complementa a la vez a un nombre y a un verbo que lo necesita definen el predicativo como una función gramatical que complementa a la vez a un nombre y a un verbo que no lo necesita. Ejemplo:

Alberto volvió <u>contento</u> del examen. → *Alberto volvió del examen.*
predicativo

EJERCICIOS

1 **Localiza el predicativo del sujeto en estas oraciones.**

- Javier jugó lesionado.

  ....

- He dormido muy intranquila.

  ....

- Todos los delegados llegaron puntuales a la asamblea.

  ....

2 **Localiza el predicativo del complemento directo en estas oraciones.**

- Vi a Miguel sentado en un banco.

  ....

- Nos trajeron frío el pescado.

  ....

- Tu amigo me devolvió estropeado el cronómetro.

  ....

3 **Indica si el predicativo va referido en estas oraciones al sujeto o al complemento directo.**

- M.ª Jesús asintió ruborizada.

  ....

- Los escaladores llegaron cansados a la cima de la montaña.

  ....

- La muchacha miraba el partido muy nerviosa.

  ....

- Vimos el bosque nevado.

  ....

14.2 RECONOCIMIENTO

PAUTAS PARA RECONOCER EL PREDICATIVO

Para diferenciar el predicativo de otros complementos pueden servir de pauta las siguientes indicaciones:

- El predicativo **aparece con verbos semánticamente plenos** (no copulativos), a diferencia del atributo. Ejemplos:

    *Las aguas bajaban **turbias**.*   *El niño se despertó **atemorizado**.*

- Si el predicativo es un adjetivo, este **concuerda en género y número con el elemento nominal al que complementa**, ya sea núcleo del sujeto o del complemento directo. Ejemplos:

    ***Sandra** llegó **contenta** a casa.*   ***Ellas** llegaron **contentas** a casa.*
    ***Carlos** llegó **contento** a casa.*   ***Ellos** llegaron **contentos** a casa.*

- El predicativo puede ir **precedido de** la preposición *de* o del adverbio *como* (con valor preposicional). Ejemplos:

    *Sara actúa **de pastora** en la obra del colegio.*

    *Elías trabaja **como guardia jurado**.*

    En estos casos, el término del grupo (o la construcción) preposicional debe concordar en género y número con el elemento nominal al que complementa.

- En los casos en los que el predicativo es un adverbio, este no debe confundirse con el complemento circunstancial: el predicativo **se predica de un elemento nominal a través de un verbo pleno**, mientras que el complemento circunstancial solo complementa al verbo. Ejemplo:

    He encontrado <u>muy bien</u> <u>la ciudad</u>.
                   predicativo   CD

    ⎡ Con el significado de 'he encontrado la ciudad muy bonita, cuidada', *muy bien* es un predicativo que complementa al verbo *encontrar* y se predica de *la ciudad*.

    frente a:

    He encontrado <u>muy bien</u> <u>la ciudad</u>.
                   CC   CD

    ⎡ El complemento circunstancial *muy bien* solo complementa al verbo de la oración. En este caso es un circunstancial y significaría: 'no me ha costado ningún trabajo encontrar la ciudad'.

EJERCICIOS

1 **Diferencia el predicativo del atributo en estas oraciones, y marca con una cruz las que lleven predicativo.**

☐ Estoy muy relajada.

☐ Trabajo muy relajada.

☐ Han elegido a Ana como coordinadora del grupo.

☐ Ana es la coordinadora del grupo.

☐ Alberto acabó el partido lesionado.

☐ Alberto está lesionado.

2 **Diferencia el predicativo del complemento circunstancial en estas oraciones, y marca con una cruz las que lleven predicativo.**

☐ No lo compré muy convencida.

☐ No lo compré en el mercadillo.

☐ Conduce siempre con prudencia.

☐ No conduzcas jamás nervioso.

☐ No veo bien la tele.

☐ No veo bien tu actitud.

3 **Marca las oraciones en las que haya un predicativo.**

☐ Rafa trabaja de vigilante jurado en un banco.

☐ Cuida de los niños un momento, por favor.

☐ Todos estos vidrios son retornables.

☐ No te pongas nerviosa por un examen tan fácil.

☐ ¡Habla más alto, que no se oye!

☐ El niño salió sofocado de la clase de gimnasia.

14.3 CATEGORÍAS

CATEGORÍAS QUE PUEDEN EJERCER DE PREDICATIVO

La función de predicativo puede estar desempeñada por las siguientes categorías gramaticales:

- Un **adjetivo** o **grupo adjetival**. Ejemplos:

    Julia salió **satisfecha** de la entrevista de trabajo.
    Llegó **cansado** del trabajo.
    David y Carmen regresaron **contentos** de sus vacaciones.

    Alfredo se acuesta **muy cansado**.
    Pedro volvió **muy moreno** de la playa.
    Ángel asistió **muy emocionado** al concierto de su hija.

- Un **grupo** (o **construcción**) **preposicional** formado por la preposición *de* (o por el adverbio *como* con valor preposicional) seguida de un sustantivo o de un grupo nominal. No debe confundirse con el complemento de régimen (ver 16). Ejemplos:

    Ramiro trabaja **como dependiente** en unos grandes almacenes.
    Ana y Yolanda juegan **de bases** en el equipo de baloncesto del instituto.

- Un **nombre** o **grupo nominal**. Ejemplos:

    Han designado a mi hijo **gerente**.
    Lo han elegido **capitán del equipo**.

- En ciertos casos, la categoría que desempeña la función de predicativo puede ser un **adverbio** (o grupo adverbial) **modal** o un **gerundio**. Ejemplos:

    He encontrado **muy bien** a María.
    Nos entregaron el piso **así**.

    Juanjo venía **sonriendo**.
    El niño entró **llorando** en la consulta del dentista.

EJERCICIOS

1 Completa estas oraciones con un predicativo, siguiendo las indicaciones que se dan entre paréntesis.

- Pillaron a Carmen .... (gerundio)
- El profesor tiene .... (adjetivo) un gato.
- Mi hermano trabaja .... (grupo preposicional)
- Le han nombrado .... (sustantivo)

2 Señala el predicativo en estas oraciones, precisando su categoría gramatical.

- Los grupos ecologistas aceptaron resignados el trazado de la nueva autopista.

....

- Europa asume como inevitable la ruptura del tratado.

....

- El sábado nos trajeron frías las pizzas a casa.

....

- Los participantes en el curso recordaron a Pedro Salinas como el impulsor de la Universidad Internacional Menéndez Pelayo.

....

- El Consejo de Universidades califica de razonable el proyecto de ley presentado por el Gobierno.

....

- Miguel Ángel llegó sonriendo a casa de sus padres.

....

15.1 DEFINICIÓN

CONCEPTO DE COMPLEMENTO AGENTE

El concepto de agente no es solo sintáctico, es también semántico. **Desde el punto de vista semántico**, el **agente** es el que **realiza la acción del verbo** y el paciente es el que la recibe. Ejemplos:

El niño besó a la madre.
El niño recibió un beso.

En ambas oraciones, el sujeto sintáctico es *el niño*. Sin embargo, en *El niño besó a la madre* el sujeto realiza la acción del verbo (agente); por el contrario, en *El niño recibió un beso* el sujeto recibe la acción del verbo (paciente).

En las oraciones pasivas, el sujeto sintáctico de la oración recibe siempre la acción del verbo (nunca la realiza). Al elemento de la oración que realiza la acción se le conoce con el nombre de complemento agente. Es siempre un **grupo** (o **construcción**) **preposicional**[1]. Ejemplos:

La novela fue premiada <u>por el jurado</u>.
　　　　　　　　　　C.Ag.
La acción del verbo *premiar* es realizada *por el jurado*.

La etapa fue ganada <u>por un ciclista español</u>.
　　　　　　　　　　C.Ag.
La acción del verbo *ganar* es realizada *por un ciclista español*.

El español es hablado <u>por 400 millones de personas</u>.
　　　　　　　　　　　　　C.Ag.
La acción del verbo *hablar* es realizada *por 400 millones de personas*.

Aníbal fue derrotado <u>por Publio Cornelio Escipión</u>.
　　　　　　　　　　　C.Ag.
La acción del verbo *derrotar* es realizada *por Publio Cornelio Escipión*.

El ganador fue respaldado <u>por la mayoría de los electores</u>.
　　　　　　　　　　　　　C.Ag.
La acción del verbo *respaldar* es realizada *por la mayoría de los electores*.

Las peticiones de los manifestantes fueron escuchadas <u>por el gobierno</u>.
　　　　　　　　　　　　　　　　　　　　　　　　C.Ag.
La acción del verbo *escuchar* es realizada *por el gobierno*.

---

[1] Aunque aquí se habla del complemento agente de oraciones pasivas, también hay complementos agentes de participios (*los concursantes premiados por el jurado*) y de sustantivos (*la conquista de España por los romanos*).

EJERCICIOS

15

EL COMPLEMENTO AGENTE

① **Indica en cuáles de estos titulares periodísticos aparece un verbo en voz pasiva seguido de un complemento agente.**

☐ El seleccionador nacional ha convocado a tres jugadores del Celta de Vigo para el próximo partido.

☐ Tres jugadores del Celta de Vigo han sido convocados por el seleccionador nacional para el próximo partido.

☐ Los autores del robo han sido detenidos por la policía.

☐ La policía ha detenido a los autores del robo.

☐ El rey inauguró la nueva sala del Museo del Prado.

☐ La nueva sala del Museo del Prado fue inaugurada por el rey.

② **Convierte estas oraciones en pasivas, de manera que el sujeto sintáctico pase a ser complemento agente.**

- Leonardo da Vinci pintó *La Gioconda*.
  ....

- Verdi compuso *Il trovatore*.
  ....

- Valle-Inclán publicó *Luces de bohemia* en 1920.
  ....

- Brunelleschi diseñó la cúpula de la catedral de Florencia.
  ....

- Pilar Miró dedicó a su hijo la película *El perro del hortelano*.
  ....

- Miguel Ángel esculpió las tumbas de Lorenzo y Giuliano de Médicis por encargo de estos.
  ....

- Rigoberta Menchú recibió el Premio Nobel de la Paz en 1992.
  ....

15.2 RECONOCIMIENTO

PAUTAS PARA RECONOCER EL COMPLEMENTO AGENTE

Para localizar el complemento agente en una oración se puede tener en cuenta lo siguiente:

- Normalmente, aparece en **construcciones pasivas**. Ejemplos:

    Los atracadores **fueron detenidos por la policía**.
    El cuadro **fue subastado por una galería de arte**.

- Al trasformar la oración pasiva en una oración activa, el complemento agente se convierte en **sujeto de la construcción activa**. Ejemplos:

    El incendio fue sofocado **por los bomberos**. → **Los bomberos** sofocaron el incendio. El complemento agente *por los bomberos* realiza la acción del verbo en la oración pasiva. Al trasformar la oración pasiva en una oración activa, el complemento agente pasa a ser el sujeto de la oración activa. *Los bomberos* (que concuerda en número y persona con el verbo) realiza la acción del verbo.

    La huelga fue convocada **por los sindicatos**. → **Los sindicatos** convocaron la huelga. El complemento agente *por los sindicatos* realiza la acción del verbo en la oración pasiva. Al trasformar la oración pasiva en una oración activa, el complemento agente pasa a ser el sujeto de la oración activa. *Los sindicatos* (que concuerda en número y persona con el verbo) realiza la acción del verbo.

Esta trasformación nos permite diferenciar el complemento agente de los complementos circunstanciales encabezados por la preposición *por*. Ejemplo:

El Everest fue coronado **por primera vez por Edmund Hillary**. Si trasformamos la oración pasiva en activa, solo el complemento agente realizará la función de sujeto: *Edmund Hillary coronó por primera vez el Everest*.

- En algunos casos, el agente puede aparecer en **las oraciones pasivas reflejas** (ver 6.7), aunque es un uso poco recomendable. Ejemplo:

    Se ha realizado una selección de personal **por el departamento de Recursos Humanos**.

EJERCICIOS

15

EL COMPLEMENTO AGENTE

① **¿Qué pautas nos permiten reconocer el complemento agente?**

- ....
- ....
- ....

② **Localiza el complemento agente en estas oraciones.**

- Los alimentos son triturados en la boca por los dientes.

  ....

- El bolo alimenticio es trasportado del esófago al estómago por las contracciones peristálticas.

  ....

- En el estómago, los hidratos de carbono, las grasas y las proteínas son trasformadas por el jugo gástrico en elementos mucho más sencillos.

  ....

- Los aminoácidos, los ácidos grasos y la glucosa son trasportados por los vasos sanguíneos a las células.

  ....

- Las sustancias no aprovechadas son expulsadas del organismo por el intestino grueso.

  ....

③ **Solo en una de estas oraciones el grupo preposicional formado con la preposición *por* desempeña la función de complemento agente. Señálala.**

- ☐ Ayer no pude venir por problemas familiares.
- ☐ Han preguntado por ti hace un momento unos desconocidos.
- ☐ El edificio fue desalojado por los bomberos.
- ☐ Volvimos de Portugal por la carretera de Extremadura.

15.3 CATEGORÍAS

CATEGORÍAS QUE PUEDEN EJERCER DE COMPLEMENTO AGENTE

El complemento agente es siempre un **grupo** (o **construcción**) **preposicional**. Suele ir precedida de la preposición *por*. Ejemplos:

> La pieza fue interpretada **por la Filarmónica de Berlín**.
>
> La obra fue realizada **por un aparejador**.
>
> La igualdad de derechos del hombre y la mujer es defendida **por todos**.
>
> La primera vuelta al mundo fue dada **por Magallanes y Elcano**.
>
> Los premios Goya son otorgados **por la Academia de cine español**.
>
> Esos cursos son impartidos **por el Instituto Cervantes**.
>
> El guardián entre el centeno fue escrito **por Salinger**.
>
> Constantinopla fue conquistada **por los turcos** en 1453.
>
> La gripe es producida **por un virus**.
>
> El cuadro Las señoritas de Aviñón fue pintado **por Picasso**.
>
> La Recopa del año 1995 fue ganada **por el Zaragoza**.
>
> 2001 Odisea del espacio fue dirigida **por Stanley Kubrick**.
>
> La minifalda fue inventada **por Mary Quant** en 1967.

Además, a veces puede aparecer precedida de la preposición *de*:

> Es sabido **de todos** que los veranos son calurosos en el sur.
>
> Era conocida **de todos** su afición al teatro.

o de la locución preposicional *por parte de*:

> Ha sido convocada una huelga **por parte de los pilotos** los días tres y cuatro.
>
> Fue realizada una campaña contra la droga **por parte del Ministerio de Sanidad y Consumo**.
>
> Fue acordada una rehabilitación del edificio **por parte de la junta de vecinos**.

EJERCICIOS

15

EL COMPLEMENTO AGENTE

① **Inventa tres titulares de periódico en los que aparezca un complemento agente. En cada uno de ellos, este ha de ir precedido de una preposición (o locución preposicional) diferente.**

por	
de	
por parte de	

② **Localiza el complemento agente que acompaña a los verbos pasivos destacados en el texto.**

APOLO Y DAFNE

Cupido, harto de las bravuconerías de Apolo, decidió vengarse de este. Sacó dos flechas de su carcaj y las lanzó. Apolo **fue atravesado** por la flecha del amor y la ninfa Dafne **fue atravesada** por la flecha del desamor. Apolo quedó perdidamente enamorado de Dafne, pero **era** una y otra vez **rechazado** por la joven.

Un día, Dafne **estaba siendo perseguida** muy de cerca por el incansable Apolo y, temerosa de perder su virginidad, imploró ayuda a su padre, el río Peneo. Para que su hija no **fuera seducida** a traición por el dios, Dafne **fue transformada** en laurel por Peneo.

Apolo, impotente ante el árbol, pidió que sus hojas jamás se marchitasen, y que las cabezas de los hombres más sobresalientes **fueran ceñidas** desde entonces por una corona de laurel.

(Ovidio: Metamorfosis [adaptación])

16.1 DEFINICIÓN

CONCEPTO DE COMPLEMENTO DE RÉGIMEN[1]

El complemento de régimen o complemento regido es un complemento del verbo **introducido por una preposición y exigido por él**. Sin dicho complemento explícito o implícito la oración resulta agramatical o cambia de significado. Ejemplos:

Ese trabajo adolece <u>de inconsistencia</u>.
                                  C.Rég.

> El complemento de régimen *de inconsistencia* está introducido por la preposición *de* y está exigido por el verbo *adolecer*. Por eso, no es correcto **Ese trabajo adolece.*

El éxito dependerá <u>de su esfuerzo</u>.
                               C.Rég.

> El complemento de régimen *de su esfuerzo* está introducido por la preposición *de*, y está exigido por el verbo *depender*. Por eso, no es correcto **El éxito depende.*

Yo <u>me inclino</u> por el azul.
             C.Rég.

> El complemento de régimen *por el azul* está introducido por la preposición *por*, y está exigido por el verbo *inclinarse*. Por eso, el significado cambia en la oración: *Yo me inclino*.

Sin embargo, en algunos casos el complemento de régimen está implícito, y no por ello la oración resulta agramatical. Ejemplos:

Ya no me acuerdo **de eso**. → Ya no me acuerdo.

No te preocupes **por eso**. → No te preocupes.

En estos casos, el complemento de régimen puede deducirse del contexto o de la situación. Ejemplos:

¿Cómo terminaba la película? → Ya no me acuerdo (de cómo terminaba la película).

¿Me preocupo por tu hermano? → No te preocupes (por mi hermano).

---

[1] El complemento de régimen o regido también se denomina a veces **objeto preposicional**, **complemento preposicional** y **suplemento**.

EJERCICIOS

1 Completa estas oraciones con los complementos de régimen que aparecen en el cuadro.

- No te quejes ....
- Contamos para el viernes ....
- Paula intercedió ....
- Siempre está pensando ....
- Manolo aspiraba ....
- Las charlas versaron ....

por su prima
a ese trabajo
sobre salud y nutrición
con vosotros
en sus amigos
de tu suerte

2 Completa estas oraciones con el complemento de régimen exigido por el verbo.

- A las pocas horas ya se había arrepentido ....
- Todos los veranos me acuerdo ....
- En aquella casa carecíamos ....
- No se puede confiar ....
- Aquel profesor influyó muchísimo ....
- La película trata ....
- Aquel mentecato ya se está burlando otra vez ....
- Este verano me dedicaré ....
- ¿Te has percatado ....?
- No te preocupes más ....

■ Escribe los verbos en infinitivo seguidos de la preposición que exigen.

- .... • .... • .... • ....
- .... • .... • .... • ....
- .... • ....

16.2 RECONOCIMIENTO (I)

PAUTAS PARA RECONOCER EL COMPLEMENTO DE RÉGIMEN

Para localizar el complemento de régimen en una oración, se puede tener en cuenta lo siguiente:

- El complemento de régimen es un complemento **exigido por el verbo**; si se elimina, generalmente la oración puede resultar agramatical o cambiar de significado. Ejemplos:

Mi opinión depende **de la tuya**.	→	*Mi opinión depende.
Este libro trata **sobre el judaísmo**.	→	*Este libro trata.
Preciso **de tu ayuda** para mi tesis.	→	*Preciso para mi tesis.
Pienso **en él** a todas horas.	→	Pienso a todas horas. [La oración ha cambiado de significado.

- El complemento de régimen siempre va **precedido de una preposición** seleccionada por el verbo al que complementa. Ejemplos:

  El entrenador confía **en** nuestras posibilidades de llegar a la final. [El verbo *confiar* rige, para esta acepción, la preposición *en*: confiar en algo.

  Este chico se dedica **a** la abogacía. [El verbo *dedicarse* rige la preposición *a*: dedicarse a algo.

  Este programa de televisión carece **de** interés. [El verbo *carecer* rige la preposición *de*: carecer de algo.

  No me arrepiento **de** mi decisión. [El verbo *arrepentirse* rige la preposición *de*: arrepentirse de algo.

EJERCICIOS

1 **Localiza el complemento de régimen en las siguientes oraciones.**

- Maite depende demasiado de sus hermanos.
  ....

- Has incurrido otra vez en una falta grave.
  ....

- Ignacio se entretiene con cualquier cosa.
  ....

- No te preocupes por la comida. La haré yo.
  ....

- Siempre me olvido de las llaves.
  ....

2 **Escribe cinco oraciones con los verbos siguientes.**

- oponerse:
  ....

- avergonzarse:
  ....

- aspirar:
  ....

- acordarse:
  ....

- jactarse:
  ....

■ ¿Qué preposición exige cada uno de ellos?
  ....

EL COMPLEMENTO DE RÉGIMEN

16.3 RECONOCIMIENTO (y II)

OTRAS PAUTAS PARA RECONOCER EL COMPLEMENTO DE RÉGIMEN

- El complemento de régimen **no es sustituible por** los pronombres átonos **le**, **les**, **lo**, **la**, **los**, **las**, **se**. Ejemplos:

    Yo me ocuparé **de eso**. → *Yo me **lo** ocuparé.

    Confiábamos **en Miguel Ángel**. → ***Lo** confiábamos.

    Pero sí se puede **sustituir** (el término de la preposición) **por los pronombres tónicos**. Ejemplos:

    La clase versó **sobre el feudalismo**. → La clase versó **sobre eso**.

    Desconfío **de ese granuja**. → Desconfío **de él**.

- El complemento de régimen puede aparecer **junto al complemento directo**. Ejemplos:

    Separó <u>la yema</u> <u>de la clara</u>.　　No confundas <u>las churras</u> <u>con las merinas</u>.
    　　　　 CD　　　C.Rég.　　　　　　　　　　　　　　CD　　　　　C.Rég.

- Puede también aparecer en **oraciones pasivas**. Ejemplo:

    Los oyentes **fueron informados** <u>de la noticia</u>.
    　　　　　　　　　　　　　　　　　C.Rég.

Dequeísmo y queísmo

NORMA

- El *dequeísmo* es un error que consiste en añadir la preposición *de* delante de la conjunción *que*, cuando aquella no viene exigida por el verbo. Cuando una oración subordinada sustantiva (ver 21) desempeña una función distinta a la de complemento de régimen, no suele ir precedida de preposición. Es un error añadir la preposición en estos casos. Ejemplos:

    *Me consta de que había más gente. → Me consta que había más gente.

    *Nos dijo de que no vendría. → Nos dijo que no vendría.

- El *queísmo* se produce cuando el hablante elimina la preposición *de* u otra preposición delante de la conjunción *que* en los casos en los que aquella debería aparecer. Ejemplos:

    *Me alegro que hayáis venido. → Me alegro de que hayáis venido.

    *Insistió que fuéramos a su casa. → Insistió en que fuéramos a su casa.

EJERCICIOS

① Solo una de las oraciones de cada pareja lleva complemento de régimen. Indica cuál es.

- ☐ Los capitanes acordaron posponer el partido.
- ☐ El capitán se acordó de la última final.

- ☐ Creo tu versión de los hechos.
- ☐ Creo firmemente en el diálogo.

- ☐ Dispón la habitación a tu gusto.
- ☐ Dispón de las habitaciones a tu gusto.

② En las oraciones que siguen encontrarás un complemento directo junto a un complemento de régimen. Identifícalos.

- A Miguel lo han separado del equipo por su conducta en el último partido.
  ....
- Ángeles siempre antepone su familia al trabajo.
  ....
- El otro día, a la salida del teatro, una señora confundió a Conchita con una de las actrices.
  ....
- El presidente informó al país de lo sucedido.
  ....

③ Señala los errores que aparecen en las siguientes oraciones.

- *Me acuerdo que en aquellos años fuimos felices.
  ....
- *Me he convencido que teníais razón.
  ....

16.4 CATEGORÍAS

CATEGORÍAS QUE PUEDEN EJERCER DE COMPLEMENTO DE RÉGIMEN

La función de complemento de régimen puede estar desempeñada por un grupo (o construcción) preposicional formado por una preposición seguida de las siguientes categorías gramaticales:

- Un **sustantivo**. Ejemplos:

    Este collar carece **de valor**.
    A pesar de su edad, aún disfruta **de salud**.

- Un **grupo nominal**. Ejemplos:

    Ahora dispongo **de mucho tiempo libre**.
    Me confundió **con mi hermana**.

- Un **pronombre**:

    – Personal tónico. Ejemplos:

        Esta decisión solo depende **de ti**.
        Esta novela influyó **en mí**.

    – Interrogativo o exclamativo. Ejemplos:

        ¿**En quién** confías?
        ¿**Sobré quién** versó la conferencia?

    – Demostrativo. Ejemplos:

        No insistas más **en eso**.
        Me avergüenzo mucho **de aquello**.

    – Indefinido. Ejemplos:

        No se fía **de nadie**.
        Me acuerdo **de todo**.

- Una **oración subordinada** (ver 21.8). Ejemplos:

    Me informó **de cómo tenía que optar al puesto**.
    Desde muy pequeño, Pablo aspiró **a ser escritor**.

EJERCICIOS

1 Escribe cuatro oraciones que lleven un complemento de régimen. En cada una de ellas la preposición ha de ir seguida de una de las siguientes categorías gramaticales.

sustantivo	
grupo nominal	
pronombre	
oración subordinada	

2 Señala los complementos de régimen que aparecen en estas oraciones, y precisa qué categoría gramatical sigue a la preposición.

- La palabra *leotardo* procede del apellido del acróbata francés Jules Léotard.

  ....

- Los manifestantes no se conformarán con ser recibidos por la ministra.

  ....

- Cuatro películas españolas optarán al Globo de Oro.

  ....

- La telefonía móvil se enfrenta a eso.

  ....

- En los cursos de El Escorial hablarán de Rita Levi-Montalcini, la neuróloga italiana que obtuvo el Premio Nobel de Medicina en 1986.

  ....

16.5 EJEMPLOS

VERBOS[1] QUE SUELEN CONSTRUIRSE CON COMPLEMENTO DE RÉGIMEN

A continuación se recogen algunos verbos que frecuentemente aparecen con complemento de régimen:

- arrepentirse de: *No me arrepiento de mi decisión.*
- avergonzarse de: *Me avergüenzo de mi actitud irresponsable.*
- carecer de: *Ese artículo sobre poesía femenina del XIX carece de rigor.*
- coincidir con/en: *Este año mis vacaciones coinciden con las tuyas. Luisa y yo coincidimos en un concierto.*
- confiar en: *Siempre he confiado en tu buen criterio.*
- contar con: *Contamos con vosotros para la cena del lunes.*
- creer en: *Yo creo en la existencia de vida en otros planetas.*
- dedicarse a: *Natalia se dedica a la edición de guías de viajes.*
- depender de: *Esta empresa depende de una multinacional.*
- desistir de: *Después de tantos inconvenientes, desistió de su empeño.*
- disponer de: *No dispongo de los ingredientes necesarios para la tarta.*
- entretenerse con: *Luz se entretiene mucho con los cómics de Ibáñez.*
- pensar en: *¿En qué piensas?*
- preocuparse por/de: *No te preocupes por mí. Preocúpate de lo imprescindible.*
- quejarse de: *Francisco se quejó del barullo de los vecinos.*
- tender a: *En esta academia, el número de alumnos tiende a incrementarse en verano.*
- tratar de: *Esta novela trata de la situación social en la Rusia actual.*

---

[1] El complemento de régimen puede aparecer también con algunos sustantivos, adjetivos y adverbios. Ejemplos:

    exento **de gracia**   escasez **de agua**   enfrente **de mí**

EJERCICIOS

1 Completa el cuadro con ejemplos de verbos que normalmente se construyen con la preposición indicada.

de	
con	
por	
a	
en	

2 Escribe dos oraciones con cada uno de estos verbos, de tal manera que en todas ellas aparezca un complemento de régimen.

- pensar en:

  ...., ...

- creer en:

  ...., ...

- preocuparse por:

  ...., ...

3 Localiza el complemento de régimen en los siguientes avisos.

- Los clientes disponen de quince días para cualquier cancelación.

  ....

- El precio de la entrada depende de la edad de los espectadores.

  ....

- Confíe en nosotros. Contamos con personal especializado.

  ....

- Su reclamación carece de fundamento. Desista de su empeño.

  ....

17.1 DEFINICIÓN

CONCEPTO DE ELEMENTO EXTRAORACIONAL[1]

Existen **funciones gramaticales que están fuera de la oración** propiamente dicha pero que se relacionan con ella. Estos elementos se llaman extraoracionales y aparecen separados por comas del resto de la oración. Ejemplos:

Afortunadamente, no hubo que lamentar daños personales.
El elemento extraoracional *afortunadamente* no se encuentra dentro de los constituyentes básicos de la oración: sujeto y predicado.

En cuanto a tus padres, mejor será que se lo digas.
El elemento extraoracional *en cuanto a tus padres* no se encuentra dentro de los constituyentes básicos de la oración: sujeto y predicado.

Alejandro, déjame un momento tu libro.
El elemento extraoracional *Alejandro* no se encuentra dentro de los constituyentes básicos de la oración: sujeto y predicado.

LA MOVILIDAD DE LOS ELEMENTOS EXTRAORACIONALES

La mayoría de los elementos extraoracionales pueden aparecer delante de la oración, al final de la oración o intercalados entre los componentes de la oración, pero siempre separados por comas. Ejemplos:

Desgraciadamente, quedan muchos problemas por resolver.

Quedan, **desgraciadamente**, muchos problemas por resolver.

Quedan muchos problemas por resolver, **desgraciadamente**.

---

[1] El elemento extraoracional recibe también, entre otros, los nombres de **componente supraoracional** y **componente periférico**.

EJERCICIOS

1 **Señala los elementos extraoracionales que aparecen en las siguientes oraciones.**

- Afortunadamente, no me cayó ningún cristal encima.
  ....

- Juan, ¿puedes conseguirme la letra de esta canción?
  ....

- De mi propuesta, ¿habéis decidido algo?
  ....

- Pásame el pan, Mónica.
  ....

- Honestamente, no puedo opinar acerca de un asunto que desconozco.
  ....

2 **Localiza el elemento extraoracional de cada una de estas oraciones y cámbialo de lugar al menos dos veces.**

- El cuaderno te lo van a pedir esta tarde, Eva.
  ....
  ....

- Lamentablemente, a nadie se le ha ocurrido una idea mejor.
  ....
  ....

- Papá, ¿me acompañarás el viernes al partido?
  ....
  ....

17.2 CLASIFICACIÓN (I)

EL VOCATIVO

Es una función extraoracional[1] de llamada que el hablante utiliza para **reclamar la atención del oyente**. Pertenece, por tanto, a la función apelativa del lenguaje. Ejemplos:

Belén, dame el pan.
> El vocativo *Belén* le sirve al hablante para llamar la atención del oyente.

Hijo, no te preocupes.
> El vocativo *hijo* le sirve al hablante para llamar la atención del oyente.

Dejo el dinero que me ha sobrado encima de la mesa, **mamá**.
> El vocativo *mamá* le sirve al hablante para llamar la atención del oyente.

Alberto, ven un momento.
> El vocativo *Alberto* le sirve al hablante para llamar la atención del oyente.

El vocativo no debe confundirse con el sujeto. El sujeto se une sin comas al predicado y no es un elemento de llamada. Ejemplos:

Sara, venid tu hermana y tú aquí.
> *Sara* es un vocativo y no el sujeto de la oración. Va separado por comas del verbo y es un elemento de llamada. El sujeto de *venid* es *tu hermana y tú*.

¿Cómo está, **doctor**, mi hijo?
> *Doctor* es un vocativo y no el sujeto de la oración. Va separado por comas del verbo y es un elemento de llamada. El sujeto de *estar* es *mi hijo*.

José Luis, échame una mano.
> *José Luis* es un vocativo y no el sujeto de la oración. Va separado por comas del verbo y es un elemento de llamada. El sujeto de *échame* está omitido y es *tú* (segunda persona del singular).

Camarero, traiga un café con leche.
> *Camarero* es un vocativo y no el sujeto de la oración. Va separado por comas del verbo y es un elemento de llamada. El sujeto de *traiga* está omitido y es *usted* (segunda persona del singular).

---

[1] El vocativo puede formar enunciado por sí mismo. Ejemplo:
¡Niños! ¡Ya está bien!

EJERCICIOS

1 **Localiza el vocativo en las siguientes oraciones.**

- ¿Habéis visto mis gafas, niños?
  ....

- Emilio, ¿a qué hora es la reunión?
  ....

- ¿Podemos pasar, señor director?
  ....

2 **Señala el sujeto de las siguientes oraciones.**

- Nos vemos mañana, amigos.
  ....

- Señora, se le ha caído la llave.
  ....

- ¿Necesitáis algo, hijos?
  ....

- Caballeros, pueden pasar.
  ....

3 **En cada uno de los versos de este poema de Antonio Machado hay un vocativo. Localízalo.**

Señor, ya me **arrancaste** lo que yo más quería.
Oye otra vez, Dios mío, mi corazón clamar.
Tu voluntad se **hizo**, Señor, contra la mía.
Señor, ya **estamos** solos mi corazón y el mar.

■ ¿Cuál es el sujeto de cada uno de los verbos destacados?

....

LOS ELEMENTOS EXTRAORACIONALES — **17**

17.3 CLASIFICACIÓN (y II)

OTROS ELEMENTOS EXTRAORACIONALES

Además del vocativo existen otros elementos extraoracionales:

- **Atributo oracional**: función desempeñada por un adverbio o una construcción adverbial que se usa para valorar lo que se dice en la oración. Ejemplo:

    Felizmente, vive en Zamora.
    > El atributo oracional *felizmente* pone de manifiesto la opinión del hablante sobre la información que trasmite la oración: *vive en Zamora*.

    El atributo oracional no debe confundirse con el complemento circunstancial, ya que este solo complementa al verbo de la oración y no se separa por comas. Ejemplo:

    Vive **felizmente** en Zamora.
    > *Felizmente* es un complemento circunstancial, porque solo modifica al verbo de la oración y no aparece entre comas.

- **Tópico o tema**: función desempeñada por un elemento que colocamos delante de la oración para anunciar aquello de lo que se va a hablar. Ejemplos:

    En cuanto a Laura, se trata de una gran persona.
    Elena, esa sí que es simpática.

- **Complemento de la enunciación**: es un elemento con valor adverbial que acompaña a la oración y complementa a un predicado omitido. Este elemento extraoracional refleja la actitud del hablante ante lo expresado en la oración. Ejemplos:

    Sinceramente, estoy cansado.
    Francamente, no creo que venga.
    > Los adverbios *francamente* y *sinceramente* son, en realidad, complementos de verbos elípticos. Equivalen a: *lo digo sinceramente, hablando francamente*.

- **Circunstante**: es una función desempeñada por una construcción no oracional, normalmente separada por coma en la escritura, que puede aportar valores condicionales, concesivos, causales, finales, etc., y ejerce la función de complemento circunstancial de toda la oración. Ejemplos:

    En este caso, me quedo con vosotros. (condicional)
    A pesar de eso, me han llamado. (concesivo)
    Por eso, no tengo ganas de pasear. (causal)

    Los circunstantes son, además, **conectores**[1], pues enlazan lo que se dice después con lo dicho antes.

---

[1] Los conectores son palabras y expresiones que sirven para enlazar los enunciados dentro de un párrafo y los párrafos dentro de un texto. También se denominan marcadores del discurso.

EJERCICIOS

① **Enumera los tipos de elementos extraoracionales.**

....

② **Solo en una de las oraciones de cada pareja aparece un atributo oracional. Indica en cuál.**

☐ Rápidamente, empezaron a hablar.

☐ Empezaron a hablar rápidamente.

☐ Casualmente, no lo encontré.

☐ No lo encontré casualmente.

③ **Localiza el tópico en estas oraciones.**

- En cuanto a vosotros, ya he hablado con vuestros padres.

  ....

- De aquel viaje, no hay quien les saque una palabra.

  ....

④ **Solo en una de las oraciones de cada pareja aparece un complemento de la enunciación. Indica en cuál.**

☐ Sinceramente, delante de tus padres yo no opinaré.

☐ Delante de tus padres yo no opinaré sinceramente.

☐ Honradamente, no lo he decidido.

☐ No lo he decidido honradamente.

⑤ **Localiza el circunstante en estas oraciones.**

- A pesar de tu insistencia, no iré.

  ....

- En ese caso, salgamos cuanto antes.

  ....

18.1 CLASIFICACIÓN

LOS VALORES GRAMATICALES DE SE

El pronombre *se* puede presentar los siguientes valores:

- **Pronombre personal –variante de *le*–** (con función de complemento indirecto). Ejemplo:
    No <u>se</u> <u>lo</u> digas a nadie.
       CI CD

- **Pronombre personal reflexivo** (con función de complemento directo o indirecto). Ejemplos:
    Luis <u>se</u> lava.   Luis <u>se</u> lava <u>las manos</u>.
        CD   CI   CD

- **Pronombre personal recíproco** (con función de complemento directo e indirecto). Ejemplos:
    Abel y Ana <u>se</u> quieren.   Abel y Ana <u>se</u> escriben <u>cartas</u>.
               CD   CI   CD

- **Dativo concordado**[1] (con función de dativo). Ejemplo:
    Clara <u>se</u> merendó una palmera de chocolate.
         dativo

- **Parte del verbo** (se analiza como parte del núcleo del predicado). Ejemplo:
    Guillermo <u>se preocupa</u> demasiado por su trabajo.
         núcleo del predicado

- **Partícula de oraciones impersonales** y **pasivas reflejas** (se analiza como marca de impersonal y de pasiva refleja, respectivamente). Ejemplos:
    En ese hotel <u>se</u> trata muy bien a los clientes.   <u>Se</u> venden pisos.
             impersonal   pasiva refleja

Aunque tradicionalmente los valores de *se* se han estudiado como unidad separada del resto de los pronombres, la división establecida anteriormente afecta a todas las personas (y es por tanto extensible a todos los pronombres átonos: *me, te, se, nos, os, se*), excepto en las oraciones impersonales y en las pasivas reflejas, que solo se construyen con *se*.

Por este motivo, el análisis de *se* como complemento directo, como complemento indirecto o como marca de otras funciones en la oración (excepto en el caso de las oraciones impersonales y de las pasivas reflejas) es aplicable al resto de los pronombres átonos. Ejemplos:

No **se** lo digas a nadie./No **me** lo digas a mí.   [En ambos casos, los pronombres *se, me* funcionan como complemento indirecto.

Luis **se** lava./Tú **te** lavas.   [En ambos casos, los pronombres *se, te* funcionan como complemento directo.

---

[1] El dativo concordado también se denomina a veces **dativo de interés** y, en ciertas escuelas gramaticales, **dativo ético**.

EJERCICIOS

1 Escribe a continuación todos los posibles valores del pronombre *se*.

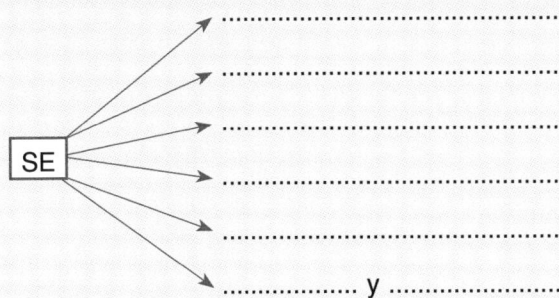

2 En estas oraciones el pronombre *se* funciona como complemento indirecto. Relaciona cada frase con el valor preciso del pronombre.

- Paula se ha hecho daño.
- Se lo he pedido yo.
- Esos se mandan mensajes cada hora.

- variante de *le*
- valor reflexivo
- valor recíproco

3 Pasa estas oraciones a tercera persona y precisa en qué caso el pronombre forma parte del verbo y en qué caso enfatiza su significado pero podría suprimirse.

- Yo no me atrevería a eso jamás.

....

- Nos comimos un bocadillo de jamón y otro de queso.

....

4 En una de estas dos oraciones el *se* es marca de impersonalidad y en otra es marca de voz pasiva. Establece la correspondencia.

- Se vive bien en Alicante.
- Los vidrios se reciclan.

- impersonal
- pasiva refleja

18.2 PRONOMBRE PERSONAL

SE PRONOMBRE PERSONAL

Se (al igual que el resto de los pronombres átonos: *me, te, nos, os*) funciona como pronombre personal de tercera persona, **equivalente a *le* o *les***.

Se aparece en lugar de *le* o *les* cuando el complemento directo del mismo verbo está desempeñado por los pronombres átonos *lo, la, los, las*. En estos casos, *se* siempre desempeña la función de **complemento indirecto**[1]. Ejemplos:

    Gabriel *se lo* indicó.   Lorca *se lo* dedicó.   *Se la* di.
        CI CD   CI CD   CI CD

Los ejemplos anteriores provienen de oraciones en las que se han pronominalizado simultáneamente el complemento directo y el complemento indirecto. Ejemplos:

    Gabriel *se lo* indicó. → Gabriel indicó *algo a alguien*.
         CI CD   CD   CI

    → Gabriel *le* indicó *algo*. ⎡ Se sustituye el complemento indirecto *a alguien*.
                CI   CD

    → *Gabriel *le lo* indicó. ⎡ Se sustituye el complemento directo *algo*.
                CI CD

    → Gabriel *se lo* indicó. ⎡ Para que la oración resulte gramatical el complemento
                CI CD   ⎣ indirecto *le* se sustituye por *se*.

    Lorca *se lo* dedicó. → Lorca dedicó *un libro a los gitanos*.
        CI CD   CD   CI

    → Lorca *les* dedicó *un libro*. → *Lorca *les lo* dedicó. → Lorca *se lo* dedicó.
             CI   CD   CI CD   CI CD

    Se la di. → Di *la dirección a mi compañero*. → *Le* di *la dirección*.
    CI CD   CD   CI   CI   CD

    → *Le la* di. → *Se la* di.
       CI CD   CI CD

Por tanto, los pronombres *le, les* cuando van seguidos de *lo, la, los, las* se trasforman en *se*.

---

[1] Solo cuando el verbo *llamar* se construye con predicativo o cuando el pronombre personal del verbo principal se une a otro complemento directo pronominal de tercera persona, el pronombre *se* ejerce la función de complemento directo. Ejemplos:

    Llaman boba a Maite.   → Se lo llaman.
    Vi a Marta cantar una canción. → Se la vi cantar.

EJERCICIOS

1 Sustituye en estas oraciones los complementos indirectos por el pronombre correspondiente (*le, les*).

- Han roto un dedo **a Amparo** en el partido.

  ....

- Tengo que cambiar una rueda **al coche**.

  ....

- Entrega esto **a Diego** antes del fin de semana.

  ....

- ¿Has echado ya abono **a las plantas**?

  ....

- En muchos colegios dan clases de español **a los inmigrantes**.

  ....

2 Sustituye también el complemento directo por el pronombre correspondiente (*lo, la, los, las*) manteniendo la forma pronominal del complemento indirecto.

- Han roto **un dedo** a Amparo en el partido.

  ....

- Tengo que cambiar **una rueda** al coche.

  ....

- Entrega **esto** a Diego antes del fin de semana.

  ....

- ¿Has echado ya **abono** a las plantas?

  ....

- En muchos colegios dan **clases de español** a los inmigrantes.

  ....

- ¿Qué ocurre con *le, les* cuando preceden a *lo, la, los, las*?

  ....

18.3 PRONOMBRE PERSONAL REFLEXIVO Y RECÍPROCO

SE PRONOMBRE PERSONAL REFLEXIVO

Se (al igual que el resto de los pronombres átonos: *me*, *te*, *nos*, *os*) es pronombre personal reflexivo cuando la persona o cosa que complementa al verbo es la misma que hace de sujeto de la oración. Las funciones que puede desempeñar en estos casos son la de complemento directo y la de complemento indirecto (ver 9 y 10):

- Con función de **complemento directo**. Ejemplos:

    Gabriel <u>se</u> afeita.   Raúl <u>se</u> golpeó.
           CD   CD

- Con función de **complemento indirecto**. Ejemplos:

    Gabriel <u>se</u> afeitó <u>la barba</u>.   Raúl <u>se</u> golpeó <u>un brazo</u>.
         CI   CD   CI   CD

Este pronombre reflexivo átono, cuando el sujeto es agente y realiza la acción voluntariamente, puede ir acompañado de la **forma reflexiva tónica** correspondiente (*a sí mismo*, *a sí misma*, *a sí mismos*, *a sí mismas*), con la misma función sintáctica. Ejemplo:

   Julia <u>se</u> estima demasiado **a sí misma**.
       CD   CD

SE PRONOMBRE PERSONAL RECÍPROCO

Se (al igual que los pronombres átonos *nos*, *os*) es un pronombre recíproco cuando tiene como referente a dos o más personas que realizan y reciben una acción mutuamente. Las funciones que puede desempeñar *se* en este caso son la de complemento directo y la de complemento indirecto (ver 9 y 10):

- Con función de **complemento directo**. Ejemplo:

    Mila y su hermano <u>se</u> adoran. ⎡ Mila adora a su hermano y su hermano adora
                          CD   ⎣ a Mila.

- Con función de **complemento indirecto**. Ejemplo:

    Ana y Eva <u>se</u> escriben <u>correos electrónicos</u>. ⎡ Ana escribe correos electrónicos
            CI   CD | a Eva y Eva escribe correos
                                            ⎣ electrónicos a Ana.

La forma *se* recíproca puede ir acompañada de **refuerzos como *mutuamente*, *recíprocamente*, *entre sí*, *el uno al otro***. Ejemplos:

   Todos los compañeros **se** respetan **mutuamente**.
   Susana y Pedro **se** ayudan **entre sí**.

EJERCICIOS

1 **En todas estas oraciones el pronombre *se* tiene un valor reflexivo. Indica en qué casos desempeña la función de complemento directo y en qué casos la de indirecto.**

- Paloma se considera bastante indecisa.

  ....

- Paco se ducha durante todo el año con agua fría.

  ....

- Ana y Antonio se preparan todas las noches una infusión.

  ....

- Ese crío siempre se está mordiendo las uñas.

  ....

2 **En estas oraciones el pronombre *se* tiene un valor recíproco. Indica en qué casos desempeña la función de complemento directo y en qué casos la de indirecto.**

- M.ª Ángeles y Mariano se recomiendan libros constantemente.

  ....

- Los familiares se abrazaron emocionados.

  ....

- Al término del debate, los dos candidatos se estrecharon la mano.

  ....

- Los dos se tienen mucho respeto.

  ....

3 **¿Reflexivo o recíproco? Marca las oraciones en las que el pronombre *se* tenga un valor recíproco.**

- ☐ Los protagonistas se besaban al final de la película.
- ☐ Los niños se visten ya solos.
- ☐ Los yudocas se saludan formalmente antes de cada competición.
- ☐ Mis primos se lavan los dientes cuatro veces al día.

LOS VALORES GRAMATICALES DE SE

18.4 DATIVO CONCORDADO Y PARTE DEL VERBO

SE DATIVO CONCORDADO[1]

Se (al igual que el resto de los pronombres átonos: *me*, *te*, *nos*, *os*) es dativo concordado cuando se refiere al sujeto de la oración y, generalmente, puede eliminarse sin que esta deje de ser gramatical y sin que cambie el significado lógico de la oración. Su función es la de **dativo**. Ejemplos:

Juan <u>se</u> olvidó las llaves en casa.
    dativo
⎡ También es correcto *Juan olvidó las llaves en casa*.

Diana <u>se</u> lo creyó.
   dativo
⎡ También es correcto *Diana lo creyó*.

Los niños <u>se</u> vieron dos películas en una sola tarde.
       dativo
⎡ También es correcto *Los niños vieron dos películas en una sola tarde*.

SE COMO PARTE DEL VERBO

En algunos casos, *se* (igual que el resto de los pronombres átonos *me*, *te*, *nos*, *os* con el mismo valor) se refiere al sujeto y forma parte del verbo, constituyendo con él el **núcleo del predicado**.

Los verbos que precisan del pronombre se llaman **verbos pronominales**. Unas veces se trata de verbos pronominales que **siempre se conjugan con el pronombre correspondiente** (*arrepentirse, atreverse, quejarse*). En estos casos, si se suprime el pronombre la oración resulta agramatical. Ejemplos:

Aurora <u>se atreve</u> con todo.
    núcleo del predicado
⎡ Es agramatical **Aurora atreve con todo*.

Otras veces se trata de verbos que **se conjugan con el pronombre solo en alguna de sus acepciones** o en alguno de sus usos (*acordarse, empeñarse*). En este caso, si se suprime el pronombre se produce un cambio de significado. Ejemplos:

Acordamos pedirle un favor.
Se acordó de pedirle el favor.
⎡ La primera oración significa 'decidimos pedirle un favor'; la segunda, 'recordó pedirle el favor'.

Durmió en la clase.
Se durmió en clase.
⎡ En la primera oración se destaca la duración de la acción; en la segunda, el comienzo.

---

[1] El dativo concordado también se denomina a veces **dativo de interés** y, en ciertas escuelas gramaticales, **dativo ético**.

EJERCICIOS

① **Escribe una oración en tercera persona con cada uno de estos verbos.**

- comer(se): ....
- saber(se): ....
- beber(se): ....
- creer(se): ....

■ ¿Qué función desempeña el pronombre *se* en todas ellas?

....

② **Escribe una oración en tercera persona con cada uno de estos verbos.**

- arrepentirse: ....
- quejarse: ....
- fugarse: ....
- atreverse: ....

■ ¿Puedes suprimir en este caso el pronombre *se*?

....

③ **Marca las oraciones en las que el pronombre *se* funcione como dativo concordado.**

☐ Raquel se ha tragado el hueso sin querer.

☐ Pepe se toma un zumo de naranja todos los días.

☐ Blanca se acuerda de todos sus amigos del colegio.

☐ José se lee los libros de Julio Verne de un tirón.

☐ Rodrigo siempre se está jactando de sus éxitos.

18.5 MARCA DE IMPERSONAL Y DE PASIVA REFLEJA

SE PARTÍCULA DE ORACIONES IMPERSONALES Y DE PASIVA REFLEJA

En algunos casos *se* es indicador de que **el que ejecuta la acción del verbo se desconoce o no se quiere manifestar**; es decir, *se* es una mera partícula de oraciones impersonales o de oraciones pasivas reflejas:

- En las oraciones impersonales con *se* (oraciones que carecen de sujeto léxico) (ver 7.7), el *se* se analiza como **marca de impersonal** (el número de la forma verbal no cambia, siempre es singular). Ejemplos:

    Se recibió con todos los honores al embajador.
    <small>marca de impersonal</small>

    En este restaurante *se* come muy bien.   ¡Qué bien *se* vive así!
    <small>marca de impersonal</small>   <small>marca de impersonal</small>

    Se trabaja mucho aquí.   ¡Qué a gusto *se* está ahora!
    <small>marca de impersonal</small>   <small>marca de impersonal</small>

- Las oraciones pasivas reflejas son oraciones que, además de la partícula *se*, llevan sujeto léxico (ver 6.7). Estas oraciones tienen **significado pasivo pero forma activa**; es decir, equivalen a oraciones pasivas con *ser*. En estos casos, el *se* se analiza como **marca de pasiva refleja** (el verbo concuerda en número con el sujeto). Ejemplos:

    Se otorgó el premio a un autor novel. → El premio fue otorgado a un autor novel.
    <small>marca de pasiva refleja</small>

    Se hicieron numerosas donaciones a una ONG. → Numerosas donaciones fueron hechas a una ONG.
    <small>marca de pasiva refleja</small>

    Se anuncian lluvias para los próximos días. → Las lluvias son anunciadas para los próximos días.
    <small>marca de pasiva refleja</small>

Existen **casos de ambigüedad** en los que una misma oración puede analizarse como impersonal o como pasiva refleja. Ejemplo:

Se vende piso. <small>CD</small>

Se vende piso. <small>sujeto</small>

> En el primer caso, es una oración impersonal porque si cambiamos el número de *piso*, el número del verbo no cambia: *Se vende piso./Se vende pisos*. Por tanto, *piso* no sería sujeto sino complemento directo. En el segundo caso, es una oración pasiva refleja porque si cambiamos el número de *piso*, el número del verbo cambia: *Se vende piso./Se venden pisos*.

EJERCICIOS

LOS VALORES GRAMATICALES DE SE — 18

① Trasforma estas oraciones en impersonales con *se*.

- En las grandes ciudades la gente vive con demasiadas prisas.
  ....

- Uno disfruta más con los amigos.
  ....

- En carretera debemos caminar por la izquierda.
  ....

② Trasforma estas oraciones en pasivas reflejas con *se*.

- Las películas en versión original son exhibidas normalmente a altas horas de la madrugada.
  ....

- Antiguamente, los manuscritos eran copiados en los monasterios.
  ....

- La carrera fue suspendida a causa de la lluvia.
  ....

③ ¿Impersonales o pasivas reflejas?

- *Hambre* se escribe con *h*.
  ....

- Se convoca a los delegados y delegadas el lunes a las seis de la tarde.
  ....

- Los pantalones se planchan del revés.
  ....

- En Italia se come a la una de la tarde.
  ....

- En la Escuela Oficial de Idiomas se dan clases de griego moderno.
  ....

Ejercicios

La oración simple

EJERCICIOS: La oración simple

1. Teruel existe.

2. El símbolo del hierro es Fe.

3. En España hay cuatro lenguas oficiales.

4. El castellano, el catalán y el gallego proceden del latín.

5. El vasco es una lengua de origen incierto.

6. El español cuenta con 400 millones de hablantes.

7. La bombilla eléctrica se la debemos a Edison.

8. Newton publicó su libro más famoso, *Principia Matematica*, en 1687.

9. Plutón fue descubierto en 1930.

10. Conócete a ti mismo.

11. En boca cerrada no entran moscas.

12. Mary Shelley publicó *Frankenstein* en 1818.

13. La esperanza de vida de un niño depende de su lugar de nacimiento.

14. 125 millones de niños no están aún escolarizados.

15. En el Museo d'Orsay se exponen los cuadros de los impresionistas.

16. Toulouse-Lautrec procedía de una vieja familia aristocrática.

La oración simple

17. En la obra de Munch destaca su preocupación por la desesperación humana.

18. Van Gogh y Gauguin influyeron decisivamente en los expresionistas.

19. Como hombre polivalente, Arquímedes fue un importante inventor, matemático y astrónomo.

20. Alejandro Magno fue proclamado rey de Macedonia con solo 20 años.

21. Atenas fue destruida en el año 480 a.C. por los persas.

22. El inventor del pararrayos fue Benjamin Franklin.

23. Santiago es de Huesca.

24. ¿Qué es un omnipoliedro?

25. ¿Dónde nació Cervantes?

26. ¿Quién escribió la *Divina comedia*?

27. ¿A quién dedica Jorge Manrique sus famosas *Coplas*?

28. ¿Qué escribió Virgilio?

29. ¿Cuál es la obra más famosa de Clarín?

30. Díselo tú a tu Ana.

31. A Elena ya se lo he dicho yo.

La oración simple

32. A José sus amigos le llaman Pepe.

33. ¡Siempre se está mirando en el espejo!

34. ¿No os vais a saludar?

35. El reloj, ¿se lo devuelves tú mañana a Tomás?

36. Te estoy llamando, Quique.

37. ¿No me oyes?

38. Me estaba lavando las manos.

39. Te he echado de menos.

40. No os olvidaré jamás.

41. Siempre me acordaré de vosotros.

42. El matrimonio es la principal causa de divorcio. (G. Marx)

43. En Nueva York un hombre es atropellado cada diez minutos.

44. No hay que confundir churras con merinas.

45. En la Edad Media, los poemas épicos eran recitados por juglares.

46. Se llama *incunable* a todo libro impreso entre 1450 y 1500.

47. La lujosa tumba del faraón Tutankhamon permaneció sellada más de 3000 años.

La oración simple

48. En tiempos de Ramsés II trabajaban en el templo de Karnak unas 80 000 personas.

49. Cada célula humana contiene 23 pares de cromosomas.

50. Se hacen traducciones.

51. El jazmín no soporta temperaturas altas en espacios cerrados.

52. La pasión de Bastian Baltasar Bux eran los libros.

53. Desde joven he vivido la zozobra de la libertad. (E. Sábato)

54. Todo necio confunde valor y precio. (A. Machado)

55. *El laberinto mágico,* conjunto de seis libros de Max Aub, trata de la guerra civil española.

56. El waterpolista Manuel Estiarte fue galardonado en Oviedo con el Premio Príncipe de Asturias por su trayectoria profesional.

57. A Carlos V le sucedió su hijo Felipe II.

58. En mi opinión, los aeropuertos cuentan con muchas medidas de seguridad.

59. El Premio Nacional de Cinematografía fue obtenido ese año por el cineasta Montxo Armendáriz, director de *Secretos del corazón.*

60. Su colega Imanol Uribe le definió como un cineasta minucioso, serio y sólido.

61. A Gloria Fuertes no le importó la popularidad.

La oración simple

62. Jamás se quejó de ella.

63. ¿Tendré que repetírtelo otra vez?

64. No había nadie en clase esta mañana.

65. Créeme.

66. A mucha gente le asusta la oscuridad.

67. ¿Te gusta la música africana?

68. ¿Por qué me trajiste, padre, a la ciudad? (R. Alberti)

69. Puedo escribir los versos más tristes esta noche. (P. Neruda)

70. Mi hija, ¡cuánto le gustaría eso!

71. Un cuadro de Chagall ha sido robado en Nueva York por un grupo desconocido.

72. A Ramón y Cajal le debemos una precisa descripción del sistema nervioso central.

73. Al ombligo le falta el botón. (R. Gómez de la Serna)

74. Has vuelto a incurrir en el mismo error.

75. Presta más atención.

76. El monje checo Gregorio Mendel fundó la genética moderna.

77. La característica fundamental de los vertebrados es la posesión de una columna vertebral.

La oración simple

78. El 30 de enero se celebra el Día de la no Violencia y la Paz.

79. En 1832 se inventaron las cerillas de fricción.

80. Profesionalmente, Sonia María Kowalevskaya fue una insigne matemática del siglo XIX.

81. Cada año desaparecen del planeta miles de especies distintas.

82. Las neuronas sensoriales llevan las señales desde las diminutas células receptoras del cuerpo hasta el cerebro.

83. Los primeros anteojos los construyó un óptico de Amsterdam.

84. Desde el siglo XVI ha habido en Occidente varias revoluciones científicas.

85. En las universidades de la Edad Media se estudiaban el *Trivium* y el *Quadrivium*.

86. El *Trivium* incluía la gramática, la retórica y la dialéctica.

87. El *Quadrivium* comprendía la aritmética, la geometría, la música y la astronomía.

88. La palabra *robot* fue usada por primera vez por Karel Capek en una de su novelas en 1920.

89. El Nobel Amartya Sen aboga por una globalización más igualitaria.

90. El afortunado hallazgo de un libro puede cambiar el destino de un hombre. (M. Proust)

Las oraciones coordinadas
y
las oraciones subordinadas

19.1 DEFINICIÓN Y ANÁLISIS

ORACIONES CON MÁS DE UN PREDICADO

Algunos enunciados contienen más de un predicado; es decir, **contienen más de un verbo** (estas oraciones se han conocido tradicionalmente como **oraciones compuestas**). Ejemplos:

Comeremos en mi casa y luego iremos al parque.

Hemos llegado pronto pero ya no había entradas.

Si quieres, te invito a un café.

Para analizar este tipo de enunciados se deben seguir los siguientes pasos:

1. **Señalar los verbos**. Ejemplo:

    Rosana estudia en Madrid y sus padres viven en Guadalajara.

    Es importante tener en cuenta que las perífrasis y algunas locuciones verbales, aunque estén formadas por dos o más verbos, constituyen un solo predicado (ver 8). Ejemplos:

    Llevo estudiando toda la tarde.

    Echó a perder su casa.

2. **Buscar el nexo** que une las oraciones. Ejemplo:

    Rosana estudia en Madrid (y) sus padres viven en Guadalajara.
    nexo

3. **Delimitar las oraciones** del enunciado. Ejemplo:

    (Rosana estudia en Madrid) y (sus padres viven en Guadalajara).

4. **Analizar de forma independiente** cada una de las oraciones del enunciado. Ejemplos:

    Rosana estudia en Madrid.

núcleo	núcleo	enlace (núcleo)	término
			CC
sujeto		predicado	

    Sus padres viven en Guadalajara.

act.	núcleo	núcleo	enlace (núcleo)	término
				CC
sujeto			predicado	

ORACIONES COORDINADAS Y SUBORDINADAS

EJERCICIOS

1 **Marca con una cruz las oraciones con más de un predicado.**

☐ Marina lleva esperándote toda la mañana en su casa.

☐ Han venido los de la mudanza a recoger los últimos bártulos.

☐ Piensa el ladrón que todos son de su condición.

☐ Este ejercicio es facilísimo.

☐ No por mucho madrugar amanece más temprano.

☐ Si dejas el grifo abierto mientras te lavas los dientes puedes malgastar más de 20 litros de agua.

☐ El otro día vimos un documental espléndido sobre los kirguises, los últimos pastores nómadas de Asia central.

☐ En carretera debes caminar siempre por tu izquierda.

☐ En los ratos libres nado o juego al tenis.

☐ Es mejor regar de noche que hacerlo de día, porque se evapora menos agua.

2 **Aplica los pasos necesarios y realiza el análisis de las siguientes oraciones.**

- La ninfa Eco tenía una voz preciosa, pero nunca podía tomar la iniciativa en una conversación.

    1. ....
    2. ....
    3. ....
    4. ....

- Cuando Polifemo descubrió al amante de Galatea, le arrojó un enorme peñasco.

    1. ....
    2. ....
    3. ....
    4. ....

19.2 CLASIFICACIÓN (I)

CLASIFICACIÓN TRADICIONAL DE LAS ORACIONES CON MÁS DE UN PREDICADO

Las estructuras oracionales con más de un predicado se clasifican del siguiente modo en función de dos criterios:

- Por la presencia o no de nexo:

    - Oraciones **yuxtapuestas** o asindéticas: son aquellas que carecen de nexo (ver 19.5). Ejemplos:

        (<u>Unas veces me aburro</u>), (<u>otras me divierto</u>).
             or. yuxt.   or. yuxt.

        (<u>Nadine pone la mesa</u>), (<u>sus hermanos friegan los platos</u>).
            or. yuxt.   or. yuxt.

    - Oraciones **sindéticas**: son aquellas que van introducidas por un nexo. Ejemplo:

        (Míriam vivió en Londres una temporada) **y** (ahora reside en España).

- Según el tipo de relación que se establece entre ellas:

    - Oraciones **coordinadas**: son aquellas que se encuentran en el mismo nivel sintáctico y se unen entre sí mediante un nexo (ver 19.3). Ejemplos:

        (<u>Fernando vino cansado</u>) <u>y</u> (<u>se tumbó</u>).
           or. coord. 1   nexo or. coord. 2

        (<u>Vive en Guadalajara</u>) <u>pero</u> (<u>trabaja en Madrid</u>).
           or. coord. 1   nexo or. coord. 2

    - Oraciones **subordinadas**: son aquellas que dependen de una oración a la que denominamos principal *[Aunque sea tarde* (subordinada), *saldré a dar un paseo]* o de un elemento al que complementan (sustantivo, adjetivo, verbo...) *[Estoy deseoso* (adjetivo) *de que vengas a mi casa]*, y que suelen unirse a ellos mediante un nexo (ver 19.4). Ejemplos:

        El apartamento (**que** <u>he alquilado</u>) está en el centro de la ciudad.
                     nexo   or. sub.

        Llegó (**cuando** <u>la fiesta había acabado</u>).
              nexo   or. sub.

ORACIONES COORDINADAS Y SUBORDINADAS

EJERCICIOS

1 Localiza las oraciones que contengan más de un predicado y clasifícalas en el cuadro que aparece a continuación.

- ☐ Una tercera parte de la población del planeta vive con comodidad; los dos tercios restantes no tienen cubiertas las necesidades básicas.

- ☐ Muchas personas trabajan para acumular riqueza.

- ☐ Un nuevo concepto de calidad de vida supone una desaceleración del ritmo de trabajo.

- ☐ Los grandes pensadores de la historia opinaron que el dinero no da la felicidad.

- ☐ ¿Tener o ser?

oraciones coordinadas	oraciones subordinadas	oraciones yuxtapuestas
....	....	....
....	....	....

2 Inventa tú dos ejemplos para cada tipo de oraciones con más de un predicado.

- oraciones coordinadas:
  ....
  ....

- oraciones subordinadas:
  ....
  ....

- oraciones yuxtapuestas:
  ....
  ....

19.3 CLASIFICACIÓN (II)

ORACIONES COORDINADAS[1]

La relación entre dos oraciones es de coordinación cuando ambas se encuentran en el mismo nivel sintáctico (ver 20). Ejemplos:

(He esperado a Luis) **pero** *(no ha llegado)*.
or. coord. 1 — nexo — or. coord. 2

(Eva se entrena los viernes) **y** *(Roberto arbitra los domingos)*.
or. coord. 1 — nexo — or. coord. 2

(Dicen que es un buen chico) **aunque** *(yo no lo conozco)*.
or. coord. 1 — nexo — or. coord. 2

Ni *(me ha llamado)* **ni** *(me ha escrito)*.
nexo — or. coord. 1 — nexo — or. coord. 2

El nexo que une las oraciones coordinadas no forma parte de ninguna de las dos oraciones. Ejemplos:

(Yo me quedé en casa) **y** *(Ricardo se fue a un concierto)*.
or. coord. 1 — nexo — or. coord. 2

> El nexo *y* que une estas oraciones coordinadas no forma parte de ninguna de las dos.

(Vendrán a casa) **o** *(iremos nosotros)*.
or. coord. 1 — nexo — or. coord. 2

> El nexo *o* que une estas oraciones coordinadas no forma parte de ninguna de las dos.

---

[1] La coordinación puede darse, además de en oraciones, en componentes oracionales menores. Ejemplos:

Antonio, Juan y mi suegro
Bonito pero barato

EJERCICIOS

① ¿Cuándo están coordinadas dos o más oraciones?

....

② En los siguientes ejemplos, delimita cada una de las oraciones coordinadas.

- Beatriz estuvo tres años en Gabón y Mariano trabajó otros tres en Camerún.

  ....

- Jesús jugó al fútbol durante muchos años pero ahora prefiere el bádminton.

  ....

- ¿Has felicitado a Amelia o te has olvidado de su cumpleaños?

  ....

- Ángeles es una afamada actriz de teatro, o sea, está siempre viajando de aquí para allá.

  ....

- ¿Quedamos con Felisa este fin de semana en Granada o vamos a ir a Madrid?

  ....

- Conchita y Paco vivieron cinco años en Nueva York pero en 1990 regresaron a España.

  ....

- ¿Has llamado a Julio o te ha llamado él a ti?

  ....

- Carmen trabaja como logopeda en un colegio y está siempre organizando cursos y seminarios para padres.

  ....

19.4 CLASIFICACIÓN (III)

ORACIONES SUBORDINADAS

Las oraciones subordinadas son aquellas que dependen de otra oración a la que denominamos principal o de un elemento que se encuentra en la oración. Pueden clasificarse según la función que realicen en:

- Subordinadas **sustantivas** (ver 21): desempeñan las funciones propias de un sustantivo dentro de la oración. Ejemplos:

    Pablo cree (*que llegará sobre las diez*).
    CD

    La oración subordinada sustantiva *que llegará sobre las diez* puede sustituirse por el pronombre *eso*: Pablo cree **eso**.

    Me molesta (*que tengas esta actitud*).
    sujeto

    La oración subordinada sustantiva *que tengas esta actitud* puede sustituirse por un grupo nominal: Me molesta **tu actitud**.

- Subordinadas **adjetivas** de relativo (ver 22): desempeñan las funciones propias de los adjetivos dentro de la oración. Ejemplos:

    Ayer recibí la carta
    (*que me mandaste desde Úbeda*).
    CN

    La oración subordinada adjetiva *que me mandaste desde Úbeda* desempeña la función propia de los adjetivos (modifica al antecedente *carta*).

    El libro (*que estoy leyendo*) es muy interesante.
    CN

    La oración subordinada adjetiva *que estoy leyendo* desempeña la función propia de los adjetivos (modifica al antecedente *libro*).

- Subordinadas **circunstanciales**[1] (ver 23): desempeñan la función de complemento circunstancial en la oración. Ejemplos:

    Llegamos a nuestro destino
    (*mientras estaba amaneciendo*).
    CCT

    La oración subordinada circunstancial *mientras estaba amaneciendo* puede sustituirse por un complemento circunstancial: **Entonces** llegamos a nuestro destino.

    No saldremos (*si no mejora el tiempo*).
    CCCirc.

    La oración subordinada circunstancial *si no mejora el tiempo* puede sustituirse por un complemento circunstancial: No saldremos **así** (en esta situación).

---

[1] La denominación de **oraciones subordinadas circunstanciales** (en lugar de **adverbiales**) constituye una incoherencia terminológica tradicionalmente aceptada. Frente a la clasificación de sustantivas y adjetivales (categorías), se utiliza el término **circunstancial** (función) porque no todas las oraciones de este grupo son sustituibles por adverbios.

EJERCICIOS

1. ¿Qué es una oración subordinada?
   ....

2. Sustituye en cada ejemplo los sustantivos –o grupos nominales– destacados por una oración subordinada sustantiva.

   • Óscar te dijo **la verdad**.
   ....

   • Me molesta **ese ruido**.
   ....

   • Sandra no recuerda **su dirección**.
   ....

3. Sustituye en cada ejemplo los adjetivos –o grupos adjetivales– destacados por una oración subordinada adjetiva.

   • Coloca las piezas **innecesarias** en la caja.
   ....

   • El utilero estuvo revisando todos los balones **deshinchados**.
   ....

   • Ese señor **tan impaciente** está esperando a su hijo.
   ....

4. Sustituye en cada ejemplo los complementos circunstanciales destacados por una oración subordinada circunstancial.

   • No dejes **ahí** las tijeras.
   ....

   • Hay un atasco tremendo en toda la ciudad **por las obras**.
   ....

   • Llámame **a las diez**.
   ....

19.5 CLASIFICACIÓN (IV)

ORACIONES YUXTAPUESTAS

En algunos casos, las oraciones no se unen por un nexo sino por coma, punto y coma o dos puntos; este tipo de oraciones se denominan **oraciones yuxtapuestas**.

Desde el punto de vista del significado, las oraciones yuxtapuestas pueden tener distintos valores, ya que o bien tienen valor de coordinación (se encuentran al mismo nivel sintáctico), o bien tienen un valor de subordinación (una oración depende de la otra).

- **Valor de coordinación**: desde el punto de vista del significado, ambas oraciones se entienden como coordinadas. Se separan en la escritura por coma o punto y coma. Ejemplos:

    Aquí a veces hace frío, *otras te asfixias.*
      or. yuxt. 1   or. yuxt. 2

    Algunos días entreno, *otros descanso.*
      or. yuxt. 1   or. yuxt. 2

    Mis amigos fueron a la playa; *yo fui a la montaña.*
      or. yuxt. 1   or. yuxt. 2

    En estas oraciones los signos de puntuación podrían sustituirse por la conjunción *y*. Hay valor de coordinación.

- **Valor de subordinación**: desde el punto de vista del significado, una oración depende de la otra. Se separan normalmente por dos puntos. Ejemplos:

    Llegué tarde: *había mucho atasco.*
      or. yuxt.   or. yuxt.

    Existe una relación de dependencia entre ambas porque la segunda es causa de la primera. Hay valor de subordinación.

    Tengo calor: *me quitaré el jersey.*
      or. yuxt.   or. yuxt.

    Existe una relación de dependencia entre ambas porque la segunda es consecuencia de la primera. Hay valor de subordinación.

    He estudiado mucho: *espero aprobar.*
      or. yuxt.   or. yuxt.

    Existe una relación de dependencia entre ambas porque la segunda es consecuencia de la primera. Hay valor de subordinación.

EJERCICIOS

1 ¿Qué son las oraciones yuxtapuestas?

....

2 Marca con una cruz las oraciones yuxtapuestas en los siguientes ejemplos.

☐ Cuéntamela: no recuerdo esa leyenda.

☐ Son cientos las adaptaciones que se han hecho de la historia de *La bella y la bestia*.

☐ Orfeo amaba tanto a Eurídice que la siguió hasta el reino de los muertos.

☐ Zeus siempre estaba rondando a alguna joven: su esposa Hera estaba harta de él.

☐ Dédalo fue encerrado junto a su hijo en el laberinto que él mismo había construido.

☐ Jasón reclutó a un puñado de héroes para que le acompañaran en busca del vellocino de oro.

☐ Ulises dejó a las puertas de Troya un caballo en cuyo interior se habían escondido los griegos.

☐ Todos tenemos nuestro talón de Aquiles; el mío es este.

☐ Homero fue un poeta griego; Ovidio fue un poeta latino.

3 En los siguientes ejemplos delimita las oraciones yuxtapuestas con valor de coordinación.

- Pablo está en 5.º de piano; Víctor es un virtuoso del violín.

....

- La madre de Jorge es argelina; él es francés.

....

- Este fin de semana estuvimos en Abantos; el próximo iremos a Gredos.

....

19.6 CLASIFICACIÓN (y V)

UNA NUEVA CLASIFICACIÓN

Para salvar algunas limitaciones de las clasificaciones tradicionales (que no distinguen el grado de dependencia entre las oraciones subordinadas), hoy se establece una clasificación distinta:

- **Oraciones compuestas complejas**: son aquellas que **contienen otra oración**, que se llama subordinada, y que forman parte siempre de un grupo nominal, de un grupo adjetival, de un grupo adverbial o de un grupo verbal como complementos de un nombre, de un adjetivo, de un adverbio o de un verbo. Ejemplos:

El partido (que jugamos ayer) fue brillante.
               or. subordinada
     sujeto   predicado

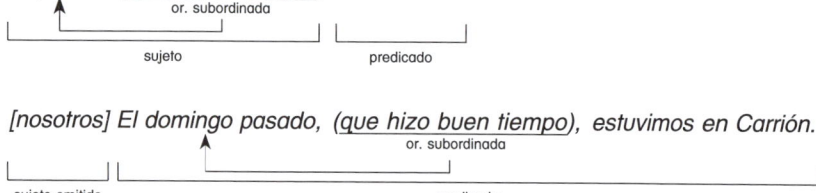

[nosotros] El domingo pasado, (que hizo buen tiempo), estuvimos en Carrión.
                         or. subordinada
sujeto omitido   predicado

Dentro de las oraciones compuestas complejas se encuentran las oraciones subordinadas sustantivas, las oraciones subordinadas de relativo, las oraciones subordinadas circunstanciales adverbiales y algunas de las oraciones subordinadas circunstanciales no adverbiales (comparativas y consecutivas).

- **Oraciones compuestas con conjuntos oracionales**: son aquellas que están formadas por dos o más oraciones que o bien **se encuentran en el mismo nivel sintáctico**, **o bien se exigen la una a la otra**. Ejemplos:

Fui al cine pero no me gustó la película.
or. coordinada   or. coordinada

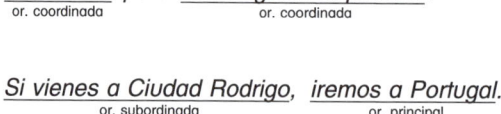

Si vienes a Ciudad Rodrigo, iremos a Portugal.
   or. subordinada   or. principal

Dentro de las oraciones compuestas con conjuntos oracionales se encuentran las oraciones coordinadas y algunas de las oraciones subordinadas circunstanciales no adverbiales (causales, finales, condicionales y concesivas).

EJERCICIOS

1 **Indica cuáles de las siguientes oraciones compuestas son complejas y cuáles forman conjuntos oracionales.**

- Pregúntales a Marcos y a Paloma dónde van a ir mañana.
  ....

- Si no llueve, iremos a pasear por el parque.
  ....

- Se siente un poco débil, pero ya se va recuperando.
  ....

- La tienda en la que compré el aceite para el coche se llamaba Lubricantes C. González.
  ....

- O inflamos el balón o jugamos a otra cosa.
  ....

2 **Indica si las siguientes afirmaciones son verdaderas o falsas.**

☐ Las oraciones coordinadas se subordinan a un elemento de la oración principal, por eso decimos que forman oraciones compuestas complejas.

☐ Las oraciones coordinadas forman oraciones compuestas con conjuntos oracionales porque estas oraciones se encuentran en el mismo nivel sintáctico.

☐ Todas las oraciones subordinadas circunstanciales no adverbiales forman parte de oraciones compuestas complejas.

☐ Todas las oraciones subordinadas circunstanciales no adverbiales forman parte de oraciones compuestas con conjuntos oracionales.

☐ Las oraciones subordinadas sustantivas y las oraciones subordinadas de relativo forman parte de oraciones compuestas complejas, porque se subordinan a un elemento de la oración principal.

20.1 DEFINICIÓN Y CLASIFICACIÓN

ORACIONES COORDINADAS

Cuando dos o más oraciones se encuentran en el **mismo nivel sintáctico** dentro de un mismo enunciado se denominan oraciones coordinadas.

Estas oraciones no implican dependencia o subordinación y se unen mediante nexos (conjunciones) coordinantes. Ejemplos:

(Jacinto estudia alemán los sábados) y (practica natación los domingos).
　or. coord. 1　　　　　　　　　　nexo　　or. coord. 2

(Elena es licenciada en Arquitectura) pero (regenta una casa rural).
　or. coord. 1　　　　　　　　　nexo　　or. coord. 2

O (vienes tú) o (iremos nosotros).
nexo　or. coord. 1　nexo　or. coord. 2

(Llegó solo) y (se fue acompañado).
　or. coord. 1　nexo　or. coord. 2

(Mi hermana estudia) e (Isabel trabaja).
　or. coord. 1　　nexo　or. coord. 2

O (me entregas el trabajo hoy) o bien
nexo　or. coord. 1　　　　nexo
(me lo envías mañana por correo electrónico).
　　　　　　or. coord. 2

(Rubén es muy nervioso), es decir, (se altera por cualquier cosa).
　or. coord. 1　　　　nexo　　or. coord. 2

(Adora a los niños), o sea, (no le importará cuidarlos esta tarde).
　or. coord. 1　　nexo　　or. coord. 2

En este tipo de oraciones a menudo se omiten en la segunda coordinada los elementos de la oración que están presentes en la oración anterior. Ejemplos:

No lo hizo Antonio, sino Isabel.　⎡ Esta oración equivale a *No lo hizo Antonio*
　　　　　　　　　　　　　　⎣ *sino que lo hizo Isabel.*

Guillermo estudia Matemáticas; y Roberto, Geología.　⎡ Esta oración equivale
　　　　　　　　　　　　　　　　　　　　　　　　　 a *Guillermo estudia*
　　　　　　　　　　　　　　　　　　　　　　　　　 Matemáticas y Roberto
　　　　　　　　　　　　　　　　　　　　　　　　　⎣ *estudia Geología.*

Según el tipo de nexo que une a las oraciones coordinadas y, por tanto, según el tipo de **relación semántica** que se establece entre ellas, las oraciones coordinadas se clasifican en:

- coordinadas **copulativas**
- coordinadas **disyuntivas**
- coordinadas **adversativas**
- coordinadas **ilativas**
- coordinadas **explicativas**

EJERCICIOS

1 Enumera los cinco tipos de oraciones coordinadas que se pueden establecer.

- ....
- ....
- ....
- ....
- ....

2 Cada una de estas oraciones está formada por dos o más oraciones coordinadas. Identifícalas.

- Franz Kafka nació en Praga en 1883 y murió en Viena en 1924.
  ....

- Van Gogh es hoy un pintor cotizadísimo, pero en vida solo vendió un cuadro.
  ....

- Los reptiles son ovíparos, esto es, se reproducen mediante huevos.
  ....

- Durante el siglo II a.C. los romanos conquistaron las tierras situadas entre el Miño y el Duero, introdujeron las técnicas de cultivo de la vid y construyeron un sistema de calzadas.
  ....

- O estáis conmigo o estáis contra mí.
  ....

- Hoy en día podemos leer la *Ilíada* y la *Odisea*, pero durante varios siglos fueron poemas de trasmisión oral.
  ....

- El esqueleto da rigidez al cuerpo, permite el movimiento y protege los órganos internos blandos como el cerebro y el corazón.
  ....

20.2 CLASIFICACIÓN (I)

ORACIONES COORDINADAS COPULATIVAS

Desde el punto de vista semántico, las oraciones coordinadas copulativas indican **unión o suma** entre los significados de las oraciones.

Las oraciones coordinadas copulativas se unen generalmente mediante los siguientes **nexos** o conjunciones coordinantes: *y (e)*, *ni*. Ejemplos:

(Tengo cuatro hermanos) y *(soy la menor de ellos)*.
    or. coord. 1   nexo   or. coord. 2

(Todas las mañanas madrugo) y *(me voy a pescar)*.
    or. coord. 1   nexo   or. coord. 2

(Lourdes llegó a las 10 h) y *(a las 11 h ya se había marchado)*.
    or. coord. 1   nexo   or. coord. 2

(Me encanta el pollo) y *(aborrezco el cordero)*.
    or. coord. 1   nexo   or. coord. 2

(Paloma juega al baloncesto) e *(Ignacio practica la natación)*.
    or. coord. 1   nexo   or. coord. 2

(Me pidió perdón) e *(insistió en sus excusas)*.
    or. coord. 1   nexo   or. coord. 2

Ni *(me gusta el cine)* ni *(veo la televisión)*.
nexo   or. coord. 1   nexo   or. coord. 2

Ni *(lo sé)* ni *(me interesa)*.
nexo or. coord. 1 nexo or. coord. 2

Ni *(puedo ir)* ni *(me apetece)*.
nexo   or. coord. 1   nexo   or. coord. 2

Ni *(sé cómo se llama)* ni *(lo conozco)*.
nexo   or. coord. 1   nexo   or. coord. 2

En algunos casos, la unión entre oraciones coordinadas se establece con el nexo *como*. Ejemplo:

(No se lo dije a Tomás), **como** *(tampoco a su hijo)*.

No obstante, cuando se unen más de dos oraciones coordinadas, el nexo suele aparecer únicamente entre las dos últimas[1]. Ejemplos:

*Haz la comida, tiende la ropa **y** trae el pan.*

*Dio un beso a sus padres, cogió la mochila **y** se marchó al colegio.*

---

[1] El empleo reiterado de conjunciones para dar fuerza expresiva se denomina **polisíndeton** (*El niño se despertaba y lloraba y se volvía a dormir*); y la ausencia de conjunciones, **asíndeton** (*El animal corría, paraba, saltaba, volvía a correr*).

EJERCICIOS

1 Define las oraciones coordinadas copulativas desde el punto de vista semántico.

....

2 Escribe dos oraciones coordinadas copulativas con cada uno de los nexos más frecuentes.

- y: ....

- ni: ....

3 Identifica las oraciones coordinadas copulativas que integran las siguientes oraciones.

- Los riñones filtran los desechos de la sangre y los expulsan en forma de orina.

....

- El cerebro controla el pensamiento, la memoria y los sentidos y también produce las hormonas.

....

- Las arterias llevan sangre rica en oxígeno al cuerpo y las venas devuelven la sangre sin oxígeno al corazón.

....

- Ni en la Edad Media se hacían trasfusiones de sangre ni en el siglo XIX se hacían trasplantes de órganos.

....

4 Lee la siguiente receta y localiza las oraciones coordinadas copulativas.

Coge cinco tomates grandes y lávalos bien. Córtalos en rodajas, sálalos y colócalos en una fuente resistente al horno. Trocea cinco o seis ajos y distribúyelos sobre los tomates. Incorpora un poco de perejil y un chorro de aceite de oliva. Métalo al horno unos 15 minutos.

20.3 CLASIFICACIÓN (II)

ORACIONES COORDINADAS DISYUNTIVAS

Desde el punto de vista semántico, las oraciones coordinadas disyuntivas indican **alternancia**[1] entre los significados de las oraciones, es decir, ofrecen la posibilidad de elegir entre dos o más realidades distintas o entre dos variantes de una realidad.

Se unen generalmente mediante los siguientes **nexos**: *o (u), o bien*. Ejemplos:

(¿*Te espero*)   *o*   (*me voy?*)
  or. coord. 1   nexo   or. coord. 2

(¿*Alquilamos una película*)   *o*   (*nos vamos a dar un paseo?*)
  or. coord. 1   nexo   or. coord. 2

(¿*Estudias*)   *o*   (*trabajas?*)
  or. coord. 1   nexo   or. coord. 2

(¿*Tienes prisa*)   *o*   (*puedo hacerte una consulta ahora?*)
  or. coord. 1   nexo   or. coord. 2

(¿*Te apetece un café*)   *o*   (*prefieres un té?*)
  or. coord. 1   nexo   or. coord. 2

(¿*Vamos al cine*)   *o*   (*salimos a cenar?*)
  or. coord. 1   nexo   or. coord. 2

O   (*le pides perdón*)   *u*   (*Óscar seguirá enfadado*).
nexo   or. coord. 1   nexo   or. coord. 2

O   (*hablas más alto*)   *o*   (*no te oigo*).
nexo   or. coord. 1   nexo   or. coord. 2

O   (*lee el periódico*)   *o*   (*sale a pasear por las tardes*).
nexo   or. coord. 1   nexo   or. coord. 2

O bien   (*nos vamos ya*)   *o bien*   (*comemos aquí*).
 nexo   or. coord. 1   nexo   or. coord. 2

O bien   (*me matriculo este año*)   *o bien*   (*empiezo el año próximo*).
 nexo   or. coord. 1   nexo   or. coord. 2

O bien   (*me compro este libro*)   *o bien*   (*me prestas el tuyo*).
 nexo   or. coord. 1   nexo   or. coord. 2

O bien   (*quedamos más tarde*)   *o bien*   (*nos vemos mañana*).
 nexo   or. coord. 1   nexo   or. coord. 2

---

[1] En ocasiones, la conjunción *o* aglutina los significados de alternancia y suma. Ejemplo:

Aquí pueden entrar hombres o mujeres. [Podemos interpretar que *Aquí pueden entrar o bien hombres, o bien mujeres*; pero también, que *Aquí pueden entrar hombres y mujeres*.

EJERCICIOS

① Define las oraciones coordinadas disyuntivas desde el punto de vista semántico.

....

② Escribe dos oraciones coordinadas disyuntivas con cada uno de los nexos más frecuentes.

- o: ....
  ....

- o bien: ....
  ....

③ Identifica las oraciones coordinadas disyuntivas que integran las siguientes oraciones.

- ¿Escribió Julio Verne *La isla del tesoro* o su autor fue Robert Louis Stevenson?
  ....

- ¿Veremos la película en versión original o la preferís doblada?
  ....

- O bien se permite el libre acceso a las cuevas de Altamira a todos los visitantes o bien se reserva a los investigadores.
  ....

- ¿La capital de Alemania es Bonn o es Berlín?
  ....

- O firma Estados Unidos el protocolo o el acuerdo será papel mojado.
  ....

- O escoges la opción de ciencias o no podrás estudiar Biología.
  ....

- O te encanta el Palacio da Pena o te horroriza.
  ....

20.4 CLASIFICACIÓN (III)

ORACIONES COORDINADAS ADVERSATIVAS

Desde el punto de vista semántico, las oraciones coordinadas adversativas expresan un **contraste u oposición** entre los significados de las oraciones.

Se unen mediante los siguientes **nexos**: *pero, sino (que), mas* y, en algunos casos, *aunque* (cuando puede sustituirse por *pero*). Ejemplos:

<u>(Es mayor que yo)</u> pero <u>(aparenta menos edad)</u>.
or. coord. 1   nexo   or. coord. 2

<u>(La idea es buena)</u> pero <u>(tiene muchas dificultades de realización)</u>.
or. coord. 1   nexo   or. coord. 2

<u>(Ana tiene 30 años)</u> pero <u>(parece mucho más joven)</u>.
or. coord. 1   nexo   or. coord. 2

<u>(No solo es una persona culta)</u>, sino que <u>(es simpática y bien educada)</u>.
or. coord. 1   nexo   or. coord. 2

<u>(No estoy comiendo carne)</u>, sino que <u>(estoy comiendo pescado)</u>.
or. coord. 1   nexo   or. coord. 2

<u>(Quiero ayudarte)</u> mas <u>(no sé cómo hacerlo)</u>.
or. coord. 1   nexo   or. coord. 2

<u>(Se dedica a la enseñanza)</u> mas <u>(lo que realmente le gusta es escribir)</u>.
or. coord. 1   nexo   or. coord. 2

<u>(Felipe es muy tímido)</u> aunque <u>(es muy majo)</u>.
or. coord. 1   nexo   or. coord. 2

<u>(Aprobé filosofía)</u> aunque <u>(suspendí lengua)</u>.
or. coord. 1   nexo   or. coord. 2

<u>(Vino solo)</u> aunque <u>(allí se encontró a muchos conocidos)</u>.
or. coord. 1   nexo   or. coord. 2

La relación de coordinación adversativa se establece también mediante locuciones adverbiales como *sin embargo, no obstante*, que pueden aparecer solas, o bien apoyadas en una conjunción anterior. Ejemplos:

Estudio mucho; sin embargo, no logro aprobar.

Estudio mucho, y, sin embargo, no logro aprobar.

> Los nexos que introducen oraciones coordinadas adversativas no pueden aparecer junto a otra conjunción: **Estudio mucho, y, pero, no logro aprobar.*

En realidad, dichas locuciones adverbiales funcionan como conectores entre dos enunciados.

EJERCICIOS

20

1 Define las oraciones coordinadas adversativas desde el punto de vista semántico.

....

2 Busca en el periódico dos oraciones coordinadas adversativas con cada uno de los nexos más frecuentes.

- pero: ...., ...
- sino (que): ...., ...
- sin embargo: ...., ...

3 Identifica las oraciones coordinadas adversativas que integran las siguientes oraciones.

- La esperanza de vida en Europa es de 73 años, mas en África no llega a los 52.

  ....

- Los recursos del planeta no están distribuidos equitativamente, sino que el 20% de la población controla el 80% de los recursos.

  ....

- La mortalidad infantil en Europa es del 12 por mil, pero en África es del 87 por mil.

  ....

- En los últimos decenios no se ha producido un mayor equilibrio entre países ricos y pobres, sino que ha aumentado la desigualdad.

  ....

- Los ancianos son a menudo despreciados en las sociedades ricas, aunque en muchos países de África, Asia y América son venerados por su sabiduría y experiencia.

  ....

ORACIONES COORDINADAS

20.5 CLASIFICACIÓN (IV)

ORACIONES COORDINADAS ILATIVAS[1]

Desde el punto de vista semántico, las oraciones coordinadas ilativas son aquellas que se unen porque una de las oraciones expresa una **consecuencia** del significado de la otra.

Se unen mediante los siguientes **nexos**: *luego, así que, conque*. Ejemplos:

(*Pienso*), *luego* (*existo*).
or. coord. 1   nexo   or. coord. 2

(*Miguel Ángel tiene vacaciones*), *luego* (*podrá ir a la playa con vosotros*).
or. coord. 1   nexo   or. coord. 2

(*No esperábamos tu visita*), *luego* (*tu visita nos sorprendió*).
or. coord. 1   nexo   or. coord. 2

(*Sabía que hoy era tu cumpleaños*), *así que* (*te he comprado un regalo*).
or. coord. 1   nexo   or. coord. 2

(*Amparo está cansada*), *así que* (*se ha quedado en casa*).
or. coord. 1   nexo   or. coord. 2

(*Han subido las temperaturas*), *así que* (*hoy hará calor*).
or. coord. 1   nexo   or. coord. 2

(*Teníamos hambre*), *conque* (*picamos algo*).
or. coord. 1   nexo   or. coord. 2

(*Tengo la camisa arrugada*), *conque* (*voy a planchármela*).
or. coord. 1   nexo   or. coord. 2

La relación de coordinación ilativa se establece también mediante locuciones adverbiales como *por tanto*, *por consiguiente*, que pueden aparecer solas, o bien apoyadas en la conjunción *y*. Ejemplos:

He visto muchas películas; por tanto, soy un experto en cine.

He visto muchas películas, y, por tanto, soy un experto en cine.

> Los nexos que introducen oraciones coordinadas ilativas no pueden aparecer junto a la conjunción *y*:
> **He visto muchas películas, y, luego, soy un experto en cine.*

En realidad, dichas locuciones adverbiales funcionan como conectores entre dos enunciados.

---

[1] Las oraciones coordinadas ilativas deben diferenciarse de las oraciones subordinadas circunstanciales consecutivas (ver 23.11).

EJERCICIOS

① **Define las oraciones coordinadas ilativas desde el punto de vista semántico.**

....

② **Identifica las oraciones coordinadas ilativas que aparecen en algunas de estas oraciones.**

- La Península continúa bajo la influencia de las bajas presiones, luego la nubosidad será abundante en todo el territorio nacional.

....

- Se esperan fuertes precipitaciones, por consiguiente las autoridades aconsejan no viajar en estas fechas.

....

- Un frente frío procedente del Atlántico alcanzará el noroeste peninsular el próximo fin de semana, así que se espera un descenso generalizado de las temperaturas en el norte de España.

....

- Las islas Canarias siguen bajo la influencia de un anticiclón situado en las islas Azores, luego los cielos permanecerán despejados los próximos días en el archipiélago.

....

③ **Inventa dos oraciones coordinadas ilativas con cada uno de los siguientes nexos.**

- así que: ....

....

- por tanto: ....

....

20.6 CLASIFICACIÓN (y V)

ORACIONES COORDINADAS EXPLICATIVAS

Desde el punto de vista semántico, las oraciones coordinadas explicativas son aquellas que se unen porque una de las oraciones **explica** el significado de la otra.

Se unen mediante los siguientes nexos: *es decir, o sea, esto es...* Ejemplos:

(<u>Ana tiene tres años</u>); <u>es decir</u>, (<u>es la menor de sus hermanos</u>).
　　　or. coord. 1　　　　　nexo　　　　　　or. coord. 2

(<u>Hoy comienza la ACB</u>); <u>es decir</u>, (<u>la liga de baloncesto</u>).
　　　or. coord. 1　　　　　nexo　　　　　or. coord. 2

(<u>Mañana acabamos las clases</u>); <u>es decir</u>, (<u>hoy es nuestro último día</u>).
　　　　or. coord. 1　　　　　　nexo　　　　　or. coord. 2

(<u>Soy vegetariana</u>); <u>es decir</u>, (<u>solo consumo productos vegetales</u>).
　　　or. coord. 1　　　nexo　　　　　　or. coord. 2

(<u>Es su voluntad</u>); <u>o sea</u>, (<u>debemos respetar su decisión</u>).
　　　or. coord. 1　　　nexo　　　　　or. coord. 2

(<u>Trabaja de lunes a sábado</u>); <u>o sea</u>, (<u>solo libra los domingos</u>).
　　　or. coord. 1　　　　　nexo　　　　　or. coord. 2

(<u>Este año veraneamos en Salou</u>); <u>o sea</u>,
　　　　or. coord. 1　　　　　　nexo

(<u>fuimos al mismo sitio que el año pasado</u>).
　　　　　or. coord. 2

(<u>Debes poner más interés</u>); <u>esto es</u>, (<u>escuchar con atención</u>).
　　　or. coord. 1　　　　nexo　　　　　or. coord. 2

(<u>Lo dejo a tu elección</u>); <u>esto es</u>, (<u>puedes hacer lo que quieras</u>).
　　　or. coord. 1　　　　nexo　　　　　or. coord. 2

(<u>Machado y Unamuno son de la misma época</u>); <u>esto es</u>,
　　　　　　or. coord. 1　　　　　　　　nexo

(<u>ambos pertenecen a la generación del 98</u>).
　　　　　or. coord. 2

EJERCICIOS

1 Define las oraciones coordinadas explicativas desde el punto de vista semántico.

....

2 Busca en tus libros de texto dos oraciones coordinadas explicativas con cada uno de los nexos más frecuentes.

- es decir: ....
  ....

- esto es: ....
  ....

- o sea: ....
  ....

3 Identifica las oraciones coordinadas explicativas que integran las siguientes oraciones.

- Los mamíferos son animales vivíparos, es decir, desarrollan el embrión dentro del cuerpo de la madre.

  ....

- Las aves, los anfibios, los reptiles, los peces y los insectos son animales ovíparos; esto es, ponen huevos.

  ....

- Las ranas y algunos insectos sufren importantes metamorfosis; o sea, soportan cambios durante su desarrollo.

  ....

- Los protozoos son seres unicelulares; es decir, una sola célula realiza las funciones de nutrición, relación y reproducción.

  ....

.1 DEFINICIÓN Y CARACTERÍSTICAS

ORACIONES SUBORDINADAS SUSTANTIVAS

Son aquellas que **desempeñan las mismas funciones que un elemento nominal** (sustantivo, pronombre, grupo nominal) y, por tanto, se pueden sustituir por uno de ellos. Ejemplos:

*¿Te apetece **que tomemos un café**?*
→ *¿Te apetece **un café**?*

Que tomemos un café es una oración subordinada sustantiva que puede sustituirse por un elemento nominal (*un café*).

*Me preguntó **si sabía la hora**.* → *Me preguntó **la hora**.*

Si sabía la hora es una oración subordinada sustantiva que puede sustituirse por un elemento nominal (*la hora*).

Estas oraciones se clasifican según la función que realizan dentro de la oración en la que se integran.

CARACTERÍSTICAS DE LAS ORACIONES SUBORDINADAS SUSTANTIVAS

Las oraciones subordinadas sustantivas tienen las siguientes características:

- Siempre **se subordinan a un elemento de la oración principal**. Ejemplo:

    *Mi padre nos aconsejó **que tomáramos este camino**.*

    La oración subordinada *que tomáramos este camino* se subordina al verbo *aconsejar* (es complemento directo de *aconsejó*).

- Pueden **sustituirse** siempre por **los pronombres demostrativos neutros** (*esto, eso, aquello*). Ejemplos:

    *Me gusta **que bailes**.* → *Me gusta **eso**.*
    *Me dijo **que vendría**.* → *Me dijo **eso**.*
    *Dudo de **si será verdad**.* → *Dudo de **eso**.*

EJERCICIOS

1 ¿Qué es una oración subordinada sustantiva?

....

2 Sustituye las oraciones subordinadas sustantivas destacadas en el texto por un elemento nominal.

- Me sorprende **que te hayas puesto así por una tontería**.

  ....

- Prométeme **que no vendrás tarde**.

  ....

- No creo **que estés hablando en serio**.

  ....

- A todos nos preocupa **que hablen mal de nosotros**.

  ....

- Me pregunto **si se acordará de mí**.

  ....

3 Sustituye el elemento nominal destacado en el texto por una oración subordinada sustantiva.

- ¿Quieres **una entrada**?

  ....

- La clienta le dijo **su dirección**.

  ....

- Me molesta **el ruido del despertador**.

  ....

- **Eso** no es posible.

  ....

- ¿Sabéis **el nombre del autor**?

  ....

21.2 NEXOS

NEXOS QUE INTRODUCEN LAS ORACIONES SUBORDINADAS SUSTANTIVAS

Los **nexos** que introducen las oraciones subordinadas sustantivas son los siguientes:

- **La conjunción *que*:** las oraciones que van introducidas por esta conjunción se denominan **oraciones subordinadas completivas**. Esta conjunción no realiza ninguna función sintáctica dentro de la oración subordinada a la que pertenece. Ejemplos:

    No quiso (**que** nos viéramos esta tarde).   Me gusta (**que** sonrías).

    No obstante, cuando las oraciones subordinadas completivas llevan el verbo en infinitivo, aparecen **sin nexo**. Ejemplos:

    No quiso (venir).   Me gusta (**comer** paella).

- **La conjunción *si*:** este nexo introduce **oraciones interrogativas indirectas**[1] (ver 21.3). Esta conjunción no realiza ninguna función sintáctica dentro de la oración subordinada a la que pertenece. Ejemplos:

    Víctor me preguntó (**si** quería más).

    Dudo de (**si** vendrá hoy a clase).

- **Los pronombres o adverbios interrogativos** (*qué, quién, cuándo, cuánto...*): estos nexos introducen también **oraciones interrogativas indirectas** (ver 21.3). Pronombres y adverbios interrogativos desempeñan una función dentro de la oración subordinada a la que pertenecen. Ejemplos:

    ¿Sabes (**quién** ha venido)?
    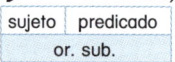

    No sé (**cuándo** llega Juan).
    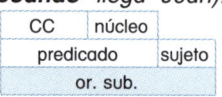

Con la conjunción *si* y con los pronombres o adverbios interrogativos, la subordinada puede ir en infinitivo. Ejemplos:

    No sé si ir   No sé dónde ir

---

[1] Con verbos de lengua pueden ir precedidas por el nexo *que* seguido de *si* o de un interrogativo. Ejemplos: *Me preguntó **que si** queríamos salir hoy./Me dijo **que qué** quería comer hoy.*

EJERCICIOS

① **Completa estas oraciones con la subordinada sustantiva que falta.**

- Creo que ....
- A todos los niños les gusta que ....
- Es conveniente que ....
- Me avergüenza que ....
- Me temo que ....

② **Completa estos ejemplos añadiendo en cada caso una oración subordinada sustantiva.**

- ¿Prefieres (infinitivo) ....?
- Nos hubiera encantado (infinitivo) ....
- ¿Sabéis (infinitivo) ....?

③ **Añade una oración subordinada sustantiva para completar cada una de estas oraciones.**

- El periodista le preguntó a la ministra de Educación si ....
- No sé a ciencia cierta si ....
- ¿Te han contestado tus compañeros si ....?

④ **Completa estas oraciones con una oración subordinada sustantiva e indica la función del nexo.**

- Explícame otra vez cómo ....
- Todos los testigos respondieron quiénes ....
- El fiscal volvió a preguntar dónde ....
- Dime cuántos ....
- ¿Recuerdas cuándo ....?
- ¿Has decidido ya qué ....?
- Ninguno sabía qué ....

21.3 INTERROGATIVAS Y EXCLAMATIVAS INDIRECTAS

ORACIONES INTERROGATIVAS Y EXCLAMATIVAS INDIRECTAS

Las oraciones interrogativas y exclamativas pueden formar parte de las oraciones subordinadas sustantivas. Las oraciones subordinadas sustantivas interrogativas y exclamativas indirectas se caracterizan por los siguientes rasgos:

- Oraciones **interrogativas indirectas**: son aquellas que se corresponden con enunciados interrogativos, pero que no reproducen las palabras textuales del hablante. Estas oraciones desempeñan una función dentro de la oración en la que se integran. Ejemplos:

    Me preguntó (*dónde quería ir*).
                          CD

    Me dijo (*dónde estaban las llaves*).
                            CD

    Las oraciones interrogativas indirectas pueden estar introducidas por dos tipos de nexo:

    – La conjunción *si*. Ejemplos:

    No sé (**si** *estará en casa ahora*).

    Me pregunto (**si** *le gustará mi dibujo*).

    – Los pronombres o adverbios interrogativos (*qué, quién, cuándo, cuánto, dónde...*)¹. Ejemplos:

    No sé (*si estará en casa ahora*).
                         CD

    Me pregunto (*quién habrá llamado*).
                           CD

    No sé (**cuándo** *llegará Ana*).
                         CD

- Oraciones **exclamativas indirectas**: son aquellas que se corresponden con enunciados exclamativos, pero que no reproducen las palabras textuales del hablante. Estas oraciones desempeñan una función dentro de la oración en la que se integran y van introducidas por pronombres o adverbios interrogativos (*qué, quién, cuándo, cuánto, dónde...*), a veces precedidos de la conjunción *que*. Ejemplos:

    Me preocupa (**cómo** *se divierten ahora los jóvenes*).
                                 sujeto

    Mi abuela me dijo **que** (**qué** *manera tenía de contestar*).
                                              CD

---

[1] Con verbos de lengua, tanto la conjunción *si* como los interrogativos pueden ir precedidos de la conjunción *que*. Ejemplos:

Me preguntaron que si iba con ellos.

Me dijo que qué me parecía.

EJERCICIOS

21

1 Inventa oraciones subordinadas sustantivas interrogativas o exclamativas indirectas para estos personajes de la saga de *El señor de los anillos*.

- Frodo preguntó ....
- Gandalf replicó ....
- Frodo exclamó ....

2 Escribe la oración subordinada sustantiva que falta en las siguientes oraciones interrogativas o exclamativas indirectas.

- La lechuza le preguntó al hipopótamo si ....
- La jirafa no sabía cuándo ....
- La liebre les dijo que qué ....

3 Trasforma en oraciones interrogativas indirectas las oraciones interrogativas directas que aparecen en esta adaptación de *El pescador satisfecho* de Anthony de Mello.

El rico industrial del Norte se horrorizó cuando vio a un pescador del Sur tranquilamente recostado contra su barca y fumando una pipa.

Se dirigió a él y le preguntó: «¿Por qué no has salido a pescar?». El pescador contestó: «Porque ya he pescado bastante por hoy».

El hombre del Norte volvió a preguntar: «¿Y por qué no pescas más de lo que necesitas?». Y el pescador replicó: «¿Y qué iba a hacer con ello?».

El industrial respondió: «Ganarías más dinero. De ese modo podrías poner un motor a tu barca. Entonces podrías ir a aguas más profundas y pescar más peces. Entonces ganarías lo suficiente para comprarte unas redes de nailon, con las que obtendrías más peces y más dinero. Pronto ganarías para tener dos barcas... y hasta una verdadera flota. Entonces serías rico, como yo».

«¿Y qué haría entonces?», preguntó de nuevo el pescador. «Podrías sentarte y disfrutar de la vida», respondió el industrial. «¿Y qué crees que estoy haciendo en este preciso momento?», respondió el satisfecho pescador.

21.4 CLASIFICACIÓN (I)

CLASES DE ORACIONES SUBORDINADAS SUSTANTIVAS SEGÚN SU FUNCIÓN[1]

Las oraciones subordinadas sustantivas pueden desempeñar dentro de la oración en la que se integran las funciones siguientes:

- **Sujeto**: oraciones subordinadas sustantivas de **sujeto**. Ejemplo:

    Me divierte (que nos cuente esas historias tan divertidas).
    sujeto

- **Complemento del verbo del predicado**:
    - Oraciones subordinadas sustantivas de **complemento directo**. Ejemplo:

        Creo (que María está enferma).
        CD

    - Oraciones subordinadas sustantivas de **complemento indirecto**. Ejemplo:

        No le hago ascos a (que me ayudes).
        CI

    - Oraciones subordinadas sustantivas de **complemento de régimen**. Ejemplo:

        Confío en (que llegues puntual).
        C.Rég.

    - Oraciones subordinadas sustantivas de complemento circunstancial. Ejemplo:

        Terminé la obra sin (que me ayudarais).
        CC

- Dentro **del sujeto o del predicado**:
    - Oraciones subordinadas sustantivas de **complemento del nombre**. Ejemplo:

        Cabe la posibilidad de (que me haya equivocado).
        CN

    - Oraciones subordinadas sustantivas de **complemento del adjetivo**. Ejemplo:

        Estoy segura de (que lo harás bien).
        C.Adj.

    - Oraciones subordinadas sustantivas de **complemento del adverbio**. Ejemplo:

        Llegó antes de (que empezara la fiesta).
        C.Adv.

---

[1] Toda oración subordinada sustantiva precedida de preposición ejerce la función de término. Las funciones de complemento del nombre, complemento indirecto, complemento de régimen, etcétera, las ejercen los grupos (o construcciones) preposicionales y no las oraciones subordinadas. No obstante, en este libro mantenemos la postura más tradicional.

EJERCICIOS

1 **En estas dos oraciones la oración subordinada sustantiva desempeña la función de sujeto. Localízala.**

- Me importa mucho que me lo cuentes tú.
  ....

- No es adecuado que un niño vea ese tipo de películas.
  ....

2 **Localiza la oración subordinada sustantiva con función de complemento directo en cada una de estas oraciones.**

- Ángel dijo que había perdido la paciencia.
  ....

- He oído pedir auxilio.
  ....

3 **Señala en estas dos oraciones la oración subordinada sustantiva con función de complemento indirecto.**

- Di el visto bueno a que presentarais la documentación.
  ....

- Samuel no le dio importancia a que rechazaras su invitación.
  ....

4 **En estas dos oraciones la oración subordinada sustantiva desempeña la función de complemento de régimen. Localízala.**

- El profesor insistía en que localizáramos primero los verbos.
  ....

- Nosotros contábamos con que nuestra petición fuese escuchada.
  ....

21.5 CLASIFICACIÓN (II)

ORACIONES SUBORDINADAS SUSTANTIVAS DE SUJETO

Son aquellas que desempeñan la función de sujeto del verbo principal. Ejemplos:

Me preocupa (<u>que no vayas al médico</u>).
sujeto

Me alegra (<u>verte tan feliz</u>).
sujeto

(<u>El que ya sea mayor</u>) no es ningún obstáculo.
sujeto

(<u>Que llueva mañana</u>) es probable.
sujeto

Para comprobar que la oración subordinada sustantiva es de sujeto debemos tener en cuenta lo siguiente:

- Estas oraciones se pueden sustituir por **los pronombres demostrativos neutros** (*eso, esto, aquello*). Ejemplos:

Me preocupa (que no vayas al médico).	→ Me preocupa **eso**.
Me alegra (verte tan feliz).	→ Me alegra **eso**.
Es evidente (que la gente no llegará tan pronto).	→ **Eso** es evidente.
Es posible (que te encuentres con Susana allí).	→ **Eso** es posible.

- Si sustituimos el pronombre *eso* por el **grupo nominal *esas cosas*** y el verbo de la oración cambia de número, tanto el pronombre *eso*, como el grupo nominal *esas cosas*, como la oración a la que sustituyen son sujetos. Ejemplos:

  Me preocupa (que no vayas al médico). → Me preocupa **eso**. →
  Me preocupan **esas cosas**.

  frente a:

  Quiero (que vayas al médico). → **Quiero** eso.
  → **Quiero** esas cosas.   [El verbo *querer* no cambia de número; por tanto, la oración subordinada sustantiva no es de sujeto.

- Salvo las de infinitivo, van introducidas por el **nexo *que***, que nunca va precedido de preposición. Ejemplo:

  ¿Os apetece (**que** vayamos a la piscina)?

- No se pueden sustituir por los pronombres personales ***lo, la, los, las, le, les***. Ejemplo:

  Es probable (que ya esté recuperado). → *Lo es probable.

EJERCICIOS

1 **Sustituye por un pronombre demostrativo neutro (*esto*, *eso*, *aquello*) las oraciones subordinadas sustantivas destacadas.**

- Me intriga **que no haya llegado Ernesto todavía**.

  ....

- Es imposible **que hayas visto la *Gioconda* en el Museo del Prado**.

  ....

- **Que esas imágenes hayan estado manipuladas** es algo muy grave.

  ....

- A Darío Fo le sorprendió **que le dieran el Premio Nobel**.

  ....

▎ Sustituye el pronombre por el grupo nominal *esas cosas*. ¿Has de cambiar de número el verbo para que la oración resulte gramatical?

- .... • ....
- .... • ....

▎ ¿Qué función desempeñan las oraciones subordinadas sustantivas?

....

2 **Solo en dos de las oraciones siguientes la oración subordinada sustantiva desempeña la función de sujeto. Señala en cuáles.**

- ☐ ¿Le parece a usted correcto que un ingeniero haga versos? (G. Celaya)
- ☐ No quiero que te vayas,/dolor, última forma/de amar. (P. Salinas)
- ☐ Tú nunca entenderás lo que te quiero. (F. García Lorca)
- ☐ Se me ocurre que vas a llegar distinta. (M. Benedetti)
- ☐ Pídele a Dios que nos desande el tiempo. (G. Diego)
- ☐ Compañera, usted sabe que puede contar conmigo. (M. Benedetti)

21.6 CLASIFICACIÓN (III)

ORACIONES SUBORDINADAS SUSTANTIVAS DE COMPLEMENTO DIRECTO

Son aquellas que desempeñan la función de complemento directo del verbo principal. Ejemplos:

Quiero (<u>que vengas</u>).　　　　Solo decía (<u>que qué contento estaba</u>).
　　　　　CD　　　　　　　　　　　　　　　　　　　CD

Ángeles prefiere (<u>salir a la montaña</u>).　　No sé (<u>cómo te llamas</u>).
　　　　　　　　　　CD　　　　　　　　　　　　　　　　CD

Para comprobar que la oración subordinada sustantiva es de complemento directo debemos tener en cuenta lo siguiente:

- Estas oraciones se pueden sustituir por **pronombres demostrativos neutros** (*esto, eso, aquello*). Ejemplos:

    Quiero (que vengas).　　　　　　　　→ *Quiero **esto**.*
    Ángeles prefiere (salir a la montaña).　→ *Ángeles prefiere **eso**.*

- A diferencia de las oraciones subordinadas sustantivas de sujeto, pueden sustituirse por el pronombre neutro ***lo***. Ejemplos:

    Quiero (que vengas).　　　　　　　→ *Quiero **esto**.*　　→ ***Lo** quiero.*
    Ángeles prefiere (ir a la montaña).　→ *Ángeles prefiere **eso**.*　→ ***Lo** prefiere.*

- Cuando no están en estilo directo¹, van introducidas por los siguientes **nexos**:

    – Las conjunciones ***que*** o ***si***. Ejemplos:

    *Me pidió (**que** volviera al día siguiente).*
    *Me pregunto (**si** querrás venir a casa de Luisa, mi vecina).*

    – Los **pronombres** o **adverbios interrogativos**. Ejemplos:

    *No sé (**quién** ha llamado).*　　　*Dime (**cuándo** llegarás).*

No obstante, cuando la oración subordinada lleva el verbo en infinitivo, aparece **sin nexo** excepto cuando es una interrogativa indirecta. Ejemplos:

Quiero (comprar la última novela de ese autor).　　*No sé (**si** quedarme aquí).*

---

[1] También se consideran subordinadas sustantivas de complemento directo las que aparecen en estilo directo. En este caso, la unión con el verbo principal se realiza sin nexo: se trata de una variedad de las oraciones yuxtapuestas. Ejemplo:

Juan me dijo: «No aguanto más».

EJERCICIOS

1 Localiza las oraciones subordinadas sustantivas relacionadas con la obra de Julio Cortázar y sustitúyelas por un pronombre demostrativo neutro (*esto, eso, aquello*).

- Los cronopios consideran que los famas son seres excesivamente meticulosos.

  ....

- Julio Cortázar explica minuciosamente en uno de sus libros cómo se sube una escalera.

  ....

- Algunos críticos piensan que su sentido del humor está próximo al surrealismo.

  ....

▌ Sustituye el pronombre demostrativo por el pronombre *lo*.

  • .... • .... • ....

▌ ¿Qué función desempeñan las oraciones subordinadas sustantivas?

  ....

2 Solo tres de las siguientes oraciones subordinadas sustantivas desempeñan la función de complemento directo. Señala cuáles.

- ☐ Dice Cadalso en sus *Cartas marruecas* que a la muerte de Carlos III España era el esqueleto de un gran gigante.

- ☐ A Cervantes le irritaba que el teatro de Lope tuviera más éxito que el suyo.

- ☐ José Antonio Marina afirma que los sentimientos son experiencias cifradas.

- ☐ Es preocupante que se destruyan 20 millones de hectáreas de selva cada año.

- ☐ El lector recordará que monseñor Arnulfo Romero, obispo de El Salvador, fue asesinado en la década de los ochenta.

21.7 CLASIFICACIÓN (IV)

ORACIONES SUBORDINADAS SUSTANTIVAS DE COMPLEMENTO INDIRECTO

Son aquellas que siempre van precedidas de la preposición *a* y desempeñan la función de complemento indirecto del verbo principal. Sin embargo, las subordinadas sustantivas de complemento indirecto son muy pocas en español. Ejemplo:

No doy importancia <u>a (que te hayas olvidado de mi cumpleaños)</u>.
CI

Para comprobar que la oración subordinada sustantiva es de complemento indirecto debemos tener en cuenta lo siguiente:

- Estas oraciones van siempre **introducidas por la preposición *a***, que actúa como enlace entre el verbo y la subordinada. Ejemplos:

    No hizo ascos **a** <u>(que le invitaran a la cena)</u>.
    CI

    La oración subordinada sustantiva *que le invitaran a la cena*, precedida de la preposición *a*, desempeña la función de complemento indirecto.

    Tengo miedo **a** <u>(quedarme solo)</u>.
    CI

    La oración subordinada sustantiva *quedarme solo*, precedida de la preposición *a*, desempeña la función de complemento indirecto.

- Se pueden sustituir por **pronombres demostrativos neutros** (*esto*, *eso*, *aquello*) precedidos de la preposición *a*. Ejemplos:

    No doy importancia a (que se te olvidara). → No doy importancia a **eso**.

    No hizo ascos a (que le invitaran a la cena). → No hizo ascos a **eso**.

- Se pueden sustituir por los pronombres **le**, **les**. Ejemplos:

    No doy importancia a (que se te olvidara). → A eso no **le** doy importancia.

    No hizo ascos a (que le invitaran a la cena). → No **le** hizo ascos.

- Van introducidas por los **nexos *que*** o ***si*** (o **sin nexo** cuando la oración subordinada lleva el verbo en infinitivo). Ejemplos:

    No le di importancia a (**si** se lo había creído).

    No hizo ascos a (**que** elogiaran su trabajo).

EJERCICIOS

① **Localiza las oraciones subordinadas sustantivas y sustitúyelas por un pronombre demostrativo neutro (*esto, eso, aquello*).**

- No prestó atención a que los manifestantes repitieran su nombre una y otra vez.

  ....

- Raúl concede demasiada importancia a ganar más dinero.

  ....

▌ Sustituye el pronombre demostrativo por el pronombre *le*.

- .... • ....

▌ ¿Qué función desempeñan las oraciones subordinadas sustantivas?

....

② **Solo dos de las siguientes oraciones subordinadas sustantivas desempeñan la función de complemento indirecto. Señala cuáles.**

☐ Sabes que puedes contar siempre conmigo.
☐ Tus compañeros han sugerido cambiar la hora de la reunión.
☐ Tener fe en la gente es importante en la convivencia.
☐ Agustín dedica todos los fines de semana a cultivar su huerto.
☐ A Ignacio no le gusta que le llamen Nacho.
☐ No creo que me haya tocado la lotería.
☐ Me pregunto si recordaré todas las capitales de América.
☐ Explique usted cuál es su queja.
☐ Oigo llover.
☐ Fue totalmente imposible que reconociera su error.
☐ ¡No des tanta trascendencia a que te dijera aquello!
☐ Considero vergonzoso que no salga el responsable.
☐ ¿Sabes quién pintó *Los fusilamientos del tres de mayo*?

21.8 CLASIFICACIÓN (V)

ORACIONES SUBORDINADAS SUSTANTIVAS DE COMPLEMENTO DE RÉGIMEN

Son aquellas que desempeñan la función de complemento de régimen del verbo principal. Ejemplos:

Confío <u>en *(que cumplas tu promesa)*</u>.   Dudo <u>de *(si he hecho lo correcto)*</u>.
C.Rég.   C.Rég.

Para comprobar que la oración subordinada sustantiva es de complemento de régimen debemos tener en cuenta lo siguiente:

- Estas oraciones siempre van **introducidas por una preposición** exigida por el significado del verbo, que actúa como enlace entre el verbo y la subordinada. Ejemplos:

    No te quejes **de** <u>*(que no te escucho)*</u>.
    C.Rég.

    La oración subordinada sustantiva *que no te escucho*, precedida de la preposición *de*, desempeña la función de complemento de régimen.

    Insistió **en** <u>*(que la asistencia era obligatoria)*</u>.
    C.Rég.

    La oración subordinada sustantiva *que la asistencia era obligatoria*, precedida de la preposición *en*, desempeña la función de complemento de régimen.

    No te preocupes **de** <u>*(si llegarás a tiempo)*</u>.
    C.Rég.

    La oración subordinada sustantiva *si llegarás a tiempo*, precedida de la preposición *de*, desempeña la función de complemento de régimen.

- Pueden sustituirse por los **pronombres demostrativos neutros** (*esto, eso, aquello*) precedidos de preposición. Ejemplos:

    No te quejes de (que no te escucho).   →   No te quejes de **eso**.
    Insistió en (que la asistencia era obligatoria).   →   Insistió en **eso**.
    No te preocupes de (si llegarás a tiempo).   →   No te preocupes de **eso**.

- Van introducidas por los **nexos *que*** o ***si*** y por los pronombres y adverbios interrogativos (o **sin nexo** cuando la oración subordinada lleva el verbo en infinitivo, salvo si se trata de una interrogativa indirecta). Ejemplos:

    No me acuerdo de (**si** hoy es su cumpleaños).
    ¿Te acuerdas de (**quién** lo hizo)?
    Me alegro de (haber ido a aquella fiesta).
    Estuve dudando de (**si** quedarme o marcharme).

EJERCICIOS

1 **Localiza las oraciones subordinadas sustantivas y sustitúyelas por un pronombre demostrativo neutro (*esto*, *eso*, *aquello*).**

- El principio fundamental del Comercio Justo consiste en garantizar a los productores del Sur una compensación justa por su trabajo.
  ....

- David insistió en que nos quedáramos a cenar.
  ....

- La salud depende en gran medida de cómo nos alimentamos.
  ....

▎ ¿Qué función desempeñan las oraciones subordinadas sustantivas?
  ....

2 **Solo cinco de las siguientes oraciones subordinadas sustantivas desempeñan la función de complemento de régimen. Señala cuáles.**

- ☐ Los asistentes acordaron establecer un calendario de movilizaciones.
- ☐ Ese siempre está soñando con vivir del cuento.
- ☐ A mi hijo pequeño le asusta muchísimo que se vaya la luz.
- ☐ Todos se alegran de que al final te hayas matriculado en el curso.
- ☐ ¡No me he acordado de apagar el fuego!
- ☐ Le encanta que le cuenten leyendas de otras culturas.
- ☐ El árbitro decidió suspender el partido.
- ☐ El abogado alegó que aquellas pruebas no eran válidas.
- ☐ La intervención de Miguel influyó en que la propuesta fuera aprobada.
- ☐ Estábamos pensando en cómo distribuir las habitaciones.

21.9 CLASIFICACIÓN (VI)

ORACIONES SUBORDINADAS SUSTANTIVAS DE COMPLEMENTO DEL NOMBRE

Son aquellas que complementan a un sustantivo de la oración principal. Siempre aparecen precedidas de una preposición que enlaza el sustantivo con la oración. Ejemplo:

Tengo la sensación de (que hay alguien aquí).

act.	núcl.	CN
		CD

- Pueden sustituirse por los **pronombres demostrativos neutros** (*esto, eso, aquello*) o por el determinativo correspondiente. Ejemplo:

    Tengo la sensación de (que hay alguien aquí). → Tengo la sensación de **eso**.

- Pueden aparecer introducidas por los **nexos que** o **si**, o **sin nexo** (cuando la oración subordinada lleva el verbo en infinitivo, salvo si se trata de una interrogativa indirecta). Ejemplos:

    Tengo ganas de (**que** vengas conmigo a la acampada).

núcl.	CN
	CD

    La oración subordinada sustantiva *que vengas conmigo a la acampada*, precedida de la preposición *de*, desempeña la función de complemento del nombre *ganas*.

    Tengo la duda de (**si** he actuado bien).

act.	núcl.	CN
		CD

    La oración subordinada sustantiva *si he actuado bien*, precedida de la preposición *de*, desempeña la función de complemento del nombre *duda*.

    Tengo esperanzas de (**solucionar** pronto este problema).

núcl.	CN
	CD

    La oración subordinada sustantiva *solucionar pronto este problema*, precedida de la preposición *de*, desempeña la función de complemento del nombre *esperanzas*.

    Tengo la duda de (si quedarme o irme).

act.	núcl.	CN
		CD

    La oración subordinada sustantiva *quedarme o irme*, precedida de la preposición *de*, desempeña la función de complemento del nombre *duda* y va precedida de *si*.

EJERCICIOS

① Completa estas oraciones con la oración subordinada sustantiva que falta.

- Le sorprendió su manera de ....
- ¿Cuál es la causa de que ....?
- Me da la sensación de ....
- Tengo la esperanza de ....

▮ ¿Qué función desempeña la subordinada sustantiva en todas estas oraciones?

....

② Localiza todas las oraciones subordinadas sustantivas con función de complemento de nombre que hay en este poema de Mario Benedetti titulado *Viceversa*.

Tengo miedo de verte
necesidad de verte
esperanza de verte
desazones de verte

tengo ganas de hallarte
preocupación de hallarte
certidumbre de hallarte
pobres dudas de hallarte

tengo urgencia de oírte
alegría de oírte
buena suerte de oírte
temores de oírte

o sea
resumiendo
estoy jodido
        y radiante
quizá más lo primero
que lo segundo
y también
        viceversa

21.10 CLASIFICACIÓN (VII)

ORACIONES SUBORDINADAS SUSTANTIVAS DE COMPLEMENTO DEL ADJETIVO

Son aquellas que complementan a un adjetivo de la oración principal. Siempre aparecen **precedidas de una preposición** que enlaza el adjetivo y la oración. Ejemplo:

No estoy seguro de (si Luis ha aprobado).

núcleo	C.Adj.
	atributo

- Pueden sustituirse por los **pronombres demostrativos neutros** (*esto, eso, aquello*). Ejemplo:

    Raúl es reacio a (que se celebren elecciones a delegado). →
    *Raúl es reacio a **eso**.*

- Pueden aparecer introducidas por los **nexos *que*** o ***si***, o no llevar nexo (cuando la oración subordinada lleva el verbo en infinitivo). Ejemplos:

*El director es partidario de (**que** haya un acuerdo).*

núcleo	C.Adj.
	atributo

La oración subordinada sustantiva *que haya un acuerdo*, precedida de la preposición *de*, desempeña la función de complemento del adjetivo *partidario*.

*Estoy dudosa de (**si** tendré tiempo suficiente).*

núcleo	C.Adj.
	atributo

La oración subordinada sustantiva *si tendré tiempo suficiente*, precedida de la preposición *de*, desempeña la función de complemento del adjetivo *dudosa*.

*Estoy pendiente de (**recibir** noticias tuyas).*

núcleo	C.Adj.
	atributo

La oración subordinada sustantiva *recibir noticias tuyas*, precedida de la preposición *de*, desempeña la función de complemento del adjetivo *pendiente*.

EJERCICIOS

1 **Completa estas oraciones con la oración subordinada sustantiva que falta.**

- Estoy convencida de (infinitivo) ....
- Estoy convencida de que ....
- Estoy feliz de (infinitivo) ....
- Estoy feliz de que ....
- Estoy harto de (infinitivo) ....
- Estoy harto de que ....

■ ¿Qué función desempeña en cada una de estas oraciones la subordinada sustantiva?

....

2 **En este poema de Luis Cernuda, titulado *Estoy cansado*, hay dos oraciones subordinadas sustantivas con función de complemento del adjetivo. Localízalas.**

> Estar cansado tiene plumas,
> Tiene plumas igual que un loro,
> Plumas que desde luego nunca vuelan,
> Mas balbucean igual que loro.
>
> Estoy cansado de las casas,
> Prontamente en ruinas sin un gesto;
> Estoy cansado de las cosas,
> Con un latir de seda vueltas luego de espaldas.
>
> Estoy cansado de estar vivo,
> Aunque más cansado sería el estar muerto;
> Estoy cansado del estar cansado
> Entre plumas ligeras sagazmente,
> Plumas del loro aquel tan familiar o triste,
> El loro aquel del siempre estar cansado.

21.11 CLASIFICACIÓN (y VIII)

ORACIONES SUBORDINADAS SUSTANTIVAS DE COMPLEMENTO DEL ADVERBIO

Son aquellas que complementan a un adverbio de la oración principal. Siempre aparecen **precedidas de una preposición** que enlaza el adverbio con la oración. Ejemplo:

Nos quedamos cerca de (conseguir una medalla).

núcleo	C.Adv.
	CCL

- Pueden sustituirse por los **pronombres demostrativos neutros** (*esto, eso, aquello*). Ejemplo:

  Víctor llegó antes de (que empezara la fiesta). → *Víctor llegó antes de **eso**.*

- Pueden aparecer introducidas por el **nexo *que***, o no llevar nexo (cuando la oración subordinada lleva el verbo en infinitivo). Ejemplos:

  Lorena apareció después de (que acabaran las clases).

núcleo	C.Adv.
	CCT

  La oración subordinada sustantiva *que acabaran las clases*, precedida de la preposición *de*, desempeña la función de complemento del adverbio *después*.

  Virginia se fue antes de (conocer el desenlace de la historia).

núcleo	C.Adv.
	CCT

  La oración subordinada sustantiva *conocer el desenlace de la historia*, precedida de la preposición *de*, desempeña la función de complemento del adverbio *antes*.

EJERCICIOS

① **Completa estas oraciones con la oración subordinada sustantiva que falta.**

- Todos los años se quedan cerca de (infinitivo) ....
- Todos los años se quedan cerca de que ....

- De niños estábamos muy lejos de (infinitivo) ....
- De niños estábamos muy lejos de que ....

- M.ª Carmen se lo cruzó antes de (infinitivo) ....
- M.ª Carmen se lo cruzó antes de que ....

- Iré después de (infinitivo) ....
- Iré después de que ....

▍ ¿Qué función desempeña en cada una de estas oraciones la subordinada sustantiva?

....

② **En este poema de Pedro Salinas hay una oración subordinada sustantiva en función de complemento del adverbio. Localízala.**

No preguntarte me salva.
Si llegase a preguntar
antes de decir tú nada,
¡qué claro estaría todo,
todo qué acabado ya!
Sería cambiar tus brazos,
tus auroras, indecisas
de hacia quién,
sería cambiar la duda
donde vives, donde vivo
como en un gran mundo a oscuras,
por una moneda fría
y clara: lo que es verdad.

22.1 DEFINICIÓN

CONCEPTO DE ORACIÓN SUBORDINADA DE RELATIVO[1]

Las oraciones subordinadas de relativo adjetivas son aquellas que van introducidas por un relativo y que suelen **desempeñar las funciones propias de un adjetivo**. Ejemplos:

*Adela es una chica (**que resulta encantadora**).* →
  *Adela es una chica **encantadora**.*

*Los alumnos (**que estudian**) suelen aprobar.* →
  *Los alumnos **estudiosos** suelen aprobar.*

*Las bebidas (**que tienen alcohol**) son perjudiciales para la salud.* →
  *Las bebidas **alcohólicas** son perjudiciales para la salud.*

En los ejemplos anteriores, las oraciones subordinadas de relativo pueden sustituirse por un adjetivo. Sin embargo, no siempre existe un adjetivo sinónimo de la oración subordinada. Ejemplos:

*El concierto (**que oímos ayer**) fue muy bueno.*
*La negociación (**que mantienen patronal y sindicatos**) evitará la huelga.*

No obstante, las oraciones subordinadas de relativo suelen modificar a un sustantivo. Es decir, **desempeñan la función de complemento del nombre** y se encuentran dentro de un grupo nominal complementando al sustantivo que realiza la función de núcleo. Ejemplo:

*El **libro** (**que me prestaste**) ya lo he leído.*

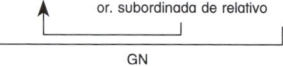

El sustantivo al que modifica la oración subordinada adjetiva se llama **antecedente**. Ejemplo:

*Los **cuchillos** (**que afilasteis**) siguen sin cortar.*

La oración subordinada adjetiva *que afilasteis* modifica al sustantivo *cuchillos*. Por lo tanto, *cuchillos* es el antecedente de la oración subordinada adjetiva.

---

[1] Las oraciones subordinadas de relativo se conocen tradicionalmente con el nombre de **oraciones subordinadas adjetivas**; sin embargo, ambos términos no deben equipararse. Las oraciones de relativo **van introducidas por un relativo** y no siempre realizan funciones propias de un adjetivo. Ejemplo:

Ahora (que no hay nadie), puedes decírmelo.

La oración de relativo *que no hay nadie* no puede considerarse adjetiva porque no modifica a un sustantivo, sino a un adverbio.

EJERCICIOS

1 ¿Qué es una oración subordinada de relativo?

....

2 Sustituye las oraciones subordinadas de relativo destacadas en el texto por un adjetivo.

- Algunos objetos de uso diario **que se pueden reciclar** son los periódicos y los vidrios.

....

- La cantidad de agua **que se desperdicia** es de unos 75 000 litros por año en cada casa de nuestras ciudades.

....

- No debemos tirar a la basura las pilas **que estén ya gastadas**.

....

3 Localiza el sustantivo al que modifican las siguientes oraciones subordinadas de relativo.

La idea **que no trata de convertirse en palabra** es una mala idea, y la palabra **que no trata de convertirse en acción** es una mala palabra. (Chesterton)

....

4 Localiza las oraciones subordinadas de relativo y señala el sustantivo al que modifican.

- Solo es útil el conocimiento que nos hace mejores. (Sócrates)

....

- La libertad, amigo Sancho, es uno de los más preciosos dones que a los hombres dieron los cielos. (Cervantes)

....

- Detener la reducción de la capa de ozono es uno de los retos más importantes que tenemos hoy planteados.

....

22.2 RECONOCIMIENTO

UN ERROR FRECUENTE

Las oraciones subordinadas de relativo se suelen encontrar dentro de un grupo nominal y desempeñan la función de **complemento del nombre** que hace de antecedente. Ejemplos:

El **chico** (*que habló contigo*) era Adolfo.
                    CN

Que habló contigo desempeña la función de complemento del nombre.

Mercedes tiene un **reloj** (*que no funciona*).
                              CN

Que no funciona desempeña la función de complemento del nombre.

Eva le dio un reloj a **Paloma**, (*que es su amiga*).
                                      CN

Que es su amiga desempeña la función de complemento del nombre.

Sin embargo, a este tipo de oraciones a menudo se les asigna erróneamente la función del grupo nominal en el que se encuentran. Por eso es importante tener en cuenta que el grupo nominal en el que se inscribe la oración subordinada de relativo desempeña una función propia dentro de la oración. Ejemplos:

El chico (que habló contigo) era Adolfo.

act.	núcleo	CN	núcleo	atributo
sujeto			predicado	

Mercedes tiene un reloj (que no funciona).

		act.	núcleo	CN
núcleo	núcleo	CD		
sujeto	predicado			

Eva le dio un reloj a Paloma, (que es su amiga).

				enlace (y núcleo)	término	CN
núcleo	CI	núcleo	CD	CI		
sujeto	predicado					

EJERCICIOS

① En estas dos oraciones la oración subordinada de relativo está dentro del grupo nominal sujeto. Localízala.

- La energía que se ahorra con el reciclaje de una botella de vidrio puede iluminar una bombilla de 100 vatios durante cuatro horas.

  ....

- Las aves que frecuentan las playas se enredan a veces en los anillos de plástico de los botes de bebidas.

  ....

② En estas dos oraciones la oración subordinada de relativo está dentro del grupo nominal de complemento directo. Localízala.

- No compres aerosoles que contengan CFC.

  ....

- No tires a la basura los medicamentos que ya no necesites.

  ....

③ Localiza la oración subordinada de relativo, señala el grupo sintáctico en el que se inscribe e indica la función de este.

- En el documental hablaron de Robert Brown, que fue el primer hombre que observó directamente átomos y moléculas en el microscopio.

  ....

- En las zonas del planeta en las que las lluvias son frecuentes disminuye la salinidad de los mares.

  ....

- Entre los minerales fundamentales para el organismo destaca el calcio, que es el principal constituyente de los huesos.

  ....

- El 10% de las tierras que emergen del mar está cubierto por el hielo.

  ....

22.3 CLASIFICACIÓN (I)

ORACIONES SUBORDINADAS DE RELATIVO CON ANTECEDENTE

Las oraciones subordinadas adjetivas de relativo con antecedente explícito se clasifican, según el modo en que complementan al sustantivo[1], en:

- **Adjetivas especificativas**: complementan a un sustantivo delimitando o restringiendo su significado. Ejemplos:

    *El cine **que está en la plaza** estrena mañana la última película de Amenábar.*   La oración subordinada adjetiva *que está en la plaza* es especificativa, porque delimita el significado del sustantivo *cine* (de todos los cines que hay, solo el de la plaza estrena esta película).

    *La ropa **que esté sucia** déjala en la lavadora.*   La oración subordinada adjetiva *que esté sucia* es especificativa, porque delimita el significado del sustantivo *ropa* (de toda la ropa, solo la que esté sucia se dejará en la lavadora).

- **Adjetivas explicativas**: añaden una nota significativa meramente explicativa, sin delimitación alguna del contenido del sustantivo. En la lengua escrita aparecen separadas por comas. Ejemplos:

    *El cine, **que está en la plaza**, estrena mañana la última película de Amenábar.*   La oración subordinada adjetiva *que está en la plaza* es explicativa, porque no delimita el significado del sustantivo *cine* (se sobrentiende que solo hay un cine).

    *Esa actriz, **que era muy buena**, participó en varias películas.*   La oración subordinada adjetiva *que era muy buena* es explicativa porque no delimita el significado del sustantivo *actriz*.

---

[1] Hay oraciones de relativo cuyo antecedente no es un sustantivo. Las oraciones de relativo pueden también tener como antecedente un adjetivo, un adverbio o una oración. Ejemplos:

   Lo **listo** *(que es) me impresiona.*
   ¡Hay que ver lo **bien** *(que canta)!*
   Ha estudiado tres horas, *(que no es poco).*

EJERCICIOS

1 Pon dos ejemplos de oraciones subordinadas adjetivas explicativas.

- ....
- ....

2 Pon dos ejemplos de oraciones subordinadas adjetivas especificativas.

- ....
- ....

3 Señala cuáles de las siguientes oraciones subordinadas adjetivas son especificativas y cuáles son explicativas.

- La primera fase que requiere la realización de una película es la elaboración del guion.

  ....

- En ocasiones el guionista es el propio director, que ya trae esbozado el hilo argumental de su película.

  ....

- En otras ocasiones el director recurre a un guionista, que puede partir de una idea original o de un texto ajeno.

  ....

- A continuación se produce el rodaje, que es la fase más conocida.

  ....

- En la fase de rodaje es imprescindible la cooperación de todas las personas que intervienen en el mismo.

  ....

- Por último tiene lugar el montaje, que consiste en encadenar los planos en el orden previsto por el guion.

  ....

22.4 CLASIFICACIÓN (y II)

ORACIONES SUBORDINADAS DE RELATIVO SIN ANTECEDENTE

Las oraciones subordinadas de relativo **sin antecedente** aparecen en la oración sin el sustantivo al que complementan. Ejemplos:

Ese chico es quien me ayudó el otro día.

Marcos no fue el que me llamó.

Dad cobijo a quien no tiene casa.

Las subordinadas de relativo sin antecedente pueden desempeñar dentro de la oración en la que se integran las mismas funciones que un adjetivo sustantivado[1]. Pueden ir introducidas por:

- Un artículo seguido del relativo **que**. Ejemplos:

  *Ese es **el que te dije**.*

  La oración subordinada de relativo *el que te dije* no realiza la función de complemento del nombre, porque no modifica a un sustantivo. La oración de relativo está sustantivada por *el*, y el conjunto desempeña la función de atributo.

  ***El que venga** lo hará.*

  La oración subordinada de relativo *el que venga* no realiza la función de complemento del nombre, porque no modifica a un sustantivo. La oración de relativo está sustantivada por *el* y el conjunto desempeña la función de sujeto.

- Los relativos **quien**, **quienes**, **cuanto**, **cuanta**, **cuantos**, **cuantas**, **donde**, **cuando** y **como**. Ejemplo:

  *Así conocí **a quien es mi mujer**.*

  La oración subordinada de relativo *a quien es mi mujer* no realiza la función de complemento del nombre, porque no modifica a un sustantivo. La oración de relativo está sustantivada (el antecedente se considera integrado en el relativo) y desempeña la función de complemento directo.

---

[1] Algunos gramáticos consideran que las oraciones de relativo sin antecedente son grupos nominales: el artículo puede estar presente, como en *el que, la que...*, o asumido, como en *quien* o *quienes*.

EJERCICIOS

1 Señala las oraciones subordinadas de relativo que aparecen en los siguientes refranes.

- Quien mal anda, mal acaba.

  ....

- El que a buen árbol se arrima, buena sombra le cobija.

  ....

2 Localiza las subordinadas de relativo en estos versos de Bertold Brecht. A continuación, indica si tienen o no el antecedente explícito.

- Hay hombres que luchan un día y son buenos.
- Hay hombres que luchan un año y son mejores.
- Hay quienes luchan muchos años y son muy buenos.
- Hay los que luchan toda una vida. Esos son los imprescindibles.

con antecedente explícito	sin antecedente explícito

3 Localiza las oraciones subordinadas de relativo y precisa si tienen o no el antecedente explícito.

- Quien no comprende una mirada tampoco comprenderá una larga explicación. (Proverbio árabe)

  ....

- Los hombres que están siempre de vuelta son los que no han ido nunca a ninguna parte. (A. Machado)

  ....

22.5 NEXOS (I)

NEXOS QUE INTRODUCEN ORACIONES SUBORDINADAS DE RELATIVO

Las oraciones subordinadas de relativo pueden ir encabezadas por los siguientes elementos:

- Un **pronombre relativo**: *que, quien, quienes, el cual, la cual...* Ejemplos:

    el chico (**que** te regaló el reloj)   el regalo (con **el cual** me sorprendisteis)

    Si extraemos la oración subordinada de relativo de la oración en la que se integra, tendremos que convertir el pronombre *que* en el sustantivo al que modifica (antecedente). Ejemplos:

    el chico (**que** te regaló el reloj)   → **El chico** te regaló el reloj.

    el regalo (con **el cual** me sorprendiste)   → Me sorprendiste con **el regalo**.

- Un **adverbio relativo**: *donde, cuando, como*. Ejemplos:

    la calle (**donde** quedamos)   el día (**cuando** te vi)

    En muchos casos estos adverbios relativos pueden sustituirse por el pronombre relativo *que* precedido de preposición. Ejemplos:

    la calle (**donde** vivo)   →   la calle (**en [la] que** vivo)

    el día (**cuando** te vi)   →   el día (**[en] [el] que** te vi)

- Un **determinativo relativo posesivo**: *cuyo, cuya, cuyos, cuyas*. Ejemplos:

    el entrenador (**cuyo** equipo ganó)   el árbol (**cuyas** hojas están secas)

    Los determinativos relativos posesivos no desempeñan las funciones propias de un pronombre, sino la de actualizador de un sustantivo. Por eso concuerdan con el sustantivo al que acompañan. Ejemplos:

    el árbol **cuyo** tronco está seco   [*Cuyo* no concuerda con su antecedente *árbol*; concuerda en masculino singular con el sustantivo al que acompaña: *tronco*.

    el árbol **cuyas** hojas están secas   [*Cuyas* no concuerda con su antecedente *árbol*; concuerda en femenino plural con el sustantivo al que acompaña: *hojas*.

EJERCICIOS

1 **Localiza las oraciones subordinadas de relativo y precisa la categoría de sus nexos.**

- Me deprimen las ciudades donde no se ve nunca el sol.
  ....

- Ahí tienes todas las piezas sin las cuales no podrás montar el armario.
  ....

- Debéis presentar el justificante a todos los profesores a cuyas clases hayáis faltado.
  ....

- El 8 de marzo de 1908 ciento veintinueve trabajadoras de la fábrica de tejidos Cotton de Nueva York que estaban en huelga morían al ser incendiada la fábrica por los patronos.
  ....

- Muchos años después, frente al pelotón de fusilamiento, el coronel Aureliano Buendía había de recordar aquella tarde remota en que su padre lo llevó a conocer el hielo. (G. García Márquez)
  ....

- El día en que lo iban a matar, Santiago Nasar se levantó a las 5.30 de la mañana para esperar el buque en que llegaba el obispo. (G. García Márquez)
  ....

2 **Inventa una oración subordinada de relativo para cada uno de los siguientes casos.**

- Introducida por un pronombre relativo: ....

- Introducida por un adverbio relativo: ....

- Introducida por un determinativo relativo posesivo: ....

22.6 NEXOS (y II)

LAS FUNCIONES DEL NEXO

Pronombres, determinativos y adverbios relativos desempeñan en sus oraciones dos funciones sintácticas:

- Realizan la función de **nexo** de unión de la oración subordinada de relativo con el antecedente explícito. Ejemplo:

    Las piezas (que encargué) las traen esta tarde.
               nexo

- Además, dada su naturaleza pronominal o adverbial, desempeñan **otras funciones** dentro de la oración subordinada:

    – Los pronombres relativos desempeñan en la oración **la misma función que desempeñaría en su lugar el sustantivo al que modifican** (sujeto, complemento directo...). Ejemplo:

    El reloj (que se retrasa) está en la cómoda.
               sujeto
           or. sub. rel. CN

    El pronombre relativo *que* sustituye a su antecedente *reloj* y desempeña en la oración subordinada la función de sujeto. Si sustituimos el pronombre por su antecedente, este sería también el sujeto de la oración: *El reloj se retrasa.*

    – Los adverbios relativos desempeñan en la oración subordinada la función de **complemento circunstancial**. Ejemplo:

    He conocido el pueblo (donde veraneas).
    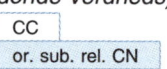

    El adverbio relativo *donde* sustituye a su antecedente *pueblo* y desempeña en la oración subordinada la función de complemento circunstancial.

    – Los determinativos relativos con significado posesivo desempeñan dentro de la oración subordinada de relativo la función de **actualizador**. Ejemplo:

    He visto la película (cuyo protagonista es mi vecino).
    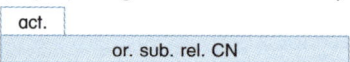

EJERCICIOS

1 En todas estas oraciones la oración subordinada de relativo está dentro del sujeto, pero en cada una de ellas el nexo desempeña una función diferente. Indica cuál.

- Un escritor al que han realizado muy pocas entrevistas es Salinger, el autor de *El guardián entre el centeno*.

  ....

- La conferencia inaugural la dio Giovanni Sartori, el cual había presentado la víspera su último ensayo.

  ....

- La mujer con la que está hablando el director es Ainhoa Arteta.

  ....

2 En todas estas oraciones la oración subordinada de relativo está dentro del complemento directo, pero en cada una de ellas el nexo desempeña una función diferente. Indica cuál.

- El abuelo mostró a sus nietos una caja en la que habría unos mil sellos.

  ....

- ¿Alguien ha cogido las tenazas que estaban aquí?

  ....

3 En este texto hay cinco oraciones subordinadas de relativo. Subráyalas e indica la función del nexo en cada una de ellas.

Imagínate un bosque que no ha cambiado desde hace 60 millones de años, en donde gigantescos árboles parecen alcanzar el cielo y el frondoso follaje impide que la luz llegue hasta el suelo. Imagínate un lugar en el que la temperatura diurna es casi idéntica a la nocturna; la de una estación a las otras; y la de un año, idéntica a la del siguiente. Un lugar en el que las nubes nunca se alejan y donde llueve torrencialmente. Así es la selva.

(*La selva*, Ediciones SM)

23.1 DEFINICIÓN

ORACIONES SUBORDINADAS CIRCUNSTANCIALES

Desde el punto de vista sintáctico, las oraciones subordinadas circunstanciales son las que **realizan** en la oración **la función de complemento circunstancial**. Ejemplos:

Leo el periódico (<u>todos los días</u>).
                   CC tiempo

El complemento circunstancial *todos los días* expresa el tiempo en el que se desarrolla la acción del verbo *leer*.

Leo el periódico (<u>cuando tengo tiempo</u>).
                    CC tiempo

Cuando tengo tiempo es una oración porque tiene un verbo: *tengo*.
Es subordinada porque depende del verbo *leo*. Y es circunstancial porque desempeña la función de complemento circunstancial de tiempo.

Desde el **punto de vista del significado**, las oraciones subordinadas circunstanciales pueden expresar: lugar, tiempo, modo, causa, finalidad, condición, etc. Ejemplos:

Te acompañaré (<u>donde vayas</u>)[1].
              or. sub. CC lugar

Nadan en el río (<u>cuando hace calor</u>)[1].
                or. sub. CC tiempo

Lo hizo (<u>como pudo</u>)[1].
        or. sub. CC modo

Ana está nerviosa (<u>porque tiene un examen</u>).
                 or. sub. CC causa

Estamos entrenando (<u>para mejorar nuestros resultados</u>).
                  or. sub. CC final

(<u>Si no hace frío</u>), iremos a la piscina.
or. sub. CC condicional

---

[1] Para algunos gramáticos las oraciones encabezadas por *donde, cuando, como* son de relativo y adjetivas que complementan a un nombre o adverbio (*allí, entonces, así...*) explícito o implícito, llamado antecedente.

EJERCICIOS

1 Desde el punto de vista sintáctico, ¿qué es una oración subordinada circunstancial?

....

2 Sustituye las oraciones subordinadas circunstanciales destacadas por un complemento circunstancial de significado parecido.

- Inma, te llamo **en cuanto acabemos de comer**.

....

- ¿Por qué no lo habrán hecho **como se lo han explicado**?

....

- Seguiremos con la bici **hasta donde se acaba el camino**.

....

- Ricardo no ha venido hoy a clase **porque tiene anginas**.

....

3 Localiza las oraciones subordinadas e indica qué tipo de circunstancia expresan.

- Cuando se despertó, el dinosaurio aún estaba allí. (A. Monterroso)

....

- Trata a los demás como si fueran un fin en sí mismos y no un medio para otra cosa. (Kant)

....

- Vivamos sencillamente para que otros puedan sencillamente vivir. (Gandhi)

....

23.2 CLASIFICACIÓN (I)

TIPOS DE ORACIONES SUBORDINADAS CIRCUNSTANCIALES

Las oraciones subordinadas circunstanciales se dividen en dos grupos:

- **Circunstanciales adverbiales**: desempeñan las mismas funciones que los adverbios y se pueden sustituir por ellos. Ejemplos:

    Fuimos (<u>a donde nos habíais dicho</u>).
    or. sub. CC lugar

    La oración subordinada circunstancial adverbial *a donde nos habíais dicho* puede sustituirse por el adverbio *allí*: *Fuimos allí.*

    Iré a París (<u>en cuanto termine mis estudios</u>).
    or. sub. CC tiempo

    La oración subordinada circunstancial adverbial *en cuanto termine mis estudios* puede sustituirse por el adverbio *entonces*: *Iré a París entonces.*

    Marta bucea (<u>igual que nos han explicado</u>).
    or. sub. CC modo

    La oración subordinada circunstancial adverbial *igual que nos han explicado* puede sustituirse por el adverbio *así*: *Marta bucea así.*

- **Circunstanciales no adverbiales**: las oraciones no adverbiales no equivalen a adverbios ni se pueden sustituir por ellos. Ejemplos:

    Fuimos a Madrid <u>para estar con vosotros</u>.
    or. sub. CC no adv. final

    <u>Si termino mis estudios</u>, me iré a París.
    or. sub. CC no adv. condicional

    Marta bucea <u>porque le gusta</u>.
    or. sub. CC no adv. causal

    Las oraciones subordinadas circunstanciales no adverbiales no pueden sustituirse por un adverbio.

EJERCICIOS

1 Enumera los dos tipos de subordinadas circunstanciales y explica en qué consiste esta clasificación.

1. ....

2. ....

2 Sustituye la oración subordinada circunstancial destacada por un adverbio de significado similar.

- El domingo pasado comimos **donde nos recomendó Andrés**.

....

- **Tan pronto como acabe la película** nos vemos en el Café Central.

....

- Vais **como si tuvierais que apagar algún incendio**.

....

3 Localiza las oraciones subordinadas circunstanciales e indica cuáles de ellas son adverbiales.

☐ Desayuna bien aunque no tengas hambre.

....

☐ La fruta y la verdura son imprescindibles para estar bien alimentados.

....

☐ Nunca te pongas a dieta si no te la prescribe un médico.

....

☐ Cuando vayas a consumir un producto envasado fíjate en su fecha de caducidad.

....

☐ Si has descongelado un alimento no lo vuelvas a congelar.

....

☐ Compra donde los productos te merezcan confianza.

....

23.3 CLASIFICACIÓN (II)

ORACIONES CIRCUNSTANCIALES ADVERBIALES

Estas oraciones **desempeñan las mismas funciones que los adverbios** por los que pueden sustituirse. Según su significado pueden ser:

- De **lugar**: tienen un significado circunstancial locativo. Van introducidas por el adverbio *(a)donde* precedido o no de preposición. Ejemplos:

    Acampamos (<u>donde pudimos</u>). → Acampamos <u>allí</u>.
    or. sub. CC adv. lugar CCL

    Me dirijo (<u>a donde solemos ir los viernes</u>). → Me dirijo <u>allí</u>.
    or. sub. CC adv. lugar CCL

- De **tiempo**: tienen un significado circunstancial temporal. Van introducidas por los adverbios conjuntivos *cuando* y *mientras*, y por las locuciones *una vez que, en cuanto, tan pronto como*... Ejemplos:

    Pasean por el parque (<u>cuando no llueve</u>). → Pasean por el parque <u>siempre</u>.
    or. sub. CC adv. tiempo CCT

    Vine (<u>tan pronto como me fue posible</u>). → Vine <u>pronto</u>.
    or. sub. CC adv. tiempo CCT

    También son oraciones adverbiales temporales algunas oraciones construidas con gerundio o con infinitivo precedido de *al*. Ejemplos:

    (<u>Al salir de clase</u>), me fui al cine. → <u>Entonces</u> me fui al cine.
    or. sub. CC adv. tiempo CCT

    (<u>Yendo por la calle</u>), vi un coche antiguo. → <u>Entonces</u> vi un coche antiguo.
    or. sub. CC adv. tiempo CCT

- De **modo**: tienen un significado circunstancial modal. Van introducidas por las conjunciones *como* y *según*, por el nexo complejo *como si* y por la locución conjuntiva *igual que*. Ejemplos:

    Siéntate <u>como te resulte más cómodo</u>. → Siéntante <u>así</u>.
    or. sub. CC adv. modo CCM

    También son oraciones adverbiales de modo algunas oraciones construidas con gerundio. Ejemplo:

    Me gusta estudiar <u>oyendo música clásica</u>. → Me gusta estudiar <u>así</u>.
    or. sub. CC adv. modo CCM

- De **cantidad**: tienen un significado circunstancial de cantidad. Van introducidas por el adverbio *cuanto*. Ejemplo:

    Estudio <u>cuanto puedo</u>. → Estudio <u>mucho</u>.
    or. sub. CC adv. cantidad CC de cantidad

ORACIONES SUBORDINADAS CIRCUNSTANCIALES

EJERCICIOS

1 Escribe un ejemplo de cada uno de los cuatro tipos de subordinadas circunstanciales adverbiales. A continuación, trata de integrarlas en un pequeño relato.

lugar	....
tiempo	....
modo	....
cantidad	....

....
....
....

2 Localiza las oraciones subordinadas adverbiales e indica si son de lugar, tiempo, modo o cantidad.

- La guerra de Troya empezó cuando el troyano Paris raptó a Helena, la esposa del griego Menelao.
  ....

- En el arcoíris, cada gota actúa como si fuera un prisma.
  ....

- Muchas catedrales cristianas se construyeron donde ya había templos de otros pueblos.
  ....

- Estudié cuanto pude.
  ....

- Distribuye las dosis del medicamento según se indica en el prospecto.
  ....

- Una vez que hayas batido las claras, incorpora poco a poco el azúcar.
  ....

23.4 CLASIFICACIÓN (III)

ORACIONES CIRCUNSTANCIALES NO ADVERBIALES

Estas oraciones, aunque desempeñan la función de complemento circunstancial, **no pueden sustituirse por adverbios**. Dependiendo de **su significado** pueden ser:

- **Causales**: aportan el significado de causa. Ejemplo:

   No he llegado a tiempo (<u>porque se me ha averiado el coche</u>).
   or. sub. CC no adv. causal

- **Finales**: aportan un significado de finalidad. Ejemplo:

   Hemos quedado (<u>para ir a la ópera</u>).
   or. sub. CC no adv. final

- **Condicionales**: aportan significados de condición o hipótesis. Ejemplo:

   (<u>Si lo hubiera sabido</u>), te lo habría dicho.
   or. sub. CC no adv. condicional

- **Concesivas**: indican una objeción a lo que expresa la oración principal. Ejemplo:

   (<u>Aunque se lo repito una y otra vez</u>), no me hace caso.
   or. sub. CC no adv. concesiva

Aunque tradicionalmente las oraciones subordinadas comparativas y las subordinadas consecutivas se han incluido en este grupo, deben tratarse aparte. Estas oraciones no son circunstanciales, sino que complementan a un adjetivo o adverbio intensificador o cuantificador:

- **Comparativas** (ver 23.10): aportan el significado de comparación. Ejemplo:

   Hice el trabajo **tan** bien (<u>como pude</u>).
   or. sub. comparativa

- **Consecutivas** (ver 23.11): aportan el significado de consecuencia. Ejemplo:

   Cantó **tanto** (<u>que se ha quedado afónico</u>).
   or. sub. consecutiva

EJERCICIOS

1 Enumera los cuatro tipos de subordinadas circunstanciales no adverbiales que existen.

1. ....
2. ....
3. ....
4. ....

2 Localiza las oraciones subordinadas e indica el tipo de significado que aportan.

- No hemos tendido la ropa fuera porque estaba lloviendo.
....

- Aunque le dolía mucho la pierna, el médico le quitó importancia.
....

- El entrenador los sermoneaba para que jugaran en equipo.
....

- Hacía un viento tan fuerte que cayeron incluso algunos árboles.
....

- Ha dicho tantas mentiras como pelos hay en mi cabeza.
....

- Si tienes frío, abrígate.
....

- No hacen falta tantas cosas para ser felices.
....

- Teresa bailó tanto que hoy no se puede mover.
....

- Como esté otra vez estropeado el ascensor os esperaré abajo.
....

23.5 CLASIFICACIÓN (IV)

SUBORDINADAS CIRCUNSTANCIALES NO ADVERBIALES CAUSALES

Las oraciones subordinadas causales tienen las siguientes características:

- Aportan **significados de causa**, **motivo o razón**. Ejemplos:

    Estamos descansando (porque ya hemos acabado el trabajo).

    (Como ya hemos acabado el trabajo), estamos descansando.

- Este tipo de oraciones desempeña la función de complemento circunstancial de causa del verbo principal. Ejemplos:

    (<u>Como ya hemos acabado el trabajo</u>), estamos descansando.
    or. sub. CC causal

    Hoy comemos con mi hermano (<u>porque es su cumpleaños</u>).
    or. sub. CC causal

- Los nexos que introducen oraciones subordinadas causales son las conjunciones *porque*[1], *pues*, *como* y las locuciones conjuntivas *ya que*, *puesto que*, *dado que*, *como quiera que*...[2] Ejemplos:

    *El suelo está mojado (**porque** ha llovido).*
    or. sub. CC causal

    *Madrugaremos, (**pues** el viaje es largo).*
    or. sub. CC causal

    *(**Como** no hemos tenido tiempo), no lo hemos repasado.*
    or. sub. CC causal

    *(**Ya que** te gusta el libro), te lo regalaré.*
    or. sub. CC causal

    *Ha venido, (**puesto que** quería saludarte).*
    or. sub. CC causal

---

[1] Las oraciones subordinadas causales con *porque*, al igual que las de infinitivo con *por*, pueden considerarse también subordinadas sustantivas de complemento circunstancial, porque la secuencia que sigue a la preposición *por* puede sustituirse por un sustantivo:

   Ceno poco porque, si no, duermo mal. → *Ceno poco por eso.*

[2] También poseen valor causal algunos grupos preposicionales. Ejemplo:

   De tímido que es nunca pregunta.

   En estos casos, no hay oraciones sintácticamente causales sino un grupo preposicional que lleva dentro una oración de relativo (*que es*) que complementa a *tímido*.

EJERCICIOS

1. **Busca en el periódico tres titulares que incluyan una oración subordinada circunstancial causal.**

   • .... • .... • ....

2. **Expresa de tres maneras diferentes la misma relación causa efecto de las oraciones dadas, utilizando nexos distintos.**

   • Los coches son una de las causas de la lluvia ácida, ya que emiten el 34% de los óxidos de nitrógeno vertidos a la atmósfera.

   ....
   ....
   ....

   • Vamos a quedar pronto, que tenemos que hablar de muchas cosas.

   ....
   ....
   ....

3. **Solo cuatro de las siguientes oraciones subordinadas circunstanciales son causales. Localízalas.**

   ☐ Como Maribel le pidió el disco a Jaime, Jaime se lo ha regalado.

   ☐ Si tienes fiebre quédate en casa.

   ☐ José se cayó porque Álvaro lo empujó sin querer.

   ☐ Pasaremos también por la provincia de Zamora para visitar Puebla de Sanabria.

   ☐ Aunque Ana ya había visto esa película no dijo nada.

   ☐ Ya que sabes tanto alemán, preséntate al examen de la Escuela Oficial de Idiomas.

   ☐ Tenía tanto sueño que me quedé dormida en el autobús.

   ☐ No te asomes, que te vas a caer.

   ☐ Llámalos por teléfono para que vengan de una vez.

23.6 CLASIFICACIÓN (V)

TIPOS DE SUBORDINADAS CIRCUNSTANCIALES NO ADVERBIALES CAUSALES

Las oraciones subordinadas circunstanciales no adverbiales causales se pueden dividir en:

- **Causales del enunciado**: realizan la función de complemento circunstancial de la oración principal e indican la causa de lo que se dice en ella. No se separan por comas de la oración principal y, por lo general, van pospuestas a ella. Ejemplos:

    El suelo está mojado (porque ha llovido). ⎡ La causa de que el suelo esté mojado es que ha llovido.

    El bolígrafo no escribe (porque no tiene tinta). ⎡ La causa de que el bolígrafo no escriba es que no tiene tinta.

- **Causales de la enunciación**: indican el motivo de lo que dice o piensa el hablante y complementan a un ámbito oracional más amplio que el de la oración principal. Estas oraciones se separan de la oración principal por comas y, por lo general, van antepuestas a ella. Ejemplos:

    Ha llovido, (porque el suelo está mojado). ⎡ La causa de que haya llovido no es que el suelo esté mojado. Más bien, es la causa que permite al hablante afirmar que ha llovido. Esta oración equivaldría a: *Digo que ha llovido, porque el suelo está mojado.*

    El bolígrafo no tiene tinta, (porque no escribe). ⎡ La causa de que el bolígrafo no tenga tinta no es que no escriba. Más bien, es la causa que permite al hablante afirmar que el bolígrafo no tiene tinta. Esta oración equivaldría a: *Digo que el bolígrafo no tiene tinta, porque no escribe.*

EJERCICIOS

1 Explica qué dos tipos de subordinadas circunstanciales causales podemos distinguir, y pon un ejemplo de cada una de ellas.

- ....: ....

- ....: ....

2 Localiza las oraciones subordinadas circunstanciales causales y marca con una cruz las que sean causales de la enunciación.

☐ Virginia salió preocupada ya que nadie le daba una explicación convincente.

☐ José Manuel se ha molestado, porque no nos ha dirigido la palabra en toda la mañana.

☐ Has debido de poner la lavadora con agua caliente, porque están todas las camisetas desteñidas.

☐ En el curso me han llamado la atención porque he llegado tarde.

3 Subraya las oraciones subordinadas causales del siguiente texto.

HERO Y LEANDRO

Hero y Leandro eran dos jóvenes enamorados que vivían a pocos kilómetros de distancia, pero con el mar Helesponto de por medio. Hero vivía en Sestos, en el lado europeo del estrecho de los Dardanelos, y Leandro, en Abidos, en la costa asiática del mismo estrecho.

Como ambos estaban muy enamorados, Leandro cruzaba a nado todas las noches el Helesponto. De este modo, podía pasar unas horas con su amada. Nunca perdía el rumbo, ya que Hero encendía una antorcha en la torre de su casa.

Una noche estalló una tormenta tan terrible que apagó la llama de la antorcha. Leandro, como no tenía indicación alguna del camino, se ahogó. Como quiera que Hero viera desde su ventana el cuerpo sin vida de su amado, decidió unirse a él y se arrojó al mar.

23.7 CLASIFICACIÓN (VI)

SUBORDINADAS CIRCUNSTANCIALES FINALES

Las oraciones subordinadas finales tienen las siguientes características:

- Aportan un **significado de finalidad**. Ejemplos:

    Sergio lee en voz alta (para entretener a su abuelo).
    Toma poco el sol (para que no te quemes).

- Este tipo de oraciones desempeña la función de complemento circunstancial final del verbo principal. Ejemplo:

    Viene (a que le cortes el pelo).
    or. sub. CC final

- Los nexos que introducen oraciones subordinadas finales son las locuciones conjuntivas *para que*, *a que*[1], *a fin de que*... Ejemplos:

    Iré a vuestra casa (para que conozcáis a Javier).
    or. sub. CC final

    Ha venido (a que le deis el regalo).
    or. sub. CC final

    Ha habido un cambio de horario (a fin de que los empleados salgan antes).
    or. sub. CC final

También son oraciones subordinadas circunstanciales finales algunas oraciones que se construyen con *a* o *para* + infinitivo. Ejemplos:

Madruga los domingos (para hacer deporte).
or. sub. CC final

Come todos los días en casa (para ahorrar).
or. sub. CC final

---

[1] Las oraciones subordinadas finales con las preposiciones *a* o *para* y con las locuciones preposicionales *con vistas (miras) a* se consideran también subordinadas sustantivas, porque las secuencias que siguen a dichas preposiciones pueden sustituirse por un pronombre:

Hemos venido (para que nos veáis).	→	Hemos venido para eso.
Hemos venido (a cantar).	→	Hemos venido a eso.
Trabajo (con vistas a mejorar).	→	Trabajo con vistas a eso.

EJERCICIOS

1 Busca en el periódico tres titulares que contengan una oración subordinada circunstancial final.

- ....
- ....
- ....

2 Localiza las oraciones subordinadas finales.

- Para obtener éxito en el mundo, hay que parecer loco y ser sabio. (Montesquieu)
  ....

- La alimentación ha de ser suficiente, variada y equilibrada a fin de que nuestro organismo no carezca de ninguno de los nutrientes necesarios.
  ....

- Conviene ir al dentista al menos una vez al año, para que nos haga una revisión general del estado de nuestra dentadura.
  ....

3 Solo cuatro de las siguientes oraciones subordinadas circunstanciales son finales. Localízalas.

☐ El taxista me llevó a la estación por donde yo le pedí.

☐ Cuando quieras decir *no* di simplemente *no*.

☐ La información es un buen recurso para tomar decisiones inteligentes.

☐ Carmen y Nicolás están recogiendo mucha información sobre Portugal con vistas a aprovechar el viaje al máximo.

☐ Una vez hayáis terminado de comer quitad la mesa, por favor.

☐ Esto lo haremos como usted nos diga.

☐ Ha venido un muchacho a recoger el paquete.

☐ Paloma y Enrique han preparado la bolsa del bebé para irse al hospital.

23.8 CLASIFICACIÓN (VII)

SUBORDINADAS CIRCUNSTANCIALES CONDICIONALES

Las oraciones subordinadas condicionales tienen las siguientes características:

- Imponen una **condición** o una **hipótesis** para que se cumpla lo que expresa la oración principal. Ejemplos:

    (Si no llueve), iremos a jugar.

    (Si lo vas a cuidar), te regalo este libro.

- Este tipo de oraciones desempeña la función de complemento circunstancial del verbo principal. Ejemplo:

    (Si nos llama Carlos), (iremos a la fiesta).
    or. sub. CC condicional

En las oraciones condicionales llamamos **prótasis** a la oración subordinada; y **apódosis**, a la principal.

(Si nos llama Carlos), (iremos a la fiesta).
prótasis   apódosis

- Los nexos que introducen oraciones subordinadas condicionales son las conjunciones *si, cuando* y *como* y las locuciones conjuntivas *a no ser que, a condición de que, con tal que, a menos que, siempre que...* Ejemplos:

    (Si quieres), iremos a jugar al tenis.

    (Cuando no me ha saludado), por algo será.

    (Como mañana llueva), no iremos a la playa.

    No podemos salir de casa (a menos que nos llevemos a mi hermano).

También son condicionales algunas oraciones que se construyen con gerundio o con *de* + infinitivo. Ejemplos:

(Esforzándome mucho), lograré aprenderme el papel.

(De habérmelo imaginado), habría ido a buscarte.

EJERCICIOS

① **Busca en el periódico tres titulares que contengan una oración subordinada circunstancial condicional.**

- ....
- ....
- ....

② **Localiza las oraciones subordinadas condicionales e indica cuál es la prótasis y cuál la apódosis.**

- El papel reciclado no resulta ecológicamente recomendable a menos que no se utilice cloro para blanquearlo.

  ....

- Podríamos ahorrar millones de bolsas cada año con tal de que cada comprador aceptara una bolsa menos cada mes.

  ....

- Si la tecnología está cada vez más desarrollada, ¿por qué la gente está cada vez más incomunicada? (E. Galeano)

  ....

③ **Solo tres de las siguientes oraciones subordinadas circunstanciales son condicionales. Indica cuáles son.**

- ☐ Si tiras una lata de aluminio seguirá siendo un residuo sólido durante 100 años.
- ☐ Puesto que no podemos reciclar más, consumamos menos.
- ☐ Vive cada día como si fuera el último de tu vida.
- ☐ Una vez que acabaron de comer, separaron cuidadosamente los diferentes tipos de residuos.
- ☐ Dejé las pilas donde me dijeron.
- ☐ Cuando tú dices que eso es fotodegradable, será verdad.
- ☐ Reciclando tan solo la décima parte de los periódicos podríamos salvar 700 000 árboles cada año.

23.9 CLASIFICACIÓN (VIII)

SUBORDINADAS CIRCUNSTANCIALES CONCESIVAS

Las oraciones subordinadas concesivas tienen las siguientes características:

- Las oraciones circunstanciales concesivas **expresan una objeción a lo que expresa la oración principal**[1]. Ejemplos:

    (Aunque duermo poco), no paso sueño.

    Las plantas se han marchitado, (aunque las riego bastante).

    Este tipo de oraciones desempeña la función de complemento circunstancial de la oración principal. Ejemplo:

    Las plantas se han marchitado, (<u>aunque las riego bastante</u>).
    or. sub. CC concesiva

- Los nexos que introducen oraciones subordinadas concesivas son la conjunción *aunque* (cuando no equivale a *pero*) y las locuciones conjuntivas *por más que*, *si bien*, *aun cuando*, *a pesar de que*[2]... Ejemplos:

    (Aunque habíamos comprado los materiales), no pudimos acabar la obra.

    No podremos pasar las vacaciones con vosotros (por más que nos lo pidáis).

    Me gustaría ver el concierto, (si bien no conozco a ese cantante).

    (Aun cuando no vaya Inés), yo iré.

    Juega en primera división (a pesar de que es muy joven).

También son concesivas algunas oraciones que se construyen con gerundio, normalmente precedido del adverbio *aun*. Ejemplos:

(Aun llegando pronto), no conseguirás entradas.

(Aun saliendo de madrugada), llegarás tarde.

---

[1] También poseen valor concesivo algunos grupos (o construcciones) preposicionales. Ejemplo:
Por mucho que corras no te vas a escapar.

Pero en estos casos no hay oraciones sintácticamente concesivas, sino un grupo (o construcción) preposicional que lleva dentro una oración de relativo (*que corras*) que completa a *mucho*.

[2] Algunos gramáticos prefieren analizar *a pesar de* como una locución preposicional que introduce oraciones subordinadas sustantivas, pues la oración subordinada se puede sustituir por *eso*. Ejemplo:

Juega en primera división a pesar de (que es muy joven). → *Juega en primera división a pesar de eso.*

EJERCICIOS

1. **Busca en el periódico tres titulares que contengan una oración subordinada circunstancial concesiva.**

   - ....
   - ....
   - ....

2. **Expresa de cuatro maneras diferentes la misma relación de objeción al significado de la oración principal, utilizando siempre nexos distintos.**

   - Aunque la mona se vista de seda, mona se queda.

   ....
   ....
   ....
   ....

3. **Solo cinco de las siguientes oraciones subordinadas circunstanciales son concesivas. Localízalas.**

   - ☐ Por más que me lo pidas no vas a ver más la tele, José.
   - ☐ Desde que le dejó la novia, Arturo no es el mismo.
   - ☐ A pesar de que hacía un frío terrible, Jesús y Ángeles quisieron salir a dar un paseo por Sigüenza.
   - ☐ Aunque no llegue a vender nunca ningún cuadro, Luis dedica mucho tiempo a la pintura.
   - ☐ Siempre duermo a la niña cantándole una nana.
   - ☐ M.ª Eugenia disfruta cuidando las plantas.
   - ☐ Por más que le gritábamos no nos oía.
   - ☐ Estamos donde estábamos hace tres horas.
   - ☐ No puedo asegurarle nada, señora, si bien tendremos en cuenta su solicitud.

23.10 CLASIFICACIÓN (IX)

SUBORDINADAS COMPARATIVAS

Las oraciones comparativas tienen las siguientes características:

- Las oraciones comparativas **establecen una comparación entre dos términos**. Ejemplos:

    El trabajo es tan bonito (como me imaginaba).

    El autobús tardó tan poco (como esperábamos).

- Las oraciones comparativas se subordinan al adverbio intensificador (*tan, tanto, más* o *menos*). La oración subordinada comparativa recibe el nombre de segundo término de la comparación. Ejemplo:

    El trabajo es **tan** (intensificador) *bonito (***como*** (nexo) *me imaginaba).*

- Las oraciones subordinadas comparativas suelen ir introducidas por la conjunción *que* (correlativa de los adverbios *más* o *menos*, y *mejor* o *peor*), por la conjunción *como* (correlativa de *tan* o *tanto*), o por la preposición *de*. Ejemplos:

    Tengo más problemas (que días tiene el año).

    Trabaja tanto (como puede).

    Esta ópera es mejor (que la que vimos la semana pasada).

    Esa chica es más lista (de lo que creemos).

Es frecuente que en el segundo término de la comparación no aparezcan todos los componentes de la oración. Por lo general, estas oraciones tienen el verbo, el predicado o parte del predicado elíptico[1]. Ejemplos:

Es tan alto (como tú). El verbo del segundo término de la comparación está elíptico: *Es tan alto como tú [eres alto].*

El cine europeo es tan bueno (como el estadounidense). El verbo del segundo término de la comparación está elíptico: *El cine europeo es tan bueno como el estadounidense [es bueno].*

---

[1] Algunos gramáticos analizan el segundo término de la comparación, cuando no aparece el predicado, no como una oración subordinada sino como un grupo conjuntivo (o construcción conjuntiva) comparativo, ya que oraciones como *Es tan alto como tú eres alto* no parecen gramaticales, por lo que no cabría hablar de elipsis.

EJERCICIOS

1 Inventa tres anuncios publicitarios que incluyan una oración subordinada comparativa.

- ....
- ....
- ....

2 Localiza las oraciones subordinadas comparativas.

- Afortunadamente, *La habitación del hijo* no me ha resultado tan dura como esperaba.

  ....

- Ha llovido más en este mes de lo que llovió el año pasado en todo el invierno.

  ....

- En esta clase hay tantos chicos como chicas.

  ....

3 Solo cuatro de las siguientes oraciones subordinadas son comparativas. Localízalas.

- ☐ Ese es más tonto que Abundio.
- ☐ Nunca es tarde si la dicha es buena.
- ☐ Me saludó como si ya lo supiera.
- ☐ En invierno la noche es más larga que el día.
- ☐ Desde que ha nacido Sara esta casa es una revolución.
- ☐ Ya que ha venido el electricista, podría arreglar también el enchufe del cuarto de baño.
- ☐ Es más difícil saber ganar que saber perder.
- ☐ El ministro de Agricultura y Pesca se desplaza siempre en tren porque les tiene pánico a los aviones.
- ☐ ¿La leche tiene menos calcio que el yogur?

23.11 CLASIFICACIÓN (y X)

SUBORDINADAS CONSECUTIVAS[1]

Las oraciones subordinadas consecutivas tienen las siguientes características:

- Las oraciones consecutivas expresan una consecuencia de lo que se dice antes en la oración principal. Ejemplos:

    Es una tienda tan barata (que todos compran en ella).

    Cuenta chistes tan viejos (que nadie se ríe de ellos).

- Las oraciones consecutivas se subordinan al adverbio cuantificador: *tan, tanto, tal...* Ejemplo:

    Cuenta chistes **tan** *viejos (que nadie se ríe de ellos).*
                   cuantificador

- El único nexo de las oraciones subordinadas consecutivas es la conjunción subordinante *que*. Ejemplos:

    El horno estaba tan caliente (que se quemó la comida).

    El tiempo ha empeorado tanto (que ya es necesario el abrigo).

Las oraciones encabezadas por los conectores *por consiguiente, por tanto, así que, luego, conque* también presentan valor consecutivo pero no son subordinadas sino coordinadas ilativas (ver 20.5) o yuxtapuestas a otra oración. Ejemplos:

Ya has descansado bastante; así que (vamos a seguir andando).

Hemos entrenado mucho; por tanto, (esperamos obtener un buen resultado).

Lo hicimos con mucho cuidado, luego (estará bien).

---

[1] Las oraciones subordinadas consecutivas se subordinan al adverbio cuantificador: *tan, tanto...* Deben, por tanto, diferenciarse de las oraciones coordinadas ilativas.

EJERCICIOS

1 Localiza las oraciones subordinadas consecutivas en las siguientes greguerías de Ramón Gómez de la Serna.

- Comió tanto arroz que aprendió a hablar el chino.

  ....

- Tan pequeño era el tiempo en su reloj de pulsera que nunca tenía tiempo para nada.

  ....

- Era tan susceptible que se creía que se reían de él las dentaduras postizas de los escaparates.

  ....

- Se miraron de ventanilla a ventanilla en dos trenes que iban en dirección contraria, pero la fuerza del amor es tanta que de pronto los dos trenes comenzaron a correr en el mismo sentido.

  ....

2 Inventa tú otras tres greguerías de estructura similar, es decir, que incluyan una subordinada consecutiva.

- .... • .... • ....

3 Solo una de las siguientes oraciones es una oración subordinada consecutiva. Indica cuál.

- ☐ Alicia ha venido a invitaros a todos a su fiesta de cumpleaños.
- ☐ Deja los libros donde te han dicho.
- ☐ Beatriz ha ido a la biblioteca a sacar *La historia interminable*.
- ☐ Has dormido tan poco que no debes conducir bajo ningún concepto.
- ☐ Antes de irte desconecta los plomos.
- ☐ Hoy cambian la hora; así que adelantad una hora los relojes.
- ☐ Nací el veintisiete de diciembre; por tanto, soy la benjamina de la clase.
- ☐ Me gusta más vivir en la costa que en el interior.

Ejercicios

Las oraciones coordinadas y las oraciones subordinadas

EJERCICIOS: Las oraciones coordinadas y subordinadas

1. Solo sé que no sé nada. (Sócrates)

2. Más sabe el diablo por viejo que por diablo.

3. Si tú me dices «ven», lo dejo todo.

4. Dos no discuten si uno no quiere.

5. Prometeo representa la pasión por conquistar el conocimiento.

6. Galileo defendió ante la Inquisición que la Tierra giraba alrededor del Sol.

7. El río Amazonas, que serpentea por la selva, es el mayor sistema fluvial del mundo.

8. Como Isabel no nos llame, no la esperamos.

9. La tecnología nos hace testigos de la guerra, pero no nos proporciona medios para evitarla. (Mary Robinson)

10. Aunque hay ciencias preferentemente teóricas, todas tienen aplicaciones prácticas.

11. La invención de la brújula permitió acometer viajes por mar de larga duración.

12. Vacunar consiste en infectar a personas con bacterias o virus muertos o inactivos.

13. Se dice que la madre de Sócrates era comadrona.

14. El método de Sócrates consistía en sacar la sabiduría que cada uno de sus discípulos llevaba dentro.

15. El recuerdo reorganiza el pasado y lo ilumina con nuevas luces.

Las oraciones coordinadas y subordinadas

16. Los griegos sostenían que si la cabeza de una persona medía la décima parte del cuerpo, este era bello.

17. Cuando la gente dice eso, algo ha ocurrido.

18. Cuando hay prisa, no hay tiempo para la reflexión sobre las consecuencias de los actos. (J. Farrés)

19. El impulso sin la razón es ciego, y la razón sin el impulso es paralítica. (J. A. Marina)

20. Mucho me costaría vivir en un mundo sin libros, pero la realidad no está en ellos, puesto que no cabe entera. (M. Yourcenar)

21. Los lazos de la sangre son harto débiles cuando no los refuerza el afecto. (M. Yourcenar)

22. Esto no es un ensayo general, señores; esto es la vida. (O. Wilde)

23. Trabajando así, llegará lejos.

24. Raúl se salió del cine antes de que la película acabase.

25. Aunque recibió una entrada durísima, el portero valencianista podrá jugar el próximo miércoles.

26. Ulises tenía fama de astuto y Aquiles era temido por su cólera.

27. Está demostrado que fumar produce cáncer.

28. El diafragma es el músculo que separa el pecho del abdomen.

29. Desaparece cerca de Castellón un aerotaxi que volaba de Barcelona a Argelia.

30. En Japón, el porcentaje de universitarios que aprenden español ha crecido un 150% en los últimos años.

Las oraciones coordinadas y subordinadas

31. Jorge Guillén nació en Valladolid en 1893 y murió en Málaga en 1984.

32. Aun cuando no había participado en la vida política, Pedro Salinas se exilió a Estados Unidos tras la guerra civil española.

33. Yo no soy responsable de que me atraigan simultáneamente el campo y la ciudad, la tradición y el futuro. (G. Diego)

34. Si es verdad que soy poeta por la gracia de Dios, también lo es que lo soy por la gracia de la técnica y del esfuerzo.
(F. García Lorca)

35. No tengo ninguna profesión; es decir, solo soy poeta. (R. Alberti)

36. Hoy es solo el corazón del hombre lo que me interesa.
(D. Alonso)

37. Las citas veraniegas de Almagro, Mérida y Sagunto intentan incrementar la afición al teatro.

38. La riqueza no es un mal en sí mismo; el mal radica en su mal uso. (Gandhi)

39. Colón inició su viaje hacia las Indias porque estaba convencido de que la Tierra era redonda.

40. Este es un pequeño paso para el hombre, pero un gran salto para la humanidad. (N. Armstrong)

41. ¿Por qué las nubes de tormenta parecen negras, si las gotas que las forman son trasparentes?

42. Como el papa Clemente VII no le concedió el divorcio, Enrique VIII rompió con la Iglesia católica.

43. Se cuenta que Newton descubrió la ley de la gravitación universal cuando vio que una manzana caía de un árbol.

Las oraciones coordinadas y subordinadas

44. Un objeto que está en reposo seguirá en reposo si no actúa sobre él otra fuerza. (Newton)

45. El arte es una mentira, pero nos permite comprender la verdad. (Picasso)

46. El científico observa un fenómeno, propone hipótesis, realiza experimentos y establece leyes científicas.

47. Nunca olvido una cara, pero con usted voy a hacer una excepción. (G. Marx)

48. Discúlpenme si les llamo caballeros, pero no les conozco muy bien. (G. Marx)

49. El empleado permaneció en el umbral, como si fuera a decirle algo al contable.

50. El rey dijo que el español es una herramienta insustituible para potenciar la comunidad hispanohablante.

51. En la *Ilíada* Homero narra la guerra de Troya, y en la *Odisea* cuenta el accidentado viaje de regreso de Ulises a su Ítaca natal.

52. Ulises dejó a las puertas de Troya un caballo en cuyo interior había escondidos muchos griegos.

53. ¡Ah, cuando yo era niño,
    soñaba con los héroes de la *Ilíada*!
    (A. Machado)

54. Los científicos piensan que, si prosigue el ritmo actual de destrucción, en el año 2050 no quedarán selvas en el planeta.

55. Siempre que uno está verdaderamente triste son agradables las puestas de sol. (A. Saint Exupéry)

56. Volverás para decirme adiós y te regalaré un secreto. (A. Saint Exupéry)

Las oraciones coordinadas y subordinadas

57. El tiempo que perdiste por tu rosa hace que tu rosa sea tan importante. (A. Saint Exupéry)

58. La tinta que se emplea en las bolsas de plástico contiene cadmio, un metal muy tóxico.

59. Hasta que se inventó la escritura, todo el conocimiento estaba confiado a la memoria individual y colectiva.

60. Desde entonces nuestra memoria no retiene cuanto sería capaz de recordar con un buen entrenamiento.

61. Una vez que se inventó la imprenta, el libro se convirtió en un bien mucho más accesible.

62. Sócrates fue maestro de Platón, Platón fue maestro de Aristóteles, y este fue el tutor de Alejandro Magno.

63. En España no se dialoga porque nadie pregunta. (A. Machado)

64. Me gustas cuando callas porque estás como ausente. (P. Neruda)

65. Porque en noches como esta la tuve entre mis brazos, mi alma no se contenta con haberla perdido.
(P. Neruda)

66. El creador de Sherlock Holmes, Arthur Conan Doyle, acabó harto de su criatura de ficción y decidió matar a su famoso detective.

67. Lo que desde arriba no se ve son las fronteras. (Serguei Krivalev)

68. Hacia 1955, siendo Manuel niño, solo había dos horas diarias de luz eléctrica y mortecina.

69. Es mejor estar callado y parecer tonto, que hablar y despejar dudas definitivamente. (G. Marx)

Las oraciones coordinadas y subordinadas

70. Hasta que los leones tengan sus propios historiadores, las historias de cacerías seguirán glorificando al cazador. (Proverbio africano)

71. Si acaso doblares la vara de la justicia, no sea con el peso de la dádiva sino con el de la misericordia. (M. de Cervantes)

72. Al que has de castigar con obras no trates mal con palabras. (M. de Cervantes)

73. No comas ajos ni cebollas, porque no saquen por el olor tu villanería. (M. de Cervantes)

74. Aunque hablara las lenguas de los hombres y de los ángeles, si no tengo amor, soy como campana que suena o címbalo que retiñe. (I Corintios, 13, v. 1-3)

75. Por mucho que un hombre valga, nunca tendrá valor más alto que el de ser hombre. (A. Machado)

76. El ojo que ves no es
    ojo porque tú lo veas;
    es ojo porque te ve. (A. Machado)

77. Bueno es saber que los vasos
    nos sirven para beber;
    lo malo es que no sabemos
    para qué sirve la sed. (A. Machado)

78. No extrañéis, dulces amigos,
    que esté mi frente arrugada,
    yo vivo en paz con los hombres
    y en guerra con mis entrañas.
    (A. Machado)

79. Nuestras horas son minutos
    cuando esperamos saber,
    y siglos cuando sabemos
    lo que se puede aprender. (A. Machado)

Las oraciones coordinadas y subordinadas

80. Dices que nada se pierde
    y acaso dices verdad,
    pero todo lo perdemos
    y todo nos perderá. (A. Machado)

81. Nunca traces tu frontera,
    ni cuides de tu perfil;
    todo eso es cosa de fuera. (A. Machado)

82. Un clásico es un libro que nunca termina de decir lo que tiene que decir. (I. Calvino)

83. Al despertar Gregorio Samsa una mañana, tras un sueño intranquilo, encontrose en su cama convertido en un monstruoso insecto. (F. Kafka)

84. Una vez me preguntaste por qué te temía. (F. Kafka)

85. Este idoma rico, culto, preciso y extenso corre ciertos peligros que sus propios dueños debemos conjurar. (Á. Grijelmo)

86. Nada podrá medir el poder que oculta una palabra. (Á. Grijelmo)

87. Finge tan completamente
    que hasta finge que es dolor
    el dolor que en verdad siente. (F. Pessoa)

88. Dime con quién andas y te diré quién eres.

89. Vienes o te quedas, pero decídete de una vez.

90. Por lo mucho que trabaja, ha caído enfermo.

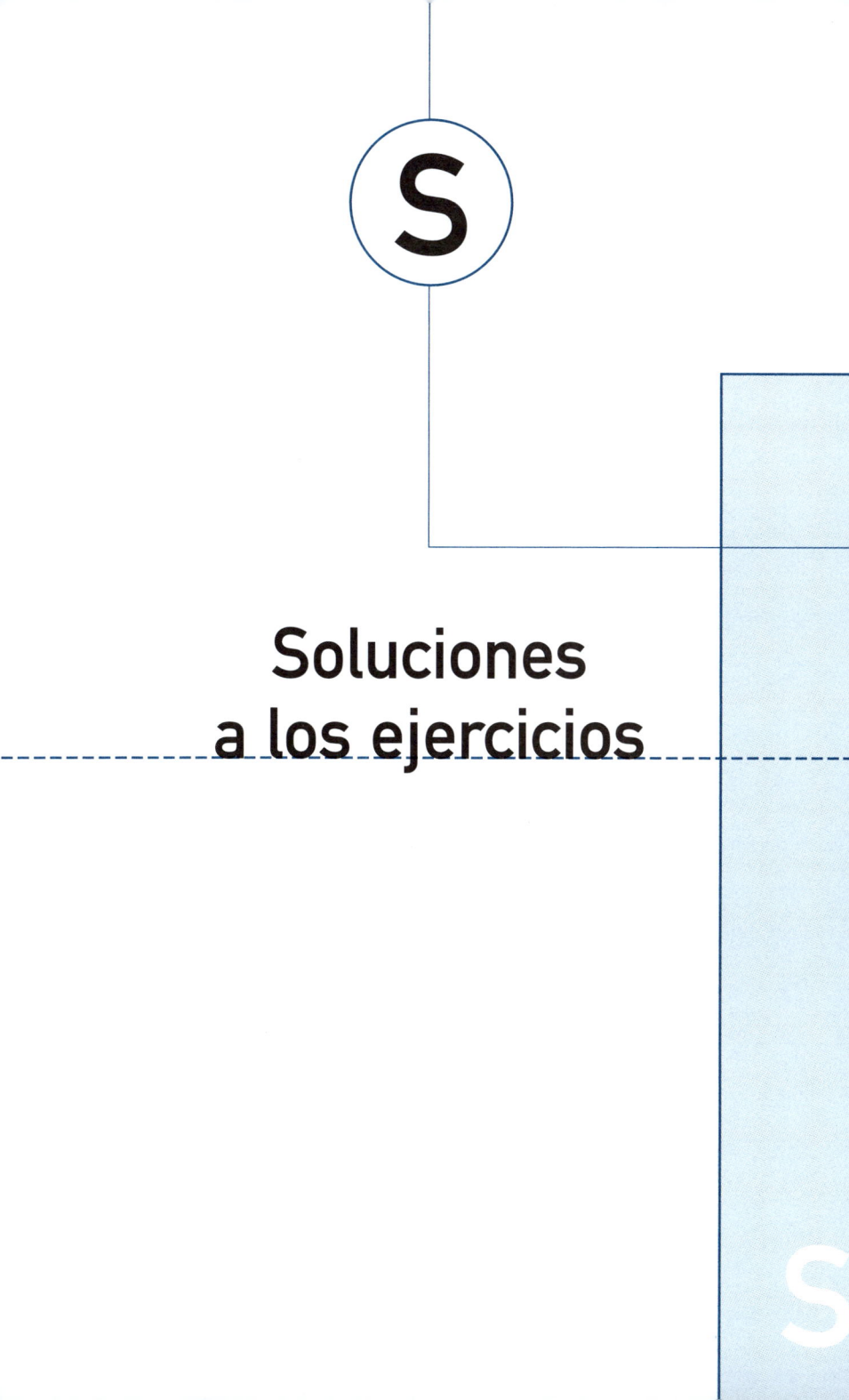

Soluciones a los ejercicios

Unidad 1: Categorías y funciones 1.1.1 Categorías: • sustantivo • verbo • preposición • adjetivo/Funciones: • sujeto • complemento directo • complemento circunstancial • atributo **1.1.2** *Respuesta modelo*: Verbos: ha perdido, dejó, ha obtenido, acompañaba/Adjetivos: nuevas, increíbles, viejo/Adverbios: siempre, tarde, ayer **1.1.3** *Respuesta modelo*: • ¿Por qué las brujas siempre llevan escoba? (suj.) • No le gustan los libros de brujas. (térm.) • En el s. XVI juzgaban a las brujas. (CD) **1.2.1** • pronombre • preposición • determinativo • verbo • conjunción • adverbio • sustantivo ▪ adjetivo **1.2.2** grupo verbal/grupo adverbial/grupo nominal/grupo adjetival/grupo preposicional **1.3.1** • sustantivo/pronombre • adverbio/grupo preposicional • grupo preposicional/pronombre • grupo adjetival/grupo nominal **1.3.2** *Respuesta modelo*: Juan ha pedido a los Reyes Magos un caballete. (CD)/Aquí falta un caballete. (suj.) • Estoy buscando a Santiago. (CD)/El cartero ha entregado un paquete a Santiago. (CI) **1.4.1** 1. oracionales 2. de grupo sintáctico 3. extraoracionales **1.4.2** • oracionales • extraoracionales • de grupo sintáctico • extraoracionales • de grupo sintáctico • oracionales **1.4.3** grupo sintáctico dentro de un grupo verbal: CD/palabras o grupos sintácticos dentro de un grupo nominal: act. + núcl. + CN/palabras dentro de un grupo adjetival: C.Adj. + núcl.

Unidad 2: El grupo nominal 2.1.1 ☐ *La ilustre fregona* ☐ *El ingenioso hidalgo don Quijote de la Mancha* ☐ *El coloquio de los perros* **2.1.2** ☐ act. + N + CN (adj.) ☐ act. + N + CN (G.Prep.) ☐ act. + N + CN (adj.) ☐ N + CN (GN) apos. ☐ N + CN (or.) ☐ N + CN (G.Prep.) + CN (G.Prep.) ☐ N

Unidad 3: El grupo adjetival 3.1.1 • muy alegre • despilfarrador • manirroto • sorprendida **3.1.2** • núcl. + C.Adj. • mod. cuant. + núcl. • mod. cuant. + núcl. • núcl. + C.Adj. • mod. cuant. + núcl.

Unidad 4: El grupo adverbial 4.1.1 • despacito • abajo • rápidamente • bien • deprisa **4.1.2** • mod. cuant. + núcl. • mod. cuant. + núcl. • mod. cuant. + núcl. • núcl. + C.Adv. • núcl. + C.Adv.

Unidad 5: Oración y enunciado 5.1.1 *Respuesta modelo*: Enunciados oracionales: Entonces apareció el zorro./¿Quién eres? // Enunciados no oracionales: Buenos días./¡Ah! Perdón. ▪ El zorro (suj.), entonces apareció (predicado)/tú (sujeto omitido), ¿Quién eres? (predicado) **5.1.2** *Respuesta modelo*: —Hola, Carlos —me dijo un compañero. —¿Qué tal has pasado el verano? —le pregunté. Entonces llegó el profesor y nos mandó callar. **5.2.1** enunciativos: La anciana se lo alcanza y él busca los duros disimulando mientras el otro mira de reojo./interrogativos: ¿Está sorda o no oye?/exclamativos: ¡Ay, Jesús, María y José!/imperativos: Déjese de santos y levante el ladrillo./potenciales: a lo mejor le dejamos pa la compra de mañana. ▪ *Respuesta modelo*: ABUELA: —¡Ay, Dios mío! ¡Ojalá esto sea solo un sueño!/TOCHO: —Te juro que si no nos das ahora mismo to la pasta...

Unidad 6: La oración simple 6.1.1 nació/Fue enviado/completó/se trasladó/Pensaba/permaneció/sufrían/inició/concluyó/regresó/dio/consiguió/vio/acabaron/fue asesinado ▪ Nueve ▪ Sí. Tres: «Pensaba estar un año...»/«Gandhi inició...»/«Este logro se vio...» **6.1.2** • Gandhi (suj.)/nació en Portbandar (India) en 1869. (pred.) • Numerosos indios (suj.)/sufrían entonces discriminación en Sudáfrica por parte de los europeos. (pred.) • No hay camino para la paz. (pred.) La paz (suj.)/es el camino. (pred.) **6.2.1** existía/podían entrar/podían mezclarse/ocupó/fue arrestada/convocó/lanzó/Es/Son/podemos cambiar/hicieron/caminaban/abolió/prosiguió/recibió/fue asesinado ▪ Primer párrafo: tres/Segundo: seis/Tercero: tres/Cuarto: tres **6.2.2** ☐ Fue asesinado el 4 de abril de 1968 (Tennessee). **6.2.3** ☐ ¿Son justas estas reglas? **6.2.4** ☐ Durante más de un año los negros hicieron boicot a los autobuses. **6.3.1** A las oraciones formadas por un sujeto y un predicado nominal. **6.3.2** ☐ Los billetes de banco son el papel secante del mundo. ☐ Las hojas secas parecen papeletas de una rifa de pájaros. ☐ La sandía está llena por dentro de borrones de tinta. ☐ En la guía telefónica todos somos seres microscópicos. **6.3.3** Pero la realidad es otra./125 millones de niños y niñas entre seis y once años están sin escolarizar./

Dos de cada tres son niñas./872 millones de adultos son analfabetos./La educación es la mejor herramienta para romper el círculo de la pobreza./Conseguir el objetivo de una educación primaria universal y gratuita para el año 2015 es posible./Esta cantidad es inferior al gasto militar de cuatro días en el mundo. **6.4.1** A las formadas por un sujeto y un predicado verbal. **6.4.2** ☐ Al ombligo le falta el botón. ☐ En el desengaño hasta las luces de las estrellas hieren el corazón. ☐ El león tiene en la punta de la cola la brocha de afeitar. ☐ El tiempo desgasta la vuelta de las esquinas. **6.4.3** *Respuesta modelo*: Me llamo Daniel. Mido uno ochenta y peso setenta y cinco kilos. Tengo el pelo castaño y corto. **6.4.4** *Respuesta modelo*: Predicativas: Las personas mayores aman las cifras./¿Colecciona mariposas?/¿Cuántos hermanos tiene? // Copulativas: ¿Cómo es el timbre de su voz?/¿Cuáles son los juegos que prefiere?/¡Qué hermosa es! **6.5.1** ☐ El aventurero Indiana Jones es encarnado en el cine por Harrison Ford ☐ *Casablanca* fue dirigida por Michael Curtiz en 1942. ☐ *La soga* fue rodada por Hitchcock en un solo plano secuencia. ☐ Rita Hayworth fue abofeteada por Glenn Ford en *Gilda*. **6.5.2** ☐ *Matar a un ruiseñor* fue protagonizada por Gregory Peck. ☐ En *El gran dictador* Hitler es magistralmente parodiado por Charlot. ☐ Éric Rohmer fue ovacionado por el público en el estreno de su última película. **6.5.3** *Respuesta modelo*: Sin C.Ag.: Dos manifestantes han sido detenidos./Con C.Ag.: El euro ha sido recibido con entusiasmo por los ciudadanos. **6.6.1** • El río Lima • Un jurado de 500 miembros • Una gran cantidad de cuentos de la tradición oral europea **6.6.2** • por la Asamblea General de Naciones Unidas • por Leonard Cohen • por los cartagineses • por Lewis Carrol **6.7.1** • Numerosos vocablos de las lenguas precolombinas fueron incorporados al español durante los siglos XVI y XVII/Numerosos vocablos de las lenguas precolombinas (suj.) • El español fue adoptado en Hispanoamérica como lengua común en la época de la emancipación./El español (suj.) • Aún son habladas en Hispanoamérica algunas de aquellas lenguas indígenas como el náhuatl, maya, araucano, aimara, quechua y guaraní./algunas de aquellas lenguas indígenas como... (suj.) **6.7.2** • Amnistía Internacional se fundó en 1961. • Todos los años se abandonan en nuestra región más de 6000 perros. ■ Sí. ■ Amnistía Internacional/más de 6000 perros

Unidad 7: El sujeto 7.1.1 ☐ El sujeto es la palabra, oración o grupo nominal cuyo núcleo concuerda con el verbo. **7.1.2** • Los estudiantes están en clase. • Yo no tengo frío. • Vosotros ya sabéis la historia. • El gazpacho me gusta mucho. ■ 3.ª persona del plural • 1.ª persona del singular • 2.ª persona del plural • 3.ª persona del singular **7.1.3** sus compañeros (realiza la acción del verbo)/Los nuevos alumnos (concuerda con el verbo en número y persona) ■ Los nuevos alumnos **7.1.4** • estarán (V)/Mi hermano y su novia (suj.) • irán (V)/los primos (suj.) • he contado (V)/yo (suj.) • ganó (V)/nuestro equipo (suj.) **7.2.1** *Respuesta modelo*: • Nosotros • Los juguetes viejos • tus decisiones • Los deportes **7.2.2** • Yo siempre confiaré en ella. → *Yo siempre confiaremos en ella. → Nosotros siempre confiaremos en ella./yo (suj.) • A tu hermano lo vio Mario en el cine. → *A tu hermano lo vimos Mario en el cine. → A tu hermano lo vimos nosotros en el cine./Mario (suj.) • La directora fue sustituida por el comité la semana pasada. → *La directora fueron sustituidas por el comité la semana pasada. → Las directoras fueron sustituidas por el comité la semana pasada./La directora (suj.) • Me sorprendió mucho esa película. → *Me sorprendieron mucho esa película. → Me sorprendieron mucho esas películas./esa película (suj.) • Nos preocupa su actitud. → *Nos preocupan su actitud. → Nos preocupan sus actitudes./su actitud (suj.) **7.2.3** Porque al cambiar de número en el verbo, solo *el ruido* pasa a plural. **7.3.1** • Esta mujer • Aurora • eso • Quién • Esto • su carácter • tus razones ■ sustantivo: Aurora/ pronombre: eso, quién, esto/grupo nominal: esta mujer, su carácter, tus razones **7.3.2** *Respuesta modelo*: • Sara está cansada. • ¿Quién va a venir? • Los profesores han corregido ya los exámenes. • Inés y Javier te esperan en la terraza. **7.3.3** Porque el verbo está en 3.ª persona y *a mí* se refiere a una 1.ª persona./Porque va precedido de preposición./Porque los únicos pronombres personales que pueden desempeñar la función de sujeto son *yo, tú, él, ella, ello, nosotros/as, vosotros/as, ellos/as*. **7.4.1** ☐ una oración ☐ un adjetivo sustantivado ☐ un nombre propio ☐ un pronombre interrogativo ■ *Respuesta modelo*: • una oración: Es fundamental que bailes bien esta noche./un adjetivo sustantivado: El azul es el color que más me gusta./un nombre propio: Pedro come chocolate./un pronombre interrogativo: ¿Quién vino? **7.4.2** • Que vengáis a la fiesta • *Lejos* • Lo mejor **7.4.3** • Me encanta el azúcar. → *Me encantan el azúcar. → Me encantan los azúcares./azúcar (suj.) • ¿Te preocupa eso? → *¿Te preocupan eso? → ¿Te preocupan esas cosas?/que no hayan llegado aún (suj.) • Sale mucho calor de ese radiador. → *Salen mucho calor de ese radiador. → Salen muchos calores de ese radiador./mucho calor (suj.) • Eso ahora me parece increíble. → *Eso ahora me parecen increíble. → Esas cosas ahora me parecen increíbles./Que tengas tanta hambre me parece increíble (suj.). • Fueron rechazadas las propuestas de los vecinos. → *Fue rechazada las propuestas de los vecinos. → Fue rechazada la propuesta de los vecinos/la propuesta de los vecinos (suj.). **7.5.1** *Respuesta modelo*: Delante del verbo: David juega al fútbol./El perro corre mucho. // Detrás del verbo: El próximo domingo llegará el invierno./Se busca gato perdido. **7.5.2** • Los hermanos de Ana • Juan y Tomás ▪ La posición en la frase. Se considera sujeto lo que aparece en primer lugar. **7.5.3** *Respuesta modelo*: • ¿Quién ha dicho eso? • Se han caído dos puentes. **7.6.1** Han salido esta mañana en autobús./Llevaban comida en una mochila enorme./Vendrán felices de todas formas. **7.6.2** • Era muy bonito. el regalo [S.O.] • Sin embargo, apenas se parecen. Felipe y Nuria [S.O.] • No nos oyó entrar en casa. Pedro [S.O.] • No olvides regar las plantas. tú [S.O.]/están un poco mustias. las plantas [S.O.] ▪ No. La 2.ª oración resulta ambigua. No sabemos si su sujeto es *Javier* o *Lucía*. **7.6.3** El cruel rey Minos/La mala fama de este rey/el rey/[S.O.] el rey/[S.O.] Dédalo/[S.O.] tú/[S.O.] tú/[S.O.] yo/[S.O.] yo **7.7.1** ☐ Ayer estuvo lloviendo todo el día en el norte. ☐ Hay retenciones de tráfico en las principales entradas de la ciudad. ☐ Hace tiempo de eso. ☐ Se está muy bien aquí. ▪ ☐ Tú y yo ☐ las tormentas ☐ [S.O.] nosotros ☐ una reforma de la casa **7.7.2** oraciones impersonales: • Hay mucha gente en la puerta del teatro. • Llovió toda la tarde./oraciones con sujeto omitido: • Te debo un favor. • El domingo pasaremos el día en el campo./oraciones con sujeto explícito: • El libro está ya muy viejo. • Me interesan mucho tus preguntas. **7.8.1.** ☐ Eso son tonterías./En las oraciones copulativas, si el artículo está en plural y el sujeto tiene un sentido colectivo, el verbo debe aparecer en plural. ☐ Los directivos asumen grandes responsabilidades. ☐ Los directivos asumís grandes responsabilidades./En la 1.ª el verbo concuerda con el sujeto. En la 2.ª no concuerda con el grupo nominal *los directivos*, sino con su referente *nosotros*. ☐ Pronto vendrán a visitarme mi hermana y mi cuñado. ☐ Pronto vendrá a visitarme mi hermana y mi cuñado./En la 1.ª el verbo concuerda con el sujeto en 3.ª persona del plural. En la 3.ª se entiende que en el sujeto compuesto los dos elementos coordinados forman una unidad de significado, por lo que el verbo puede ir en singular. ☐ Gran parte de mis amigos están de vacaciones. ☐ Gran parte de mis amigos está de vacaciones. ☐ Gran parte de mis amigos estáis de vacaciones./Cuando el núcleo del sujeto es un sustantivo colectivo, el verbo puede ir en singular o en plural. En la 3.ª oración se entiende que el verbo no concuerde con el grupo nominal sujeto sino con su referente. ☐ No está permitida la carga y la descarga. ☐ No están permitidas la carga y la descarga./En la 2.ª hay concordancia entre el verbo y el sujeto en 3.ª persona del plural. En la 1.ª se entiende que en el sujeto compuesto los dos elementos coordinados forman una unidad de significado, por lo que el verbo va en singular. **7.8.2** Sí, porque concuerda con el sujeto en 3.ª persona del singular./Sí, porque el núcleo es el sustantivo colectivo *mayoría*. No obstante, la concordancia gramatical requeriría un verbo en 3.ª persona del singular, *prevé*./Sí, porque aunque se trata de un sujeto compuesto, se entiende que los dos elementos coordinados en el mismo forman una unidad de significado, por lo que el verbo puede aparecer en singular.

Unidad 8: El predicado 8.1.1 • La etapa mítica del *Tour* es la subida al Alpe d'Huez. • Un partido de balonmano consta de dos partes. • Un corredor de maratón ha de cubrir 42,195 kilómetros. • El decatlón combina diez pruebas atléticas. • La canasta de baloncesto está a una altura de 3,05 metros. • Una piscina olímpica mide 50 metros. • Los jugadores de voleibol rotan sus posiciones. **8.1.2** *Respuesta modelo*: • Caperucita Roja llora. • Pulgarcito piensa. • Duermen profundamente en su cueva Alí Babá y los 40 ladrones. • El flautista de Hamelín se olvidó su flauta en el bosque. • Los siete cabritillos tenían miedo del lobo. • Las hermanastras de Cenicienta tenían muchos zapatos y vestidos. **8.1.3** • complicó las labores de rescate

- Termina • el país con mayor número de donantes de órganos **8.2.1** • una forma verbal simple • una forma verbal compuesta • una perífrasis verbal • una locución verbal **8.2.2** • deber de estar • ir a hacer • tener que consultar • estar preparando • echarse a llorar
8.2.3 *Respuesta modelo*: • En cuanto me vaya me vas a echar de menos. • Ahora caigo en la cuenta de lo que significa. • No me eches en cara eso.

Unidad 9: El complemento directo 9.1.1 • He rellenado el impreso. • Están midiendo la habitación. • Han invitado a Irene. • Hemos agrupado a todos los participantes. • Han interpretado *La casa de Bernarda Alba*. • Envíame una postal. ▮ • a Irene • a todos los participantes/En ambos casos el CD se refiere a persona. **9.1.2** *Respuesta modelo*: • la canción • un sitio para aparcar • mi bicicleta • a mi profesor de inglés • papel • la falda roja **9.1.3** *Respuesta modelo*: • Quiero a mi hijo./Quiero un helado. • Escucha a tu hermano mayor./Escucha el viento en los árboles • He encontrado a María./He encontrado un tesoro • Conozco a tu tío Pedro./Conozco ese modelo de coche. • Observé a Juan mientras bebía./Observé las estrellas durante una hora. **9.2.1** ☐ Palabra o grupo de palabras exigidas por el verbo, que completan su significado y que no llevan delante ninguna preposición, excepto *a* en algunos casos. **9.2.2** *Respuesta modelo*: • una muñeca • el sobre • el biberón • cava • bombones ▮ • a los Reyes Magos • al secretario • al niño • a Carmen • a mi abuela/No coinciden. **9.2.3** *Respuesta modelo*: Le regalamos un reloj solo por su visita./¡No te pierdas el concierto de Vivaldi!/Abrimos su puerta en menos de una hora. **9.3.1** • No la desperdicies. • No los tires. • Compártelo. • Recárgalas. • Recíclalo. • Córtalos. • Utilízalo. • Plántalo. • Difúndelas. **9.3.2** • El terrorista Pascuale Belsito fue detenido por la policía en Madrid. • El final de la película *Blade Runner* fue cambiado varias veces por Ridley Scott. • Los montañeros desaparecidos en los Pirineos han sido rescatados por la Cruz Roja. • Miles de turistas son atrapados en Baleares por la huelga de aviones. ▮ Sujeto **9.4.1** ☐ Marruecos y España han mantenido el acuerdo de pesca. ☐ Este verano he visitado Madrid con mis primos. ☐ ¿Cambiaste la rueda de la bici? **9.4.2** Palabra o grupo de palabras exigidas por el verbo, que completan su significado y que no llevan delante ninguna preposición, excepto *a* en algunos casos. ▮ Se puede sustituir por los pronombres *lo, la, los, las*./Al pasar la oración a pasiva el CD pasa a ser sujeto. **9.4.3** • a la peseta • el aumento de hispanohablantes en Estados Unidos • sus nuevos temas • la televisión digital • lluvias **9.5.1** *Respuesta modelo*: • ¿Tienes sal? • Hemos colgado los abrigos en las perchas de la entrada. • Ayer me vieron en la Gran Vía. • Aún no conozco a Guillermo. • Le contestaron que no se podía fumar. **9.5.2** • la gala de los 150 años del Teatro Real (GN) • Qué (pron.) • a la actriz Juliette Binoche (G.Prep.) • que Luis llegará hoy (or.) **9.5.3** Sí. Un grupo preposicional introducido por *a* puede desempeñar la función de CD cuando este se refiere a personas, animales o cosas personalizados. ▮ *Respuesta modelo*: Amo a Carmen. **9.6.1** *Respuesta modelo*: He hecho la compra en el supermercado. → La compra la he hecho en el supermercado./Vi a tu hermana ayer por la noche. → A tu hermana la vi ayer por la noche. ▮ Cuando el CD se antepone al verbo suele repetirse el pronombre personal átono correspondiente. **9.6.2** • ¿Qué has preguntado? • ¿Qué estás leyendo? • ¿A quién has votado? • CD ▮ No **9.7.1** • lo • mantas • hambre • nada • demasiados coches • muchos amigos • algo **9.7.2** un rey/una hija llamada Dánae/a su hija/a nadie/un hijo/esta escena

Unidad 10: El complemento indirecto 10.1.1 *Respuesta modelo*: • los alumnos • la sopa • los pilotos • la butaca • Sandra • la biblioteca **10.1.2** ☐ Los nietos dieron un beso a su abuela. ☐ Los anfitriones estrecharon la mano a sus invitados. ☐ Pusieron un marco nuevo a todos los grabados. **10.1.3** • a Ramón y Cajal • a Hans Christian Andersen • a Miguel Ángel **10.2.1** • El médico le recetó una dieta sana y muchos paseos. • ¿Les has echado abono? • Todavía no le he dicho nada. • La palabra *viernes* le debe su nombre. • Los monitores nos explicaron los fundamentos básicos del esquí. **10.2.2** ☐ Esta mañana he puesto un telegrama de felicitación a Fernando. ☐ Este mes entregarán las llaves del piso a los nuevos propietarios. **10.3.1** • Se puede sustituir por los pronombres personales átonos *le, le, me, te, se, nos, os*. • Si la función no la desempeña un pronombre, el CI siempre va precedido de la preposición *a*. • Si el complemento directo está desempeñado por un pronombre átono (*lo, la...*) el complemento indirecto se sustituye por el pronombre personal *se*. • Al pasar la oración a pasiva el CI permanece como CI. • El CI puede aparecer junto con el CD. **10.3.2** • a mis amigos • a su padre • al pelotón • nos • a esos insensatos/a alguien • a *La última cena* de Leonardo da Vinci • al corazón • te **10.4.1** *Respuesta modelo*: • a Alejandra • al niño • a él • a los que estaban inquietos • me **10.4.2** *a* + nombre propio: a Paris/*a* + grupo nominal: a la diosa más hermosa, al joven/*a* + pronombre: a quién/pronombre átono: le, le **10.5.1** • A sus hijos les contaba todas las noches un cuento. • A los ganadores les ceñían una corona de laurel en los Juegos Olímpicos de la antigua Grecia. ▌Aparece el pronombre personal átono correspondiente. **10.5.2** • les/a sus colegas del Reform Club • les/a los lobos • le/a Jim Hawkins. **10.5.3** • *le → les • *le → les

Unidad 11: Los pronombres átonos con función de complemento directo e indirecto 11.1.1 • la (3.ª)/la (3.ª)/me (1.ª) • te (2.ª) • la (3.ª)/me (1.ª) • Me (1.ª singular)/Nos (1.ª plural) **11.1.2** • Me (1.ª) • nos (1.ª) • Me (1.ª)/Le (3.ª) • les (3.ª) • os (2.ª) **11.1.3** 1.ª y 2.ª persona **11.2.1** *Respuesta modelo*: • ¿Dejas el destornillador a tu compañero? (CI) • Acompañaré yo a César a casa. (CD) • Pedró miró su cara en el espejo de la entrada. (CD) • Han devuelto las llaves a los propietarios del piso. (CI) • Vimos en la manifestación del viernes a Bea y a Manolo. (CD) **11.2.2** • *La duele la cabeza. → Me (CI) • ¿La has vestido ya? → Te (CD) • Amelia la maquilla todos los días. → Se (CD) • *La recomendó Jesús este libro de Miguel Torga. → Me (CI) • Las habéis manchado de tinta. → Os (CD) **11.3.1** • CI • CD • CI • CD • CD **11.3.2** • Lo estoy buscando. • Lo estoy buscando. • Pídele estos impresos. • Pídele estos impresos. • Ayer lo entrevistaron en la radio. • Ayer la entrevistaron en la radio. **11.4.1** En el uso de *le* y *les* como CD **11.4.2** En el caso de persona masculina singular **11.4.3** • Lo estoy escuchando. • La ha curado un enfermero. • Los perseguiremos. • Lo saludé después de la presentación del libro. • Las he echado de menos. **11.4.4** • carné/le/incorrecto • Óscar y Eduardo/les/incorrecto • Luis/Le/admitido • cromos/le/incorrecto • a Carmen/Le/incorrecto • A los jugadores del Manchester/les/incorrecto • a Pablo/le/admitido **11.5.1** En la utilización de los pronombres *la* y *las* con función de CI **11.5.2** • Le rindieron un homenaje. • El aire acondicionado les provoca dolor de cabeza. • Los periódicos les dan poca cobertura. **11.5.3** ☐ *La he pedido dos entradas. ☐ *Las hemos regalado una planta preciosa. ☐ *La escribí una felicitación por su nombramiento. **11.5.4** En la utilización de los pronombres *lo* y *los* con función de CI. **11.5.5** ☐ *Los tengo mucho aprecio. ☐ *Lo rompieron dos dientes en el partido. **11.6.1** Aquella en la que el sujeto realiza y recibe la acción del verbo. **11.6.2** ☐ Me he mordido la lengua. ☐ ¡Hazte la cama de una vez, so gandul! ☐ Nosotros nos cuidamos bien. **11.6.3** ☐ Voy a lavarme. ☐ Los dos se miraron al espejo. ☐ ¡Te has manchado! ☐ David y Carmen se lesionaron. **11.6.4** *Respuesta modelo*: CD: Mi madre se depila./Alfredo se afeita. CI: Paco se afeita el bigote./Ana se maquilla los párpados. **11.7.1** ☐ Fernando y yo nos conocimos en Zaragoza. ☐ En la discusión los dos líderes se lanzaron acusaciones muy graves. ☐ ¿No os habéis visto desde entonces? ☐ Siempre se piden perdón después de cada discusión. ☐ Se quieren muchísimo. **11.7.2** • os (CD) • se (CI) • nos (CI) • nos (CD) • se (CD) • se (CD) • os (CD)

Unidad 12: El complemento circunstancial 12.1.1 • Darwin estableció su teoría de la evolución a mediados del siglo XIX. • Alexander Fleming contribuyó a la curación de numerosas enfermedades con el descubrimiento de la penicilina. • Galileo Galilei enseñaba astronomía en la Universidad de Padua. **12.1.2** *Respuesta modelo*: Los últimos Juegos Olímpicos se celebraron en Sidney. • Yo nací en primavera. • Hemos hecho este disfraz a la perfección. • La última película la vi con Blanca. • Han traído estas flores para la boda. **12.1.3** ☐ El mago sacó una moneda del bolsillo. ☐ Me tomé un café con Marta. ☐ Ayer me fui al restaurante sin la cartera. ☐ Fui a Sevilla. **12.2.1** • al valle de México (CCL)/hacia 1250 (CCT) • por su libro *Sostiene Pereira* (CC causa) • junto con James D. Watsonn (CC compañía) • con una exposición de 450 obras (CCI) • en Londres (CCL)/en 1851 (CCT) **12.2.2** Actualmente (CCT)/con el 80% de los recursos (CCM)/cada día (CCT)/de hambre (CC causa)/anualmente (CCT)/por diarrea, anemia y otros males ligados a la desnutrición (CC causa)/

simultáneamente (CCT)/Con un 2% de esa cantidad (CCI)/del planeta (CCL)/Con el 1,5% (CCI)/para todas las personas (CCF)/Con el 3% (CCI) **12.3.1** *Respuesta modelo*: en tren/por la tarde/con mis padres/de día/para ver a mis abuelos/sin prisa **12.3.2** ☐ ¿Quedamos a las ocho para el partido? ☐ Este verano iremos probablemente a Soria. **12.3.3** • anoche (CCT)/con un emocionante concierto lírico (CCI) • un 62% (CC cant.)/por la crisis del orujo (CC causa) • por sus hojas y semillas (CC causa)/desde tiempos antiguos (CCT) • para el tiramisú (CCF) **12.4.1** *Respuesta modelo*: El ciclista español quedó demasiado atrás en la contrarreloj (G.Adv.)/Se vieron el fin de semana (GN)/La reunión tuvo lugar en Bruselas (G.Prep.)/El delantero falló el disparo porque estaba nervioso (or. sub.) **12.4.2** Por qué (CC causa)/en secreto (CCM)/Por eso (CC causa)/a través de la pared (CCL)/en ella (CCL)/Como esto no les bastaba (CC causa)/una noche (CCT)/en el bosque (CCM)/al pie de un moral (CCL)/primero (CCT)/de repente (CCT)/en la carrera (CCT)/A los pocos minutos (CCT)/en las fauces (CCL)/de su cintura (CCL)/Enseguida (CCT)/del corazón de su amado (CCL)/hasta entonces (CCT)/para siempre (CCT)/con la sangre de los dos enamorados (CCI)/para que nadie pudiera olvidar jamás aquella conmovedora historia de amor (CCF) // adv.: primero/enseguida // GN: una noche // G.Prep.: en secreto/por eso/a través de la pared/en ella/ en el bosque/al pie de un moral/de repente/en la carrera/a los pocos minutos/en las fauces/de su cintura/del corazón de su amado/hasta entonces/para siempre/con la sangre de los dos enamorados // or. sub.: Como esto no les bastaba/para que nadie pudiera olvidar jamás aquella conmovedora historia de amor

Unidad 13: El atributo 13.1.1 • Dublín es la capital de Irlanda. • Muchas ciudades están demasiado contaminadas. • El mapa de Italia parece una bota. • Este libro es de sintaxis. • El Rin y el Danubio son dos importantes ríos europeos. • Alejandro Magno llegó a ser señor de un gran imperio. • Vasco de Gama fue un famoso navegante portugués. **13.1.2** *Respuesta modelo*: • Antonio Banderas • países sudamericanos • contentos • Roma • importante • estupendo • mi hermano José ▪ ser, estar, parecer, llegar a ser ▪ *Respuesta modelo*: Maradona era un buen futbolista./El dependiente está enfermo./El mar parece tranquilo./Margarita llegará a ser piloto. **13.2.1** • Aparece con verbos copulativos. • Se puede sustituir por el pronombre *lo*. • Concuerda generalmente en género y número con el sujeto. **13.2.2** • masculino, plural • masculino, singular • masculino, plural • femenino, singular **13.2.3** • el órgano más grande del cuerpo humano/El hígado lo es. • los lugares más lluviosos de la Tierra/Las selvas lo son. • una forma de curación con baños de mar/La talasoterapia lo es. • refugio de los cazadores del Paleolítico/Las cuevas de Altamira lo fueron. **13.3.1** • los pájaros vestidos de etiqueta • un depósito de objetos extraviados • lleno de seriedad • besar la muerte • la escalera contra incendios de los animales • una hucha de ocasos • el bostezo del alfabeto • el anzuelo del alfabeto **13.3.2** *Respuesta modelo*: • Las nubes son las legañas del sol. • El mar parece una alfombra voladora. **13.3.3** • la parte delantera de una nave • la proa **13.4.1** • demasiado salada (G.Adj.) • que no doy pie con bola (or.) • bien (adv.) • complicada (adj.) • un niño prodigio (GN) • de León (G.Prep.) **13.4.2** *Respuesta modelo*: La actriz estaba muy hermosa./Los militares parecían muy afectados. (adj. o G.Adj.) // Este avión es el aparato más seguro que tenemos./Nelson Mandela es un hombre ejemplar. (N o GN) // Lo importante es resistir./Tú pareces pensar. (infinitivo)

Unidad 14: El predicativo 14.1.1 • lesionado • muy intranquila • puntuales **14.1.2** • sentado • frío • estropeado **14.1.3** • suj. • suj. • suj. • CD **14.2.1**. ☐ Trabajo muy relajada. ☐ Han elegido a Ana como coordinadora del grupo. ☐ Alberto acabó el partido lesionado. **14.2.2** ☐ No lo compré muy convencida. ☐ No conduzcas jamás nervioso. ☐ No veo bien tu actitud. **14.2.3** ☐ Rafa trabaja de vigilante jurado en un banco. ☐ No te pongas nerviosa por un examen tan fácil. ☐ El niño salió sofocado de la clase de gimnasia. **14.3.1** *Respuesta modelo*: • Pillaron a Carmen leyendo. • El profesor tiene enfermo un gato. • Mi hermano trabaja de conserje • Le han nombrado vicepresidente. **14.3.2** • resignados (adj.) • como inevitable (G.Prep.) • frías (adj.) • como el impulsor de la Universidad Internacional Menéndez Pelayo (G.Prep.) • de razonable (G.Prep.) • sonriendo (gerundio)

Unidad 15: El complemento agente 15.1.1 ☐ Tres jugadores del Celta de Vigo han sido convocados por el seleccionador nacional para el próximo partido. ☐ Los autores del robo han sido detenidos por la policía. ☐ La nueva sala del Museo del Prado fue inaugurada por el rey. **15.1.2** • *La Gioconda* fue pintada por Leonardo da Vinci. • *Il Trovatore* fue compuesto por Verdi. • *Luces de bohemia* fue publicado por Valle-Inclán en 1920. • La cúpula de la catedral de Florencia fue diseñada por Brunelleschi. • La película *El perro del hortelano* fue dedicada por Pilar Miró a su hijo. • Las tumbas de Lorenzo y Giuliano de Médicis fueron esculpidas por Miguel Ángel por encargo de estos. • El Premio Nobel de la Paz fue recibido en 1992 por Rigoberta Menchú. **15.2.1** • Normalmente aparece en construcciones pasivas.. • Al pasar la oración a activa, el C.Ag. pasa a ser suj. • Es siempre un grupo preposicional introducido por las preposiciones *por* o *de*. **15.2.2** • por los dientes • por las contracciones peristálticas • por el jugo gástrico • por los vasos sanguíneos • por el intestino grueso **15.2.3** ☐ El edificio fue desalojado por los bomberos. **15.3.1** *Respuesta modelo*: El ladrón fue capturado por la policía./Es sabido de todos el valor del euro./La decisión fue tomada por parte de la directiva. **15.3.2** por la flecha del amor/por la flecha del desamor/por la joven/por el incansable Apolo/por el dios/por Peneo/por una corona de laurel

Unidad 16: El complemento de régimen 16.1.1 • No te quejes de tu suerte. • Contamos para el viernes con vosotros. • Paula intercedió por su prima. • Siempre está pensando en sus amigos. • Manolo aspiraba a ese trabajo. • Las charlas versaron sobre salud y nutrición. **16.1.2** *Respuesta modelo*: • de sus palabras • de Pablo • de intimidad • en su capacidad para guardar un secreto • en su actitud posterior • sobre un niño que hace magia • de los jugadores • a la lectura de libros científicos • de que solo te mira a ti? • por eso porque no puedes hacer nada. ∎ • arrepentirse de • acordarse de • carecer de • confiar en • influir en • tratar de • burlarse de • dedicarse a • percatarse de • preocuparse de **16.2.1** • de sus hermanos • en una falta grave • con cualquier cosa • por la comida • de las llaves **16.2.2** *Respuesta modelo*: • Me opongo a esa propuesta. • No tienes que avergonzarte de ti misma. • Supongo que aspiras a ser más feliz. • Se acordaron de apagar las luces. • Susana se jacta siempre de ser la más rápida. ∎ a, de, a, de, de **16.3.1** ☐ El capitán se acordó de la última final. ☐ Creo firmemente en el diálogo. ☐ Dispón de las habitaciones a tu gusto. **16.3.2** • A Miguel lo (CD)/del equipo (C.Rég). • su familia (CD)/al trabajo (C.Rég.) • a Conchita (CD)/con una de las actrices (C. Rég.) • al país (CD)/de lo sucedido (C.Rég.). **16.3.3** • *Me acuerdo que en aquellos años fuimos felices. → Me acuerdo de que en aquellos años fuimos felices. • *Me he convencido que teníais razón. → Me he convencido de que teníais razón. **16.4.1** *Respuesta modelo*: Yo confío en Sandra./El filósofo influyó en la opinión de la sociedad alemana./Eva no podía evitar pensar en él./Ten confianza en lo que haces. **16.4.2** • del apellido del acróbata francés Jules Léotard (GN) • con ser recibidos por ministra (or. sub.) • al Globo de Oro (GN) • a eso (pron.) • de Rita Levi-Montalcini, la neuróloga que obtuvo el Premio Nobel de Medicina en 1986 (GN). **16.5.1** *Respuesta modelo*: Todo depende de la concentración que pongas./Es necesario que cuentes con tu familia para resolver el problema./Estoy preocupado por lo que me has comentado antes./Isabel se dedica a tocar el violín diez horas al día./No puedo parar de pensar en el libro que me terminé ayer. **16.5.2** *Respuesta modelo*: • No pienses más en eso./Pensar todo el tiempo en ti mismo no es lo mejor que puedes hacer. • ¿Crees en Dios?/Nadie cree ya en tu palabra. • Yo no me preocupo por el tiempo./ Elisa se preocupa constantemente por su madre. **16.5.3** • de quince días • de la edad de los espectadores • en nosotros/con personal especializado • de fundamento/de su empeño

Unidad 17: Elementos extraoracionales 17.1.1 • Afortunadamente • Juan • De mi propuesta • Mónica • Honestamente **17.1.2** • Eva, el cuaderno te lo van a pedir esta tarde./El cuaderno, Eva, te lo van a pedir esta tarde. // A nadie se le ha ocurrido, lamentablemente, una idea mejor./A nadie se le ha ocurrido una idea mejor, lamentablemente. // • ¿Me acompañarás, papá, el viernes al partido?/¿Me acompañarás el viernes al partido, papá? **17.2.1** • niños • Emilio • señor director **17.2.2** • nosotros • la llave • vosotros • ustedes **17.2.3** Señor, Dios mío, Señor, Señor ▮ tú, tú, tu voluntad, mi corazón y el mar **17.3.1** • vocativo • atributo oracional • tópico o tema • complemento de la enunciación • circunstante **17.3.2** ☐ Rápidamente, empezaron a hablar. ☐ Casualmente, no lo encontré. **17.3.3** • En cuanto a vosotros • De aquel viaje **17.3.4** ☐ Sinceramente, delante de tus padres yo no opinaré. ☐ Honradamente, no lo he decidido. **17.3.5** • A pesar de tu insistencia • En ese caso

Unidad 18: Los valores gramaticales de se 18.1.1 • pronombre personal variante de *le* • pronombre personal reflexivo • pronombre personal recíproco • dativo concordado • parte del verbo • partícula de oraciones pasivas reflejas y partícula de oraciones impersonales **18.1.2** • Paula se ha hecho daño. (valor reflexivo) • Se lo he pedido yo. (variante de *le*) • Esos se mandan mensajes cada hora. (valor recíproco) **18.1.3** • Él no se atrevería a eso jamás. (forma parte del verbo) • Se comieron un bocadillo de jamón y otro de queso. (podría suprimirse) **18.1.4** • Se vive bien en Alicante. (impersonal) • Los vidrios se reciclan. (pasiva refleja) **18.2.1** • Le han roto un dedo en el partido. • Le tengo que cambiar una rueda. • Entrégale esto antes del fin de semana. • ¿Les has echado ya abono? • En muchos colegios les dan clases de español. **18.2.2** • Se lo han roto. • Tengo que cambiársela. • Entrégaselo. • ¿Se lo has echado ya? • En muchos colegios se las dan. ▮ Se sustituyen por *se*. **18.3.1** • CD • CD • CI • CI **18.3.2** • CI • CD • CI • CI **18.3.3** ☐ Los protagonistas se besaban al final de la película. ☐ Los yudocas se saludan formalmente antes de cada competición. **18.4.1** *Respuesta modelo*: • Eduardo se comió todo el pan. • Nieves se sabe los nombres de todos sus compañeros. • Entre los dos se bebieron un litro de leche. • Ricardo no se creyó que le hubiera tocado un premio. ▮ Dativo concordado. **18.4.2** *Respuesta modelo*: • Ofelia se arrepiente ahora de haberle dicho que no. • Jorge se quejó de que no había suficiente espacio. • Los presos se fugaron aprovechando la niebla. • Jesús fue el único que se atrevió a saltar. ▮ No. **18.4.3** ☐ Pepe se toma un zumo de naranja todos los días. ☐ José se lee los libros de Julio Verne de un tirón. **18.5.1.** • En las grandes ciudades se vive con demasiadas prisas. • Se disfruta más con los amigos. • En carretera se debe caminar por la izquierda. **18.5.2** Las películas en versión original se exhiben normalmente a altas horas de la madrugada. • Antiguamente, los manuscritos se copiaban en los monasterios. • La carrera se suspendió a causa de la lluvia. **18.5.3** • pasiva refleja • impersonal • pasiva refleja • impersonal • pasiva refleja

La oración simple (ver 275)

Unidad 19: Oraciones coordinadas y subordinadas 19.1.1 ☐ Han venido los de la mudanza a recoger los últimos bártulos. ☐ Piensa el ladrón que todos son de su condición. ☐ No por mucho madrugar amanece más temprano. ☐ Si dejas el grifo abierto mientras te lavas los dientes puedes malgastar más de 20 litros de agua. ☐ En los ratos libres nado o juego al tenis. ☐ Es mejor regar de noche que hacerlo de día, porque se evapora menos agua. **19.1.2** • 1. tenía/podía tomar 2. pero 3. (La ninfa Eco tenía una voz preciosa) pero (nunca podía tomar la iniciativa en una conversación). 4. La ninfa Eco = sujeto/tenía una voz preciosa = predicado/pero = nexo/[S.O.]/nunca podía tomar la iniciativa en una conversación = predicado • 1. descubrió/arrojó 2. Cuando 3. (Cuando Polifemo descubrió al amante de Galatea) (le arrojó un enorme peñasco). 4. Cuando = nexo/Polifemo = sujeto/descubrió al amante de Galatea = predicado/[S.O.]/ le arrojó un buen peñasco = predicado **19.2.1** ☐ Una tercera parte de la población del planeta vive con comodidad; los dos tercios restantes no tienen cubiertas las necesidades básicas. ☐ Muchas personas trabajan para acumular riqueza. ☐ Los grandes pensadores de la historia opinaron que el dinero no da la felicidad. ☐ ¿Tener o ser? // or. coord.: ¿Tener o ser?/or. sub.: Muchas personas.../Los grandes... // or. yuxt.: Una tercera parte... **19.2.2** *Respuesta modelo*: • or. coord.: Elena toca el piano y baila salsa./Inés estudió en Buenos Aires pero vive en Montevideo. • or. sub.: El doctor dijo que deberías permanecer en cama./El actor recitó lo que había aprendido. • or. yuxt.: Unos jugadores fueron al vestuario, otros se quedaron en el campo./Manuel escribe poemas, Marta canta canciones. **19.3.1** Cuando ambas se encuentran en el mismo nivel sintáctico y el nexo que las une no forma parte de ninguna de las oraciones. **19.3.2** •

(Beatriz estuvo tres años en Gabón) y (Mariano trabajó otros tres en Camerún). • (Jesús jugó al fútbol durante muchos años) pero (ahora prefiere el bádminton). • (¿Has felicitado a Amelia) o (te has olvidado de su cumpleaños?) • (Ángeles es una afamada actriz de teatro), o sea, (está siempre viajando de aquí para allá). • (Quedamos con Felisa este fin de semana en Granada) o (vamos a ir a Madrid). • (Conchita y Paco vivieron cinco años en Nueva York) pero (en 1990 regresaron a España). • (Has llamado a Julio) o (te ha llamado él a ti). • (Carmen trabaja como logopeda en un colegio) y (está siempre organizando cursos y seminarios para padres). **19.4.1** La que depende de otra oración a la que llamamos principal o de un elemento que se encuentra en la oración. **19.4.2** *Respuesta modelo*: • que había llegado tarde • que me chillen • dónde vive **19.4.3** *Respuesta modelo*: • que ya no sirven • a los que les falta aire • que no para de dar vueltas. **19.4.4** *Respuesta modelo*: • donde primero se te ocurra • porque están arreglando el alcantarillado • cuando acabes de cenar **19.5.1** Las oraciones que no se unen por un nexo sino por coma, punto y coma o dos puntos. **19.5.2** ☐ Cuéntamela, no recuerdo esa leyenda. ☐ Zeus siempre estaba rondando a alguna joven; su esposa Hera estaba harta de él. ☐ Todos tenemos nuestro talón de Aquiles; el mío es este. ☐ Homero fue un poeta griego; Ovidio fue un poeta latino. **19.5.3** • (Pablo está en 5.º de piano); (Víctor es un virtuoso del violín). • (La madre de Jorge es argelina); (él es francés). • (Este fin de semana estuvimos en Abantos); (el próximo iremos a Gredos). **19.6.1** • or. compuesta compleja • or. compuesta con conjuntos oracionales. • or. compuesta con conjuntos oracionales • or. compuesta compleja • or. compuesta con conjuntos oracionales **19.6.2** ☐ falsa ☐ verdadera ☐ falsa ☐ falsa ☐ verdadera

Unidad 20: Oraciones coordinadas 20.1.1 • copulativas • disyuntivas • adversativas • ilativas • explicativas **20.1.2** • (Franz Kafka nació en Praga en 1883) y (murió en Viena en 1924). • (Van Gogh es hoy un pintor cotizadísimo), pero (en vida solo vendió un cuadro). • (Los reptiles son ovíparos), esto es, (se reproducen mediante huevos). • (Durante el siglo II a.C. los romanos conquistaron las tierras situadas entre el Miño y el Duero), (introdujeron las técnicas de cultivo de la vid) y (construyeron un sistema de calzadas). • O (estáis conmigo) o (estáis contra mí). • (Hoy en día podemos leer la *Ilíada* y la *Odisea*), pero (durante varios siglos fueron poemas de trasmisión oral). • (El esqueleto da rigidez al cuerpo), (permite el movimiento) y (protege los órganos internos blandos como el cerebro y el corazón). **20.2.1** Aquellas que indican unión o suma entre los significados de las oraciones. **20.2.2** *Respuesta modelo*: • Por las mañanas trabajo y por las tardes canto en una coral./Me gusta la Física y odio la Química. // • Ni me dirigió la palabra ni me miró./ No tengo sed ni me gusta la cerveza. **20.2.3** • (Los riñones filtran los desechos de la sangre) y (los expulsan en forma de orina). • (El cerebro controla el pensamiento, la memoria y los sentidos) y (también produce hormonas). • (Las arterias llevan sangre rica en oxígeno al cuerpo) y (las venas devuelven la sangre sin oxígeno al corazón). • Ni (en la Edad Media se hacían trasfusiones de sangre) ni (en el siglo XIX se hacían trasplantes de órganos). **20.2.4** (Coge cinco tomates) y (lávalos bien)./(Córtalos en rodajas), (sálalos) y (colócalos en una fuente resistente al horno)./(Trocea cinco o seis ajos) y (distribúyelos sobre los tomates). **20.3.1** Aquellas que indican alternancia entre el significado de las oraciones. **20.3.2** • O vienes ahora o te quedas en casa./¿Vas a bailar o prefieres quedarte mirando? • O bien pasas por mi casa o bien me cojo el metro./O bien te matriculas en la academia o bien te preparas el examen por tu cuenta. **20.3.3** • (¿Escribió Julio Verne *La isla del tesoro*) o (su autor fue Robert Louis Stevenson?) • (¿Veremos la película en versión original) o (la preferís doblada?) • O bien (se permite el libre acceso a las cuevas de Altamira a todos los visitantes) o bien (se reserva a los investigadores). • (¿La capital de Alemania es Bonn) o (es Berlín?) • O (firma Estados Unidos el protocolo) o (el acuerdo será papel mojado). • O (escoges la opción de ciencias) o (no podrás estudiar Biología). • O (te encanta el Palacio de la Pena) o (te horroriza). **20.4.1** Aquellas que expresan contraste u oposición entre los significados de las oraciones. **20.4.2** *Respuesta modelo*: • En España se publican muchos libros pero se leen muy pocos./La película es muy larga pero es estupenda. • No es que no te quiera contar la verdad sino que no sé cuál es./No solo no es el mejor candidato sino que casi es el peor. • Fernando dijo que asistiría a la reunión; sin embargo, no pudo acudir./Me odias; sin embargo, yo te quiero. **20.4.3** •

(La esperanza de vida en Europa es de 73 años), mas (en África no llega a los 52). • (Los recursos del planeta no están distribuidos equitativamente), sino que (el 20 % de la población controla el 80 % de los recursos). • (La mortalidad infantil en Europa es del 12 por mil), pero (en África es del 87 por mil). • (En los últimos decenios no se ha producido un mayor equilibrio entre países ricos y pobres), sino que (ha aumentado la desigualdad). • (Los ancianos son a menudo despreciados en las sociedades ricas), aunque (en muchos países de África, Asia y América son venerados por su sabiduría y experiencia). **20.5.1** Aquellas que se unen porque una de las oraciones expresa una consecuencia del significado de la otra. **20.5.2** • (La Península continúa bajo la influencia de las bajas presiones), luego (la nubosidad será abundante en todo el territorio nacional). • (Se esperan fuertes precipitaciones), por consiguiente (las autoridades aconsejan no viajar en estas fechas). • (Un frente frío procedente del Atlántico alcanzará el noroeste peninsular el próximo fin de semana), así que (se espera un descenso generalizado de las temperaturas en el norte de España). • (Las islas Canarias siguen bajo la influencia de un anticiclón situado en las islas Azores), luego (los cielos permanecerán despejados los próximos días en el archipiélago). **20.5.3** *Respuesta modelo*: • Todavía no he cobrado, así que no puedo invitarte a cenar./Durante todo el domingo estuvo lloviendo, así que no pudimos bañarnos. • Los precios han subido este mes, por tanto tendremos que esperar un poco más./La casa es muy antigua, y, por tanto, serán necesarias algunas reparaciones. **20.6.1** Aquellas que se unen porque una de las oraciones explica el significado de la otra. **20.6.2** *Respuesta modelo*: • No he aprobado el examen; es decir, he suspendido./Soy trilingüe; es decir, hablo tres lenguas. • Alfonso nació en Cáceres; esto es, es extremeño./No tienes carné de conducir; esto es, no puedes llevar el coche. • David y Carmen están fuera; o sea, que no vendrán./Esos zapatos cuestan el doble que los otros; o sea, que son carísimos. **20.6.3** • (Los mamíferos son animales vivíparos), es decir, (desarrollan el embrión dentro del cuerpo de la madre). • (Las aves, los anfibios, los reptiles, los peces y los insectos son animales ovíparos); esto es, (ponen huevos). • (Las ranas y algunos insectos sufren importantes metamorfosis); o sea, (soportan cambios durante su desarrollo). • (Los protozoos son seres unicelulares); es decir, (una sola célula realiza las funciones de nutrición, relación y reproducción).

Unidad 21: Oraciones subordinadas sustantivas 21.1.1 Aquella que desempeña las mismas funciones que un elemento nominal y, por tanto, se puede sustituir por un nombre. **21.1.2** *Respuesta modelo*: • Me sorprende tu reacción. • Prométemelo. • No creo eso. • A todos nos preocupa una mala crítica. • Me lo pregunto. **21.1.3** *Respuesta modelo*: • ¿Quieres que te deje una entrada en recepción? • La clienta le dijo dónde vivía. • Me molesta que me despierten bruscamente. • No es posible que esté lloviendo. • ¿Sabéis quién escribió *Réquiem por un campesino español*? **21.2.1** *Respuesta modelo*: • Creo que hoy va a brillar el sol. • A todos los niños les gusta que les digan cosas bonitas. • Es conveniente que llaméis una vez a la semana. • Me avergüenza que sean capaces de pensar eso. • Me temo que la situación no es la mejor. **21.2.2** *Respuesta modelo*: • ¿Prefieres ir hoy o mañana? • Nos hubiera encantado cenar con vosotros. • ¿Sabéis preparar una paella? **21.2.3** *Respuesta modelo*: • El periodista le preguntó a la ministra de Educación si conocía a fondo el problema. • No sé a ciencia cierta si esta es la llave o no. • ¿Te han contestado tus compañeros si están de acuerdo con el informe? **21.2.4** *Respuesta modelo*: • Explícame otra vez cómo los has hecho./cómo = CC • Todos los testigos espondieron quiénes eran los responsables de aquel destrozo./quiénes = suj. • El fiscal volvió a preguntar dónde había escondido el arma./dónde = CCL • Dime cuántos kilómetros habéis recorrido./cuántos = CC cantidad • ¿Recuerdas cuándo fuisteis a Irlanda?/cuándo = CCT • ¿Has decidido ya qué vas a leer?/qué = CD • Ninguno sabía qué decir./qué = CD **21.3.1** *Respuesta modelo*: - Frodo preguntó qué era aquello. - Gandalf replicó si no sería una estrella. - Frodo exclamó que cómo iba a serlo. **21.3.2** *Respuesta modelo*: • La lechuza le preguntó al hipopótamo si no tenía ganas de ser más alto. • La jirafa no sabía cuándo tenía que dar su opinión. • La liebre les dijo que qué querían. **21.3.3** Se dirigió a él y le preguntó que por qué no había salido a pescar./El hombre del Norte volvió a preguntar que por qué no pescaba más de lo que necesitaba./El pescador replicó que qué iba a hacer con ello./Preguntó de nuevo el pescador que qué haría entonces./El satisfecho pescador preguntó que qué crees que estoy haciendo en este preciso momento. **21.4.1** • que me lo cuentes tú • que un niño vea ese tipo de películas **21.4.2** • que había perdido la paciencia • pedir auxilio **21.4.3** • a que presentarais la documentación • a que rechazaras su invitación **21.4.4** • en que localizáramos primero los verbos • con que nuestra petición fuera escuchada **21.5.1** • Me intriga eso. • Es imposible eso. • Esto es algo muy grave. • A Darío Fo le sorprendió aquello. ▮ Sí. • Me intrigan esas cosas. • Son imposibles esas cosas. • Esas cosas son algo muy grave. • A Darío Fo le sorprendieron esas cosas. ▮ suj. **21.5.2** ☐ ¿Le parece a usted correcto que un ingeniero haga versos? ☐ Se me ocurre que vas a llegar distinta. **21.6.1** • que los famas son seres excesivamente meticulosos. → Los cronopios consideran esto. • cómo se sube una escalera. → Julio Cortázar explica eso minuciosamente en uno de sus libros. • que su sentido del humor está próximo al surrealismo. → Algunos críticos piensan eso. ▮ • Los cronopios lo consideran. • Julio Cortázar lo explica minuciosamente en uno de sus libros. • Algunos críticos lo piensan. ▮ CD **21.6.2** ☐ Dice Cadalso en sus *Cartas marruecas* que a la muerte de Carlos III España era el esqueleto de un gran gigante. ☐ José Antonio Marina afirma que los sentimientos son experiencias cifradas. ☐ El lector recordará que monseñor Arnulfo Romero, obispo de El Salvador, fue asesinado en la década de los ochenta. **21.7.1** • a que los manifestantes repitieran su nombre una y otra vez. → No prestó atención a eso. • a ganar más dinero. → Raúl concede demasiada importancia a eso. ▮ • No le prestó atención. • Raúl le concede demasiada importancia. ▮ CI **21.7.2** ☐ Agustín dedica todos los fines de semana a cultivar su huerto. ☐ ¡No me tanta trascendencia a que te dijera aquello! **21.8.1** • garantizar a los productores del Sur una compensación justa por su trabajo. → El principio fundamental del Comercio Justo consiste en ello. • que nos quedáramos a cenar. → David insistió en aquello. • cómo nos alimentamos. → La salud depende en gran medida de esto. ▮ C.Rég. **21.8.2** ☐ Ese siempre está soñando con vivir del cuento. ☐ Todos se alegran de que al final te hayas matriculado en el curso. ☐ ¡No me he acordado de apagar el fuego! ☐ La intervención de Miguel influyó en que la propuesta fuera aprobada. ☐ Estábamos pensando en cómo distribuir las habitaciones. **21.9.1** *Respuesta modelo*: • Le sorprendió su manera de abordar el asunto. • ¿Cuál es la causa de que no te hayas presentado a tiempo? • Me da la sensación de que no tienes demasiado interés en el tema. • Tengo la esperanza de que todo se resuelva favorablemente. ▮ CN. **21.9.2** verte/verte/verte/verte/hallarte/hallarte/hallarte/hallarte/oírte/oírte/oírte/oírte **21.10.1** *Respuesta modelo*: • Estoy convencida de saber la respuesta. • Estoy convencida de que sabes la respuesta. • Estoy feliz de estar contigo. • Estoy feliz de que estés aquí. • Estoy harto de no encontrar nunca nada. • Estoy harto de que nunca aparezca nada. ▮ C.Adj. **21.10.2** Estoy cansado de (estar vivo)/Estoy cansado del (estar cansado). **21.11.1** *Respuesta modelo*: • Todos los años se quedan cerca de ganar. • Todos los años se quedan cerca de que les den la medalla de oro. • De niños estábamos muy lejos de imaginar todo esto. • De niños estábamos muy lejos de que sucediera eso. • M.ª Carmen se lo cruzó antes de saber quién era. • M.ª Carmen se lo cruzó antes de que lo supiera. • Iré después de comer. • Iré después de que pase esto. ▮ C.Adv. **21.11.2** de decir tú nada

Unidad 22: Oraciones subordinadas de relativo 22.1.1 Aquella que va introducida por un relativo y que suele desempeñar las funciones propias de un adjetivo. **22.1.2** • Algunos objetos reciclables de uso diario son los periódicos y los vidrios. • La cantidad de agua desperdiciada es de unos 75 000 litros por año en cada casa de nuestras ciudades. • No debemos tirar a la basura las pilas gastadas. **22.1.3** idea/palabra **22.1.4** • que nos hace mejores/conocimiento • que a los hombres dieron los cielos/dones • que tenemos hoy planteados/retos **22.2.1** • que se ahorra con el reciclaje de una botella de vidrio • que frecuentan las playas. **22.2.2** • que contengan CFC • que ya no necesites. **22.2.3** • En el documental hablaron de Robert Brown, (que fue el primer hombre (que observó directamente átomos y moléculas en el microscopio))/de Robert Brown, que fue... = C.Rég./el primer hombre que observó... = At. • En las zonas del planeta (en las que las lluvias son frecuentes) disminuye la salinidad de los mares./En las zonas del planeta en las que... = CCL • Entre los minerales fundamentales para el organismo destaca el calcio, (que es el principal constituyente de los huesos)./el calcio, que es el principal... = suj. • El 10%

de las tierras (que emergen del mar) está cubierto por el hielo./de las tierras que emergen... = CN **22.3.1** *Respuesta modelo*: • Mario, que es un chico estupendo, viene a visitarme. • Mi coche, que es de color rojo, está estropeado. **22.3.2** *Respuesta modelo*: • Buscad los árboles que sean de hoja perenne. • La comida que está caducada no se debe comer. **22.3.3** • especificativa • explicativa • explicativa • explicativa • especificativa • explicativa **22.4.1** • Quien mal anda • El que a buen árbol se arrima **22.4.2** Con antecedente explícito: que luchan un día/que luchan un año //Sin antecedente explícito: quienes luchan muchos años/los que luchan toda una vida **22.4.3** • Quien no comprende una mirada (sin antecedente explícito) • que están siempre de vuelta (con antecedente explícito)/los que nunca han ido a ninguna parte (sin antecedente explícito) **22.5.1** • donde no se ve nunca el sol/donde = adv. rel. • sin las cuales no podrás montar el armario/las cuales = pron. rel. • a cuyas clases hayáis faltado/cuyas = det. rel. posesivo • que estaban en huelga/que = pron. rel. • en que su padre lo llevó a conocer el hielo/que = pron. rel. • en que lo iban a matar/que = pron. rel. // en que llegaba el obispo/que = pron. rel. **22.5.2** *Respuesta modelo*: • El profesor que viene a ayudarte es muy competente. • El chalé donde pasan las vacaciones tus tíos es maravilloso. • La estatua cuyo brazo está roto es de origen griego. **22.6.1** • al que = CI • el cual = suj. • con la que = CC compañía **22.6.2** • en la que = CCL • que = suj. **22.6.3** que no ha cambiado desde hace 60 millones de años/que = suj. // en donde gigantescos árboles parecen alcanzar el cielo y el frondoso follaje impide que la luz llegue hasta el suelo/en donde CCL // en el que la temperatura diurna es casi idéntica a la nocturna; la de una estación a las otras; y la de un año, idéntica a la del siguiente/en el que = CCL // en el que las nubes nunca se alejan/en el que = CCL // donde llueve torrencialmente/donde = CCL

Unidad 23: Oraciones subordinadas circunstanciales 23.1.1 La que realiza en la oración las mismas funciones que un complemento circunstancial. **23.1.2** *Respuesta modelo*: • a las tres • así • hasta la ermita • por culpa de unas anginas **23.1.3** • Cuando se despertó (CCT) • como si fueran un fin en sí mismos y no un medio para otra cosa (CCM) • para que otros puedan sencillamente vivir (CCF) **23.2.1** 1. Adverbiales: desempeñan la misma función que los adverbios y se pueden sustituir por ellos. 2. No adverbiales: no equivalen a adverbios ni se pueden sustituir por ellos. **23.2.2** *Respuesta modelo*: • allí • luego • demasiado deprisa. **23.2.3** ☐ aunque no tengas hambre (no adverbial) ☐ para estar bien alimentados (no adverbial) ☐ si no te la prescribe un médico (no adverbial) ☐ Cuando vayas a consumir un producto envasado (adverbial) ☐ Si has descongelado un alimento (no adverbial) ☐ donde los productos te merezcan confianza (adverbial) **23.3.1** *Respuesta modelo*: Lugar: Me escondí donde no podía verme./Tiempo: Salí cuando se había alejado./Modo: Me arrastré como pude./Cantidad: Corrí cuanto fue posible. // Antes de que me viera, me arrastré como pude. Me escondí donde no podía verme y salí cuando ya se había alejado. Corrí cuanto fue posible, golpeé la pared y dije: Por mí, por todos mis compañeros y por mí el primero. **23.3.2** • cuando el troyano Paris raptó a Helena, la esposa del griego Menelao (tiempo) • como si fuera un prisma (modo) • donde ya había templos de otros pueblos (lugar) • cuanto pude (cantidad) • según se indica en el prospecto (modo) • Una vez que hayas batido bien las claras (tiempo) **23.4.1** 1. causales 2. finales 3. condicionales 4. concesivas **23.4.2** • porque estaba lloviendo (causa) • Aunque le dolía mucho la pierna (objeción) • para que jugaran en equipo (finalidad) • que cayeron incluso algunos árboles (consecuencia) • como pelos en mi cabeza (comparación) • Si tienes frío (condición) • para ser felices (finalidad) • que hoy no se puede mover (consecuencia) • como esté otra vez estropeado el ascensor (condición) **23.5.1** *Respuesta modelo*: • La prueba se suspendió porque empezó a nevar. • El presidente renunció a presentarse de nuevo pues no tenía suficientes apoyos. • Como patronal y sindicatos no se ponían de acuerdo la reunión fue un fracaso. **23.5.2** • Los coches son una de las causas de la lluvia ácida, (porque/dado que/puesto que) emiten el 34% de los óxidos de nitrógeno vertidos a la atmósfera. • Vamos a quedar pronto, (porque/pues) tenemos que hablar de muchas cosas./Como tenemos que hablar de muchas cosas, vamos a quedar pronto. **23.5.3** ☐ Como Maribel le pidió el disco a Jaime, Jaime se lo ha regalado. ☐ José se cayó porque Álvaro lo empujó sin querer. ☐ Ya que sabes tanto alemán, preséntate al examen de la Escuela Oficial de Idiomas. ☐ No te asomes, que te vas a caer. **23.6.1** *Respuesta modelo*: • Causales del enunciado: Entra agua porque el techo tiene un agujero. • Causales de la enunciación: Ha debido de suceder algo en la carretera, porque van a llegar más tarde. **23.6.2** ☐ ya que nadie le daba una explicación ☐ porque no nos ha dirigido la palabra en toda la mañana (causal de enunciación) ☐ porque están todas las camisetas desteñidas (causal enunciación) ☐ porque he llegado tarde **23.6.3** Como ambos estaban muy enamorados/ya que Hero encendía una antorcha en la torre de su casa/como no tenía indicación alguna del camino/Como quiera que Hero viera desde su ventana el cuerpo sin vida de su amado **23.7.1** *Respuesta modelo*: • La oposición propone una huelga general para presionar al gobierno. • Trabajé muy duro para conseguir la medalla. • Se reducirá la emisión de gases para evitar el efecto invernadero. **23.7.2** • Para obtener éxito en el mundo • a fin de que nuestro organismo no carezca de ninguno de los nutrientes necesarios • para que nos haga una revisión general del estado de nuestra dentadura **23.7.3** ☐ La información es un buen recurso para tomar decisiones inteligentes. ☐ Carmen y Nicolás están recogiendo mucha información sobre Portugal con vistas a aprovechar el viaje al máximo. ☐ Ha venido un muchacho a recoger el paquete. ☐ Paloma y Enrique han preparado la bolsa del bebé para irse al hospital. **23.8.1** *Respuesta modelo*: • Si la economía va bien, el país tendrá estabilidad. • Si el mar está tranquilo, la flota podrá salir a navegar. • Si los impuestos no suben, el gobierno no podrá garantizar el pago de las pensiones. **23.8.2** • El papel reciclado no resulta ecológicamente recomendable (apódosis)/a menos que no se utilice cloro para blanquearlo (or. sub/ prótasis) • Podríamos ahorrar millones de bolsas cada año (apódosis)/con tal de que cada comprador aceptara una bolsa menos cada mes (or. sub/prótasis) • Si la tecnología está cada vez más desarrollada, (or. sub/prótasis)/¿por qué la gente está cada vez más incomunicada? (apódosis). **23.8.3** ☐ Si tiras una lata de aluminio al suelo seguirá siendo un residuo sólido durante 100 años. ☐ Cuando tú dices que eso es fotodegradable, será verdad. ☐ Reciclando tan solo la décima parte de los periódicos podríamos salvar 700 000 árboles al año. **23.9.1** • El escultor aceptó el premio, aunque no pudo asistir a la ceremonia. • La cantante se va recuperando, aunque muy lentamente. • Los investigadores lograron un gran avance a pesar del poco apoyo recibido. **23.9.2** (Aun cuando/Por más que/ Por mucho que) la mona se vista de seda, mona se queda./Aun vistiéndose la mona de seda, mona se queda. **23.9.3** ☐ Por más que me lo pidas no vas a ver más la tele, José. ☐ A pesar de que hacía un frío terrible Jesús y Ángeles quisieron salir a dar un paseo por Sigüenza. ☐ Aunque no llegue a vender nunca ningún cuadro, Luis dedica mucho tiempo a la pintura. ☐ Por más que le gritábamos no nos oía. ☐ No puedo asegurarle nada, señora, si bien tendremos en cuenta su solicitud. **23.10.1** *Respuesta modelo*: • Este coche es incluso mejor de lo que usted esperaba • La lavadora que trabaja tanto como usted mismo. • Este perfume es tan bueno como su precio. **23.10.2** • como esperaba • de lo que llovió el año pasado en todo el invierno • como chicas **23.10.3** ☐ Ese es más tonto que Abundio. ☐ En invierno la noche es más larga que el día. ☐ Es más difícil saber ganar que perder. ☐ ¿La leche tiene menos calcio que el yogur? **23.11.1** • que aprendió a hablar el chino • que nunca tenía tiempo para nada • que se creía que se reían de él las dentaduras postizas de los escaparates • que de pronto los dos trenes comenzaron a correr en el mismo sentido. **23.11.2** *Respuesta modelo*: • Tenía tantas ganas de verla que las nubes le dibujaron su rostro. • Los sombreros de copa son tan altos que las cigüeñas hacen sus nidos en ellos. • El río era tan pequeño que los peces en vez de nadar flotaban. **23.11.3** • Has dormido tan poco que no debes conducir bajo ningún concepto.

Las oraciones coordinadas y subordinadas (ver 292)

La oración simple

1. Teruel existe.

N	V
suj.	pred.

   – Oración simple, intransitiva. Enunciado enunciativo, afirmativo.

2. El símbolo de - el hierro es Fe.

			det.	N		
		prep.	GN			
		enl.	térm.			
det.	N		G.Prep.		V	N
act.	núcl.		CN		núcl.	At.
GN					GV	
suj.					pred.	

   – Oración simple, copulativa. Enunciado enunciativo, afirmativo.

3. En España hay cuatro lenguas oficiales.

prep.	N		det.	N	adj.
enl.	térm.		act.	núcl.	CN
G.Prep.		V	GN		
CCL		núcl.	CD		
GV					
predicado					

   – Oración simple, impersonal, transitiva. Enunciado enunciativo, afirmativo.

4. El castellano, el catalán y el gallego proceden de - el latín.

								prep.	det.	N
								enl.	act.	térm.
det.	N	det.	N	conj.	det.	N	V	G.Prep.		
act.	núcl.	act.	núcl.	nexo	act.	núcl.	núcl.	C.Rég.		
GN							GN			
(coord.)suj.							predicado			

   – Oración simple, intransitiva. Enunciado enunciativo, afirmativo.

5. El vasco es una lengua de origen incierto.

					prep.	N	adj.
					enl.	térm.	CN
			det.	N	G.Prep.		
			act.	núcl.	CN		
det.	N	V	GN				
act.	núcl.	núcl.	At.				
GN		GV					
suj.		predicado					

   – Oración simple, copulativa. Enunciado enunciativo, afirmativo.

6. El español cuenta con 400 millones de hablantes.

					prep.	N
					enl.	térm.
			det.	N	G.Prep.	
			act.	núcl.	CN	
		prep.	GN			
		enl.	térm.			
det.	N	V	G.Prep.			
act.	núcl.	núcl.	C.Rég.			
GN		GV				
suj.		predicado				

   – Oración simple, intransitiva. Enunciado enunciativo, afirmativo.

7. [S.O.] La bombilla eléctrica se la debemos a Edison.

det.	N	adj.			prep.	N
act.	núcl.	CN			enl.	térm.
GN			pron.	pron.	V	G.Prep.
CD			CI	CD	núcl.	CI
			GV			
			predicado			

   – Oración simple, transitiva. Enunciado enunciativo, afirmativo.

La oración simple

8. Newton publicó su libro más famoso, *Principia Matematica*, en 1687.

   - Oración simple, transitiva. Enunciado enunciativo, afirmativo.
   - Los nombres con que se designan los años son, en realidad, nombres en aposición, pues proceden de construcciones como: *el año (de) mil seiscientos ochenta y siete*.

9. Plutón fue descubierto en 1930.

   - Oración simple, pasiva (sin complemento agente). Enunciado enunciativo, afirmativo.
   - Los verbos en pasiva constan de un verbo auxiliar (*ser*) y de un verbo principal (en participio). Son una clase de perífrasis verbal.

10. [S.O.] Conóce - te a ti mismo.

    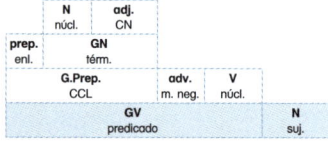

    - Oración simple, transitiva. Enunciado enunciativo, afirmativo.
    - Los pronombres personales *te* y *ti* tienen valor reflexivo.
    - Algunos gramáticos prefieren no incluir la preposición *a* en el complemento directo y defienden que dicha preposición funciona en estos casos como una mera marca de función.

11. En boca cerrada no entran moscas.

    - Oración simple, intransitiva. Enunciado enunciativo, negativo.

12. Mary Shelley publicó *Frankenstein* en 1818.

    - Oración simple, transitiva. Enunciado enunciativo, afirmativo.

13. La esperanza de vida de un niño depende de su lugar de nacimiento.

    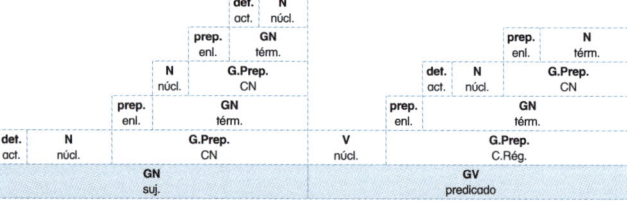

    - Oración simple, intransitiva. Enunciado enunciativo, afirmativo.

14. 125 millones de niños no están aún escolarizados.

det. act.	N núcl.	prep. enl.	N térm.	adv. m. neg.	V núcl.	adv. CCT	adj. At.
		G.Prep. CN					
GN suj.				GV predicado			

– Oración simple, copulativa. Enunciado enunciativo, negativo.

15. En el Museo d'Orsay se exponen los cuadros de los impresionistas.

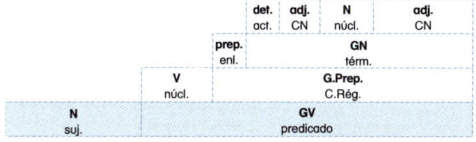

– Oración simple, pasiva refleja. Enunciado enunciativo, afirmativo.

16. Toulouse-Lautrec procedía de una vieja familia aristocrática.

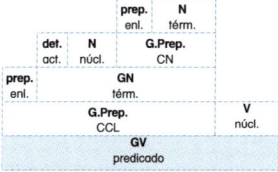

– Oración simple, intransitiva. Enunciado enunciativo, afirmativo.

17. En la obra de Munch destaca

prep. enl.	det. act.	N núcl.	prep. enl.	N térm.	V núcl.
			G.Prep. CN		
	GN térm.				
G.Prep. CCL					
GV predicado					

su preocupación por la desesperación humana.

det. act.	N núcl.	prep. enl.	det. act.	N núcl.	adj. CN
				GN térm.	
		G.Prep. CN			
GN suj.					

– Oración simple, intransitiva. Enunciado enunciativo, afirmativo.

– El complemento del nombre *por la desesperación humana* podría también analizarse como un complemento de régimen del sustantivo *preocupación*.

18. Van Gogh y Gauguin influyeron decisivamente en los expresionistas.

N núcl.	conj. nexo	N núcl.	V núcl.	adv. CCM	prep. enl.	det. act.	N núcl.
						GN térm.	
					G.Prep. C.Rég.		
GN (coord.) suj.			GV predicado				

– Oración simple, intransitiva. Enunciado enunciativo, afirmativo.

La oración simple

19. Como hombre polivalente,

	N	adj.
	núcl.	CN
prep.	GN	
enl.	térm.	
G.Prep.		
tópico		

Arquímedes fue un importante inventor, matemático y astrónomo.

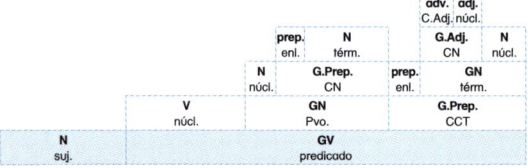

— Oración simple, copulativa. Enunciado enunciativo, afirmativo.

20. Alejandro Magno fue proclamado rey de Macedonia con solo 20 años.

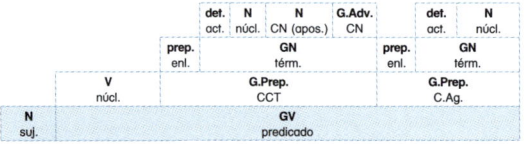

— Oración simple, pasiva sin complemento agente. Enunciado enunciativo, afirmativo.

— Grupos (o construcciones) preposicionales como este pueden analizarse también considerando a *con* núcleo y a *solo 20 años* complemento de ese núcleo. Algo así como: *teniendo solo 20 años*.

21. Atenas fue destruida en el año 480 a.C. por los persas.

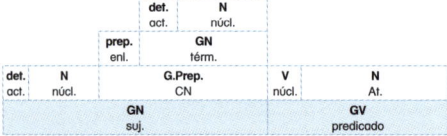

— Oración simple, pasiva. Enunciado enunciativo, afirmativo.

— El grupo adverbial *a.C.* es, en realidad, un complemento del grupo nominal *año 480* y no solo del sustantivo *año*.

22. El inventor de - el pararrayos fue Benjamin Franklin.

det.	N			
act.	núcl.			
prep.	GN			
enl.	térm.			
det.	N	G.Prep.	V	N
act.	núcl.	CN	núcl.	At.
GN			GV	
suj.			predicado	

— Oración simple, copulativa. Enunciado enunciativo, afirmativo.

23. Santiago es de Huesca.

		prep.	N
		enl.	térm.
	V	G.Prep.	
	núcl.	At.	
N	GV		
suj.	predicado		

— Oración simple, transitiva. Enunciado interrogativo.

— Consideramos que *de Huesca* es atributo porque equivale al adjetivo *oscense* y se sustituye por *lo: lo es*. No obstante, también sería válido considerar al grupo preposicional como complemento circunstancial e, incluso, complemento de régimen, pues *es* equivale a *procede*.

24. ¿Qué es un omnipoliedro?

pron.	V	det.	N
At.	núcl.	act.	núcl.
GV		GN	
predicado		suj.	

– Oración simple, copulativa. Enunciado interrogativo.

25. ¿Dónde nació Cervantes?

adv.	V	
CCL	núcl.	
GV		N
predicado		suj.

– Oración simple, intransitiva. Enunciado interrogativo.

26. ¿Quién escribió la *Divina comedia*?

		det.	adj.	N
		act.	CN	núcl.
	V		GN	
	núcl.		CD	
pron.		GV		
suj.		predicado		

– Oración simple, transitiva. Enunciado interrogativo.

27. ¿A quién dedica Jorge Manrique sus famosas *Coplas*?

prep.	pron.			det.	adj.	N
enl.	térm.			act.	CN	núcl.
G.Prep.		V			GN	
CI		núcl.			CD	
GV			N		GV	
predicado			suj.		predicado	

– Oración simple, transitiva. Enunciado interrogativo.

28. ¿Qué escribió Virgilio?

pron.	V	
CD	núcl.	
GV		N
predicado		suj.

– Oración simple, transitiva. Enunciado interrogativo.

29. ¿Cuál es la obra más famosa de Clarín?

				adv.	adj.	prep.	N
				mod.c.	núcl.	enl.	térm.
pron.	V	det.	N	G.Adj.		G.Prep.	
At.	núcl.	act.	núcl.	CN		CN	
GV				N			
predicado				suj.			

– Oración simple, copulativa. Enunciado interrogativo.

– El grupo adverbial *más famosa* no complementa al sustantivo *obra*, sino al grupo nominal *la obra de Clarín*.

30. Dí - se - lo tú a tu Ana.

				det.	N
				act.	núcl.
			prep.	GN	
			enl.	térm.	
V	pron.	pron.		G.Prep.	
núcl.	CI	CD		CI	
GV			pron.	GV	
predicado			suj.	predicado	

– Oración simple, transitiva. Enunciado imperativo.

31. A Elena ya se lo he dicho yo.

prep.	N				
enl.	térm.				
G.Prep.		adv.	pron.	pron.	V
CI		CCT	CI	CD	núcl.
		GV			pron.
		predicado			suj.

– Oración simple, transitiva. Enunciado enunciativo, afirmativo.

279

La oración simple

32. A José sus amigos le llaman Pepe.

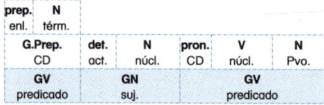

— Oración simple, transitiva. Enunciado enunciativo, afirmativo.

— Este empleo de *le* es un caso de leísmo, ya que se ha empleado este pronombre como complemento directo en lugar de *lo*.

33. [S.O.] ¡Siempre se está mirando en el espejo!

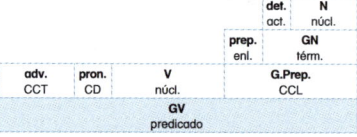

— Oración simple, transitiva. Enunciado exclamativo.

— El pronombre personal *se* tiene valor reflexivo.

— *Está mirando* es una perífrasis verbal de gerundio. Consta de un verbo auxiliar (*está*) y de un verbo principal (*mirando*).

34. [S.O.] ¿No os vais a saludar?

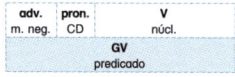

— Oración simple, transitiva. Enunciado interrogativo.

— El pronombre personal *os* tiene valor recíproco.

— *Vais a saludar* es una perífrasis verbal de infinitivo. Consta de un verbo auxiliar (*vais*), un enlace (*a*) y un verbo principal (*saludar*).

35. El reloj, ¿se lo devuelves tú mañana a Tomás?

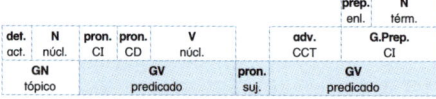

— Oración simple, transitiva. Enunciado interrogativo.

36. [S.O.] Te estoy llamando, Quique.

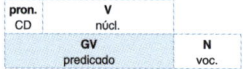

— Oración simple, transitiva. Enunciado enunciativo, afirmativo.

— *Estoy llamando* es una perífrasis verbal de gerundio. Consta de un verbo auxiliar (*estoy*) y de un verbo principal (*llamando*).

37. [S.O.] ¿No me oyes?

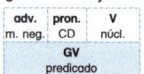

— Oración simple, transitiva. Enunciado interrogativo.

38. [S.O.] Me estaba lavando las manos.

		det.	N
		act.	núcl.
pron.	V	GN	
CI	núcl.	CD	
GV			
predicado			

– Oración simple, transitiva. Enunciado enunciativo, afirmativo.
– El pronombre personal *me* tiene valor reflexivo y posesivo (mis manos).
– *Estaba lavando* es una perífrasis verbal de gerundio. Consta de un verbo auxiliar (*estaba*) y de un verbo principal *(lavando)*.

39. [S.O.] Te he echado de menos.

pron.	V (loc. verbal)
CD	núcl.
GV	
predicado	

– Oración simple, transitiva. Enunciado enunciativo, afirmativo.

40. [S.O.] No os olvidaré jamás.

adv.	pron.	V	adv.
m. neg.	CD	núcl.	CCT
GV			
predicado			

– Oración simple, transitiva. Enunciado enunciativo, afirmativo.

41. [S.O.] Siempre me acordaré de vosotros.

		prep.	pron.
		enl.	térm.
adv.	V	G.Prep.	
CCT	núcl.	C.Rég.	
GV			
predicado			

– Oración simple, intransitiva. Enunciado enunciativo, afirmativo.
– El pronombre *me* no desempeña ninguna función; forma parte del verbo *acordarse*. Este tipo de verbos se llaman *verbos pronominales*.

42. El matrimonio es la principal causa de divorcio.

					prep.	N
					enl.	térm.
		det.	adj.	N	G.Prep.	
		act.	CN	núcl.	CN	
det.	N	V	GN			
act.	núcl.	núcl.	At.			
GN		GV				
suj.		predicado				

– Oración simple, copulativa. Enunciado enunciativo, afirmativo.

43. En Nueva York un hombre es atropellado cada diez minutos.

prep.	N				det.	det.	N
enl.	térm.				act.	act.	núcl.
G.Prep.		det.	N	V	GN		
CCL		act.	núcl.	núcl.	CCT		
GV		GN		GV			
predicado		suj.		predicado			

– Oración simple, pasiva. Enunciado enunciativo, afirmativo.
– En realidad, el determinativo distributivo *cada* incide sobre todo el grupo nominal *diez minutos* y no solo sobre el sustantivo *minutos*.

La oración simple

44. No hay que confundir churras con merinas.

adv.	V	adj.	prep. enl.	adj. térm.
m. neg.	núcl.	CD		G.Prep. C.Rég.
		GV predicado		

- Oración simple, impersonal, transitiva. Enunciado enunciativo, negativo.
- *Hay que confundir* es una perífrasis verbal de infinitivo. Consta de un verbo auxiliar (*hay*), un enlace conjuntivo (*que*) y con un verbo principal (*confundir*).

45. En la Edad Media, los poemas épicos eran recitados por juglares.

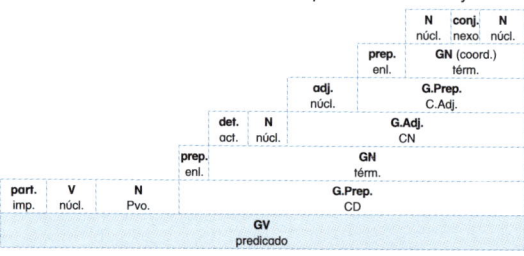

- Oración simple, pasiva. Enunciado enunciativo, afirmativo.

46. Se llama *incunable* a todo libro impreso entre 1450 y 1500.

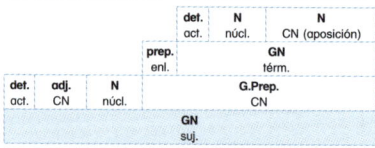

- Oración simple, impersonal, transitiva. Enunciado enunciativo, afirmativo.
- Algunos gramáticos prefieren no incluir la preposición *a* en el complemento directo y defienden que dicha preposición funciona en estos casos como una mera marca de función.
- También se puede analizar el grupo preposicional *entre 1450 y 1500* como un complemento circunstancial de tiempo del participio *impreso*.

47. La lujosa tumba de - el faraón Tutankhamon

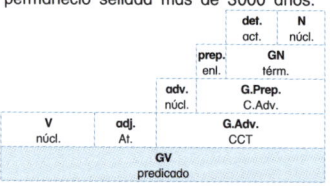

permaneció sellada más de 3000 años.

- Oración simple, copulativa. Enunciado enunciativo, afirmativo.
- Hay gramáticos que prefieren analizar el adjetivo *sellada* como predicativo porque consideran que el verbo *permaneció* no es copulativo.

48. En tiempos de Ramsés II trabajaban en el templo de Karnak

prep. enl.	N núcl.	prep. enl.	GN térm.			V núcl.	prep. enl.	det. act.	N núcl.	prep. enl.	N térm.
			N núcl.	adj. CN							
			G.Prep. CN							G.Prep. CN	
			GN térm.					GN térm.			
G.Prep. CCT							G.Prep. CCL				
						GV predicado					

unas 80 000 personas.

G.Det. act.	N núcl.
GN suj.	

– Oración simple, intransitiva. Enunciado enunciativo, afirmativo.

– La palabra *unas* es aquí un adjetivo con valor aproximativo, sinónimo de adverbios o locuciones como: *casi, aproximadamente, alrededor de, cerca de...* que inciden sobre el numeral cardinal *80 000* y no sobre el grupo nominal *80 000 personas*.

49. Cada célula humana contiene 23 pares de cromosomas.

det. act.	N núcl.	adj. CN	V núcl.	det. act.	N núcl.	prep. enl.	N térm.
						G.Prep. CN	
				GN térm.			
GN suj.				GV predicado			

– Oración simple, transitiva. Enunciado enunciativo, afirmativo.

50. Se hacen traducciones.

part. pas. ref.	V núcl.	N
GV predicado		suj.

– Oración simple, pasiva refleja. Enunciado enunciativo, afirmativo.

51. El jazmín no soporta temperaturas altas en espacios cerrados.

det. act.	N núcl.	adv. m. neg.	V núcl.	N núcl.	adj. CN	prep. enl.	N núcl.	adj. CN
				GN CD			GN térm.	
							G.Prep. CCL	
GN suj.				GV predicado				

– Oración simple, transitiva. Enunciado enunciativo, afirmativo.

52. La pasión de Bastian Baltasar Bux eran los libros.

det. act.	N núcl.	prep. enl.	N térm.	V núcl.	det. act.	N núcl.
		G.Prep. CN			GN At.	
GN suj.				GV predicado		

– Oración simple, copulativa. Enunciado enunciativo, afirmativo.

– En casos como este, el verbo concuerda en número y persona con el atributo y no con el sujeto.

La oración simple

53. [S.O.] Desde joven he vivido la zozobra de la libertad.

— Oración simple, transitiva. Enunciado enunciativo, afirmativo.

54. Todo necio confunde valor y precio.

— Oración simple, transitiva. Enunciado enunciativo, afirmativo.

— Este complemento directo coordinado posee un valor recíproco: *valor con precio* y *precio con valor*.
Si hubiera aparecido la preposición *con* en vez de la conjunción *y*, el complemento directo sería *valor*, y *con precio* desempeñaría la función de complemento de régimen.

55. El *laberinto mágico*, conjunto de seis libros de Max Aub, trata de la guerra civil española.

— Oración simple, intransitiva. Enunciado enunciativo, afirmativo.

— En realidad, el adjetivo *española* es complemento del grupo nominal *la guerra civil*, y no solo del sustantivo *guerra*.

56. El waterpolista Manuel Estiarte fue galardonado en Oviedo con el Premio Príncipe de Asturias por su trayectoria profesional.

— Oración simple, pasiva. Enunciado enunciativo, afirmativo.

57. A Carlos V le sucedió su hijo Felipe II.

prep. enl.	GN térm.					N núcl.	adj. CN	
	N núcl.	adj. CN						
G.Prep. CD			pron. CD	V núcl.	det. act.	N núcl.	GN CN (aposición)	
GV predicado						GN suj.		

– Oración simple, intransitiva. Enunciado enunciativo, afirmativo.
– El pronombre *le* es un caso de leísmo.
– Este pronombre *le* es anafórico: se refiere al grupo nominal *Carlos V*, mencionado antes.

58. En mi opinión, los aeropuertos

prep. enl.	GN térm.		det. act.	N núcl.
	det. act.	N núcl.		
G.Prep. circunstante			GN suj.	

cuentan con muchas medidas de seguridad.

V núcl.	prep. enl.	GN térm.			
		det. act.	N núcl.	prep. enl.	N térm.
				G.Prep. CN	
			GN térm.		
	G.Prep. C.Rég.				
GV predicado					

– Oración simple, intransitiva. Enunciado enunciativo, afirmativo.

59. El Premio Nacional de Cinematografía

det. act.	N núcl.	adj. CN	prep. enl.	N térm.
			G.Prep. CN	
GN suj.				

fue obtenido ese año por el cineasta Montxo Armendáriz, director de *Secretos de - el corazón*.

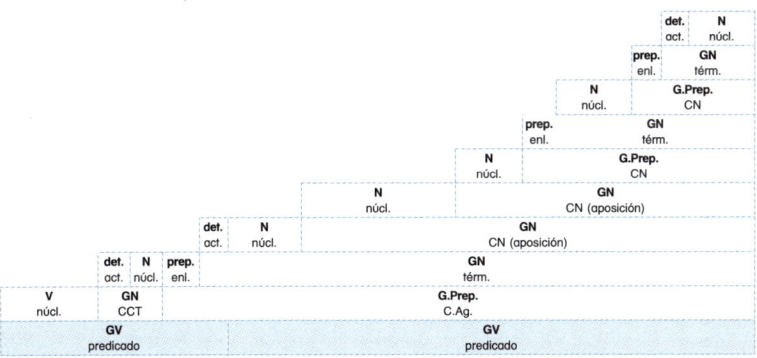

– Oración simple, pasiva. Enunciado enunciativo, afirmativo.

La oración simple

60. Su colega Imanol Uribe

det.	N	N
act.	núcl.	CN (aposición)

GN / suj.

le definió como un cineasta minucioso, serio y sólido.

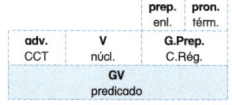

– Oración simple, transitiva. Enunciado enunciativo, afirmativo.

– Este empleo de *le* es un caso de leísmo, ya que se ha empleado este pronombre como complemento directo en lugar de *lo*.

61. A Gloria Fuertes no le importó la popularidad.

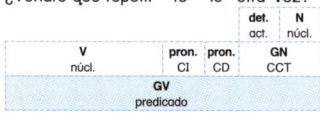

– Oración simple, intransitiva. Enunciado enunciativo, negativo.

– Este pronombre *le* es anafórico, pues se refiere al grupo preposicional *a Gloria Fuertes*; por eso, ambos desempeñan la misma función.

62. [S.O.] Jamás se quejó de ella.

	adv.	V	prep.	pron.
	CCT	núcl.	enl.	térm.
			G.Prep.	
			C.Rég.	

GV / predicado

– Oración simple, intransitiva. Enunciado enunciativo, afirmativo.

63. [S.O.] ¿Tendré que repetir - te - lo otra vez?

				det.	N
				act.	núcl.
V		pron.	pron.	GN	
núcl.		CI	CD	CCT	

GV / predicado

– Oración simple, transitiva. Enunciado interrogativo.

– *Tendré que repetir* es una perífrasis verbal de infinitivo que consta de un verbo auxiliar (*tendré*), un nexo conjuntivo (*que*) y un verbo principal (*repetir*).

64. No había nadie en clase esta mañana.

			prep.	N	det.	N
			enl.	térm.	act.	núcl.
adv.	V	pron.	G.Prep.		GN	
m. neg.	núcl.	CD	CCL		CCT	

GV / predicado

– Oración simple, impersonal, transitiva. Enunciado enunciativo, negativo.

65. [S.O.] Crée - me.

V	pron.
núcl.	CD

GV / predicado

– Oración simple, transitiva. Enunciado imperativo.

– Es dudosa la función que ejerce el pronombre como complemento del verbo *creer*: unos lo sienten como complemento directo y otros como complemento indirecto. Si aparece explícito un complemento directo de cosa, la persona pasa a complemento indirecto.

66. A mucha gente le asusta la oscuridad.

		det. act.	N núcl.					
prep. enl.		GN térm.						
	G.Prep. CI			pron. CI	V núcl.	det. act.	N núcl.	
	GV predicado					GN suj.		

– Oración simple, intransitiva. Enunciado enunciativo, afirmativo.
– El pronombre *le* es anafórico: se refiere al grupo preposicional *a mucha gente*. Por eso, tanto el pronombre como el grupo preposicional desempeñan la misma función de complemento indirecto.
– El verbo *asustar* es transitivo y, por tanto, lleva CD de persona cuando el sujeto es agente:
    Juan asustó a su madre. → *La asustó.*

67. ¿Te gusta la música africana?

pron. CI	V núcl.	det. act.	N núcl.	adj. CN
GV predicado		GN suj.		

– Oración simple, intransitiva. Enunciado interrogativo.

68. [S.O.] ¿Por qué me trajiste, padre, a la ciudad?

						det. act.	N núcl.
prep. enl.	pron. térm.				prep. enl.	GN térm.	
G.Prep. CC causa		pron. CD	V núcl.		G.Prep. CCL		
GV predicado				N voc.	GV predicado		

– Oración simple, transitiva. Enunciado interrogativo.

69. [S.O.] Puedo escribir los versos más tristes esta noche.

				adv. mod.c.	adj. núcl.		
		det. act.	N núcl.	G. Adj. CN		det. act.	N núcl.
V núcl.		GN CD				GN CCT	
GV predicado							

– Oración simple, transitiva. Enunciado enunciativo, afirmativo.
– *Puedo escribir* es una perífrasis verbal de infinitivo. Consta de verbo auxiliar (*puedo*) y verbo principal (*escribir*). El verbo auxiliar tiene un significado de 'capacidad' o de 'posibilidad'.

70. Mi hija, ¡cuánto le gustaría eso!

det. act.	N núcl.	adv. CC cant.	pron. CI	V núcl.	
GN tópico		CC cant.	GV predicado		pron. suj.

– Oración simple, intransitiva. Enunciado exclamativo.

71. Un cuadro de Chagall

		prep. enl.	N térm.
det. act.	N núcl.	G.Prep. CN	
GN suj.			

ha sido robado en Nueva York por un grupo desconocido.

					det. act.	N núcl.	adj. CN
		prep. enl.	N térm.	prep. enl.	GN térm.		
V núcl.		G.Prep. CCL		G.Prep. C.Ag.			
GV predicado							

– Oración simple, pasiva. Enunciado enunciativo, afirmativo.

La oración simple

72. [S.O.] A Ramón y Cajal le debemos 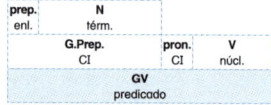 una precisa descripción de - el sistema nervioso central.

– Oración simple, transitiva. Enunciado enunciativo, afirmativo.

– El pronombre *le* es anafórico: se refiere al grupo preposicional *a Ramón y Cajal*. Por eso, tanto el pronombre como el grupo preposicional ejercen la misma función.

– En realidad, el adjetivo *central* complementa al grupo nominal *sistema nervioso* y no solo al sustantivo *sistema*.

73. A - el ombligo le falta el botón.

– Oración simple, intransitiva. Enunciado enunciativo, afirmativo.

74. [S.O.] Has vuelto a incurrir en el mismo error.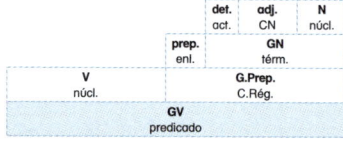

– Oración simple, intransitiva. Enunciado enunciativo, afirmativo.

– *Has vuelto a incurrir* es una perífrasis verbal de infinitivo. Consta de verbo auxiliar (*has vuelto*), de enlace (*a*) y de verbo principal (*incurrir*).

75. [S.O.] Presta más atención.

– Oración simple, transitiva. Enunciado imperativo.

– Los adverbios *más* y *menos* cuando acompañan a sustantivos desempeñan la función de actualizador como si fueran determinativos: *mucha atención* → *más atención*.

76. El monje checo Gregorio Mendel fundó la genética moderna.

– Oración simple, transitiva. Enunciado enunciativo, afirmativo.

77. La característica fundamental de los vertebrados es la posesión de una columna vertebral.

– Oración simple, copulativa. Enunciado enunciativo, afirmativo.

78. El 30 de enero se celebra el Día de la no Violencia y la Paz.

– Oración simple, pasiva refleja. Enunciado enunciativo, afirmativo.

79. En 1832 se inventaron las cerillas de fricción.

– Oración simple, pasiva refleja. Enunciado enunciativo, afirmativo.

80. Profesionalmente, Sonia Maria Kowalevskaya fue una insigne matemática de - el siglo xix.

– Oración simple, copulativa. Enunciado enunciativo, afirmativo.

– Si el numeral xix se lee *diecinueve*, es un nombre; si se lee *decimonoveno*, es un adjetivo.

81. Cada año desaparecen de - el planeta miles de especies distintas.

– Oración simple, intransitiva. Enunciado enunciativo, afirmativo.

La oración simple

82. Las neuronas sensoriales llevan las señales

				det.	N
				act.	núcl.
det.	N	adj.	V	GN	
act.	núcl.	CN	núcl.	CD	
GN			GV		
suj.			predicado		

desde las diminutas células receptoras de - el cuerpo hasta el cerebro.

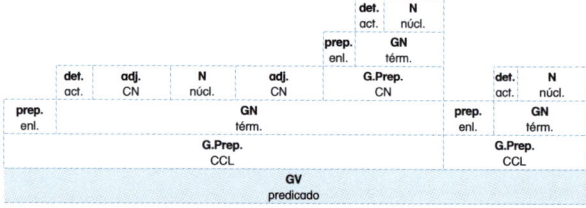

– Oración simple, transitiva. Enunciado enunciativo, afirmativo.

83. Los primeros anteojos los construyó un óptico de Amsterdam.

det.	adj.	N					prep.	N
act.	CN	núcl.					enl.	térm.
GN			pron.	V	det.	N	G.Prep.	
CD			CD	núcl.	act.	núcl.	CN	
GV					GN			
predicado					suj.			

– Oración simple, transitiva. Enunciado enunciativo, afirmativo.
– El pronombre *los* es anafórico: se refiere al GN *los primeros anteojos*; por eso, ambos desempeñan la misma función.

84. Desde el siglo XVI ha habido en Occidente varias revoluciones científicas.

	det.	N	N						
	act.	núcl.	CN (apos.)						
prep.	GN				prep.	N	det.	N	adj.
enl.	térm.				enl.	térm.	act.	núcl.	CN
G.Prep.				V	G.Prep.		GN		
CCT				núcl.	CCL		CD		
GV									
predicado									

– Oración simple, impersonal, transitiva. Enunciado enunciativo, afirmativo.
– Si el numeral XVI se lee *dieciséis*, es un nombre; si se lee *decimosexto*, es un adjetivo.

85. En las universidades de la Edad Media se estudiaban

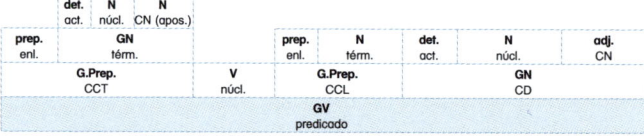

el *Trivium* y el *Quadrivium*.

det.	N	conj.	det.	N
act.	núcl.	nexo	act.	núcl.
GN (coord.)				
suj.				

– Oración simple, pasiva refleja. Enunciado enunciativo, afirmativo.

86. El *Trivium* incluía la gramática, la retórica y la dialéctica.

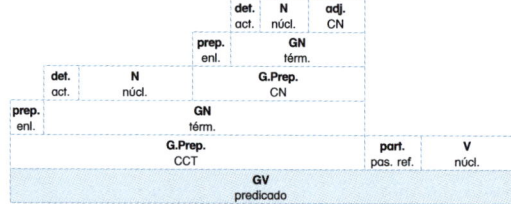

– Oración simple, transitiva. Enunciado enunciativo, afirmativo.

87. El *Quadrivium* comprendía la aritmética, la geometría, la música y la astronomía.

				det.	N	det.	N	det.	N	conj.	det.	N
				act.	núcl.	act.	núcl.	act.	núcl.	nexo	act.	núcl.
det.	N		V				GN (coord.)					
act.	núcl.		núcl.				CD					
GN				GV								
suj.				predicado								

– Oración simple, transitiva. Enunciado enunciativo, afirmativo.

88. La palabra *robot* fue usada por primera vez por Karel Capek

						adj.	N		
						CN	núcl.		
					prep.	GN		prep.	N
					enl.	térm.		enl.	térm.
det.	N	N	V		G.Prep.			G.Prep.	
act.	núcl.	CN (apos.)	núcl.		CCT			C.Ag.	
GN				GV					
suj.				predicado					

en una de sus novelas en 1920.

			det.	N			
			act.	núcl.			
	pron.	prep.	GN				
	núcl.	enl.	térm.				
prep.	GN				prep.	N	
enl.	térm.				enl.	térm.	
	G.Prep.				G.Prep.		
	CCL				CCT		
GV							
predicado							

– Oración simple, pasiva. Enunciado enunciativo, afirmativo.

89. El Nobel Amartya Sen

det.	N	N
act.	núcl.	CN (apos.)
GN		
suj.		

aboga por una globalización más igualitaria.

				adv.	adj.
				mod.c.	núcl.
		det.	N	G.Adj.	
		act.	núcl.	CN	
	prep.	GN			
	enl.	térm.			
V	G.Prep.				
núcl.	C.Rég.				
GV					
predicado					

– Oración simple, intransitiva. Enunciado enunciativo, afirmativo.

90. El afortunado hallazgo de un libro

				det.	N
				act.	núcl.
			prep.	GN	
			enl.	térm.	
det.	adj.	N	G.Prep.		
act.	CN	núcl.	CN		
GN					
suj.					

puede cambiar el destino de un hombre.

				det.	N
				act.	núcl.
			prep.	GN	
			enl.	térm.	
	det.	N	G.Prep.		
	act.	núcl.	CN		
V	GN				
núcl.	CD				
GV					
predicado					

– Oración simple, transitiva. Enunciado enunciativo, afirmativo.

– *Puede cambiar* es una perífrasis verbal de infinitivo. Consta de verbo auxiliar (*puede*) y verbo principal (*cambiar*).

Las oraciones coordinadas y subordinadas

1.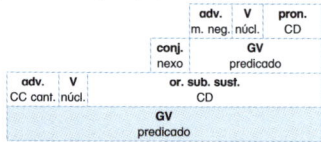

   – Oración compuesta que contiene una oración subordinada sustantiva.

2. (Más sabe el diablo por viejo (que por diablo.))

adv.	V		G.Prep.	or. sub. compar.
CC cant.	núcl.		CC causa	2.º término
GV		GN	GV	
predicado		suj.	predicado	

   (Estructura interna del 2.º término: G.Prep. CC causa / GV (con V omitido) predicado / adv. m. neg. + V núcl. → pron. CD)

   – Oración compuesta que contiene una oración subordinada comparativa.
   – La oración subordinada comparativa tiene elípticos el núcleo del predicado verbal (*sabe*) y el sujeto (*el diablo*).
   – Cuando el verbo está elíptico, como en este caso, es posible analizar también el segundo término de la comparación no como una oración subordinada sino como un grupo conjuntivo comparativo con enlace o nexo (*que*) y término (*por diablo*).
   – La oración subordinada comparativa se subordina al adverbio intensificador *más*.

3. (Si tú me dices ([S.O.] «ven»), ([S.O.] lo dejo todo.))

conj.	pron.	pron.	V	or. sub. sust.		pron.	V	pron.
nexo	suj.	CI	núcl.	CD		CD	núcl.	CD
				GV			GV	
				predicado			predicado	
		or. sub. CC condicional				or. princ.		

   – Oración compuesta formada por una oración subordinada circunstancial no adverbial condicional y por una oración principal.
   – La oración subordinada es compuesta y contiene una oración subordinada sustantiva en estilo directo.
   – El pronombre *lo* es catafórico del pronombre *todo*.

4. (Dos no discuten) (si uno no quiere.)

   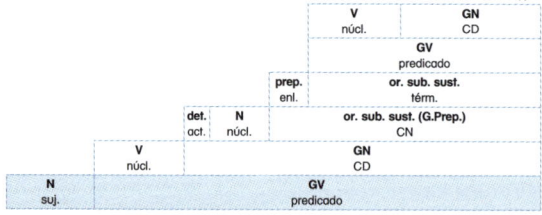

   – Oración compuesta formada por una oración principal y por una oración subordinada circunstancial no adverbial condicional.

5. (Prometeo representa la pasión por (conquistar el conocimiento.))

				V	GN
				núcl.	CD
				GV	
				predicado	
			prep.	or. sub. sust.	
			enl.	térm.	
		det.	N	or. sub. sust. (G.Prep.)	
		act.	núcl.	CN	
	V			GN	
	núcl.			CD	
N			GV		
suj.			predicado		

   – Oración compuesta que contiene una oración subordinada sustantiva, la cual con la preposición *por* funciona como CN.

6. (Galileo defendió ante la Inquisición

	V núcl.	G.Prep. CCL
2N suj.	GV predicado	

(que la Tierra giraba alrededor del Sol.))

		V núcl.	G.Adv. CCL
	pron. nexo/suj.	GV predicado	
conj. nexo	GN suj.		
	or. sub. sust. CD		
GV predicado			

— Oración compuesta que contiene una oración subordinada sustantiva.

7. (El río Amazonas, (que serpentea por la selva),

				V núcl.	G.Prep. CCL
			pron. nexo/suj.	GV predicado	
det. act.	N núcl.	N CN (apos.)	or. sub. adj. rel. CN		
GN suj.					

es el mayor sistema fluvial del mundo.)

V núcl.	GN At.
GV predicado	

— Oración compuesta que contiene una oración subordinada adjetiva de relativo explicativa.

8. (Como Isabel no nos llame,) ([S.O.] no la esperaremos.)

		adv. m. neg.	pron. CD	V núcl.		adv. m. neg.	pron. CD	V núcl.
conj. nexo	N suj.	GV predicado				GV predicado		
or. sub. CC condicional					or. princ.			

— Oración compuesta formada por una oración subordinada circunstancial no adverbial condicional y por una oración principal.

9. (La tecnología nos hace testigos de la guerra),

	pron. CD	V núcl.	GN Pvo.
GN suj.	GV predicado		
1.ª or. coord.			

(pero [S.O.] no nos proporciona medios para evitarla.)

	adv. m. neg.	pron. CI	V núcl.	N CD	or. sub. CC final
	GV predicado				
conj. nexo	2.ª or. coord.				

— Oración compuesta formada por dos oraciones coordinadas adversativas. La segunda oración coordinada es a su vez una oración compuesta formada por una oración principal (*no nos proporciona medios*) y por una oración subordinada circunstancial no adverbial final (*para evitarlo*).

— La 2.ª oración coordinada (*no nos proporciona medios para evitarla*) puede analizarse también como una oración compleja (u oración compuesta) que lleva incrustada una oración subordinada sustantiva (*para evitarla*) con la función de complemento circunstancial final.

Las oraciones coordinadas y subordinadas

10. (Aunque hay ciencias preferentemente teóricas,)

conj. nexo	V núcl.	GN CD
	GV predicado	
or. sub. CC concesiva		

(todas tienen aplicaciones prácticas.)

pron. suj.	V núcl.	GN CD
	GV predicado	
or. princ.		

— Oración compuesta formada por una oración principal y por una oración subordinada circunstancial no adverbial concesiva.

11. (La invención de la brújula

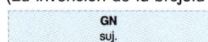

GN suj.

permitió (acometer viajes por mar de larga duración.))

V núcl.		V núcl.	GN CD
		GV predicado	
		or. sub. sust. CD	
	GV predicado		

— Oración compuesta que contiene una oración subordinada sustantiva de infinitivo.

12. ((Vacunar) consiste en infectar a personas con bacterias o virus muertos o inactivos.)

or. sub. sust. suj.		V núcl.	V núcl.	G.Prep. CD	G.Prep. CCI
			prep. enl.	or. sub. sust. térm.	
				or. sub. sust. (G.Prep.) C.Rég.	
		GV predicado			

— Oración compuesta que contiene dos oraciones subordinadas sustantivas.

13. (Se dice (que la madre de Sócrates era comadrona.))

part. pas. refl.	V núcl.	conj. nexo	GN suj.	V núcl.	N At.
				GV predicado	
		or. sub. sust. suj.			
GV predicado					

— Oración compuesta que contiene una oración subordinada sustantiva.

14. (El método de Sócrates consistía (en sacar la sabiduría (que cada uno de sus discípulos llevaba dentro.)))

- Oración compuesta que contiene una oración subordinada sustantiva.
- Esta oración subordinada sustantiva es también compuesta y contiene una oración subordinada adjetiva de relativo especificativa.

15. (El recuerdo reorganiza el pasado) y ([S.O.] lo ilumina con nuevas luces.)

- Oración compuesta formada por dos oraciones coordinadas copulativas.

16. (Los griegos sostenían (que (si la cabeza de una persona medía la décima parte del cuerpo), (este era bello.)))

- Oración compuesta que contiene una oración subordinada sustantiva. Esta oración subordinada sustantiva es, a su vez, una oración compuesta formada por una oración subordinada circunstancial condicional y por una oración principal.

Las oraciones coordinadas y subordinadas

17. (Cuando la gente dice eso,) (algo ha ocurrido.)

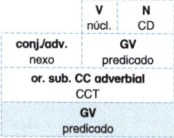

– Oración compuesta formada por una oración subordinada circunstancial no adverbial condicional y por una oración principal.

18. ((Cuando hay prisa),

no hay tiempo para la reflexión sobre las consecuencias de los actos.)

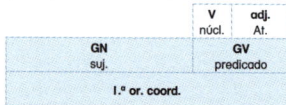

– Oración compuesta que contiene una oración subordinada circunstancial adverbial de tiempo.
– También se puede entender que el grupo preposicional complementa a *tiempo*. Sería entonces un complemento de nombre.
– *Cuando* es un adverbio relativo que ejerce de conjunción.

19. (El impulso sin la razón es ciego),

y (la razón sin el impulso es paralítica.)

– Oración compuesta formada por dos oraciones coordinadas copulativas.

20. (Mucho me costaría (vivir en un mundo sin libros),) pero

(la realidad no está en ellos), (puesto que [S.O.] no cabe entera.)

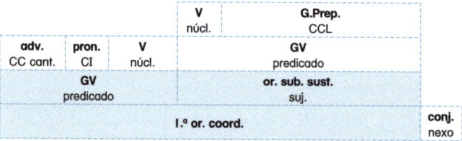

– Oración compuesta formada por dos oraciones coordinadas adversativas, la segunda de las cuales es, a su vez, una oración compuesta formada por una oración principal y por una oración subordinada circunstancial causal.

21. (Los lazos de la sangre [GN/suj.] son harto débiles (cuando no los refuerza el afecto.))

Diagrama:
- "son" V núcl., "harto débiles" G.Adj. At. → GV predicado
- "cuando" conj./adv. nexo; "no" adv. m. neg.; "los" pron. CD; "refuerza" V núcl. → GV predicado; "el afecto" GN suj. → or. sub. CC adverbial CCT

— Oración compuesta que contiene una oración subordinada circunstancial adverbial de tiempo y condición.

— *Cuando* es un adverbio relativo que ejerce de conjunción.

22. (Esto no es un ensayo general), señores; (esto es la vida.)

- "Esto" pron. suj.; "no" adv. m. neg.; "es" V núcl.; "un ensayo general" GN At. → GV predicado → 1.ª or. yuxt.
- "señores" N voc.
- "esto" pron. suj.; "es" V núcl.; "la vida" GN At. → GV predicado → 2.ª or. yuxt.

— Oración compuesta por yuxtaposición.

23. (Trabajando así,) ([S.O.] llegará lejos.)

- "Trabajando" V núcl.; "así" adv. CCM → GV predicado → or. sub. CC condicional
- "llegará" V núcl.; "lejos" adv. CCL → GV predicado → or. princ.

— Oración compuesta formada por una oración subordinada circunstancial no adverbial condicional y por una oración principal.

— El sujeto de la oración subordinada es él o ella, extraído de la oración principal.

24. Raúl se salió del cine antes de (que la película acabase.)

- "Raúl" N suj.
- "se salió" V (pronominal) núcl.; "del cine" G.Prep. C.Rég.; "antes" adv. núcl.; "de" prep. enl.; "que" conj. nexo; "la película" GN suj.; "acabase" V predicado → or. sub. sust. térm. → or. sub. sust. (G.Prep.) C.Adv. → G.Adv. CCT → GV predicado

— Oración compuesta que contiene una oración subordinada sustantiva.

25. ([S.O.] Aunque recibió una entrada durísima),

- "Aunque" conj. nexo; "recibió" V núcl.; "una entrada durísima" GN CD → GV predicado → or. sub. CC concesiva

(el portero valencianista podrá jugar el próximo miércoles.)

- "el portero valencianista" GN suj.; "podrá jugar el próximo miércoles" GV predicado → or. princ.

— Oración compuesta formada por una oración subordinada circunstancial no adverbial concesiva y por una oración principal.

Las oraciones coordinadas y subordinadas

26. (Ulises tenía fama de astuto) y (Aquiles era temido por su cólera.)

	V núcl.	GN CD			V (en pasiva) núcl.	G.Prep. CC causa
N suj.	GV predicado			N suj.	GV predicado	
1.ª or. coord.			conj. nexo	2.ª or. coord.		

– Oración compuesta formada por dos oraciones coordinadas copulativas.

27. (Está demostrado (que fumar produce cáncer.))

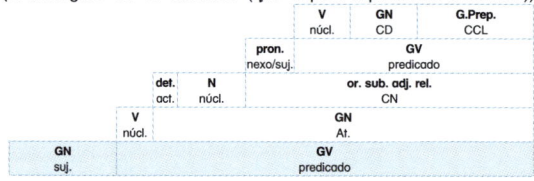

– Oración compuesta que contiene una oración subordinada sustantiva. Esta oración subordinada es también compuesta y contiene otra oración subordinada sustantiva.

28. (El diafragma es el músculo (que separa el pecho del abdomen.))

				V núcl.	GN CD	G.Prep. CCL
			pron. nexo/suj.	GV predicado		
		det. act.	N núcl.	or. sub. adj. rel. CN		
	V núcl.			GN At.		
GN suj.	GV predicado					

– Oración compuesta que contiene una oración subordinada adjetiva de relativo especificativa.
– El antecedente del pronombre relativo *que* es el sustantivo *músculo*.

29. (Desaparece cerca de Castellón

V núcl.	G.Adv. CCL
GV predicado	

un aerotaxi (que volaba de Barcelona a Argelia.))

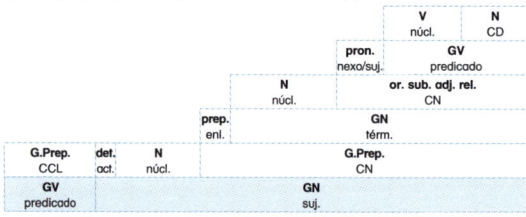

– Oración compuesta que contiene una oración subordinada adjetiva de relativo especificativa.
– El antecedente del pronombre relativo *que* es el sustantivo *aerotaxi*.

30. (En Japón, el porcentaje de universitarios (que aprenden español)

					V núcl.	N CD
				pron. nexo/suj.	GV predicado	
			N núcl.	or. sub. adj. rel. CN		
		prep. enl.	GN térm.			
	det. act.	N núcl.	G.Prep. CN			
G.Prep. CCL			GN suj.			
GV predicado						

ha crecido un 150 % en los últimos años.)

V núcl.	GN CC cant.	G.Prep. CCT
GV predicado		

– Oración compuesta que contiene una oración subordinada de relativo especificativa.
– El antecedente del pronombre relativo *que* es el sustantivo *universitarios*.

31. (Jorge Guillén nació en Valladolid en 1893) y

N suj.	V núcl.	G.Prep. CCL	G.Prep. CCT	
		GV predicado		
1.ª or. coord.				conj. nexo

([S.O.] murió en Málaga en 1984.)

V núcl.	G.Prep. CCL	G.Prep. CCT
	GV predicado	
2.ª or. coord.		

– Oración compuesta formada por dos oraciones coordinadas copulativas.

32. ([S.O.] Aun cuando no había participado en la vida política),

loc. conj. nexo	adv. m. neg.	V núcl.	G.Prep. C.Rég.
		GV predicado	
or. sub. concesiva			

(Pedro Salinas se exilió a Estados Unidos tras la guerra civil española.)

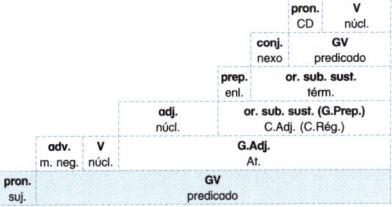

– Oración compuesta formada por una oración subordinada circunstancial no adverbial concesiva y por una oración principal.
– La oración principal es reflexiva.

33. (Yo no soy responsable (de que me atraigan

pron. suj.	adv. m. neg.	V núcl.					
		GV predicado	G.Adj. At.				
			adj. núcl.	or. sub. sust. (G.Prep.) C.Adj. (C.Rég.)			
				prep. enl.	or. sub. sust. térm.		
					conj. nexo	GV predicado	
						pron. CD	V núcl.

simultáneamente el campo y la ciudad, la tradición y el futuro.))

adv. CCT		
GV predicado	GN (coord.) suj.	
or. sub. sust. térm.		
or. sub. sust. (G.Prep.) C.Adj. (C.Rég.)		
G.Adj. At.		
GV predicado		

– Oración compuesta que contiene una oración subordinada sustantiva.

Las oraciones coordinadas y subordinadas

34. (Si es verdad que [S.O.] soy poeta por la gracia de Dios,)

conj. nexo	V núcl.	N At.	conj. nexo	V núcl.	N At.	G.Prep. CC causa
	GV predicado					
			or. sub. sust. suj.			
			or. sub. cond.			

(también lo es que lo [S.O.] soy por la gracia de la técnica y del esfuerzo.)

			pron. At.	V núcl.	G.Prep. CC causa
adv. CC cant.	pron. At.	V núcl.	conj. nexo	GV predicado	
GV predicado			or. sub. sust. suj.		
			or. princ.		

– Oración compuesta formada por una oración subordinada circunstancial condicional y por una oración principal.
– La oración subordinada circunstancial es, a su vez, compuesta y contiene una oración subordianda sustantiva.
– La oración principal es también compuesta y contiene otra oración subordinada sustantiva.

35. ([S.O.] No tengo ninguna profesión;) es decir, ([S.O.] solo soy poeta.)

adv. m. neg.	V núcl.	GN CD		adv. CC cant.	V núcl.	N At.
	GV predicado				GV predicado	
1.ª or. coord.			loc. conj. nexo	2.ª or. coord.		

– Oración compuesta formada por dos oraciones coordinadas explicativas.
– Algunos gramáticos entienden que se trata de dos enunciados conectados por el conector explicativo *es decir*.

36. (Hoy (es solo el corazón del hombre) lo que me interesa.)

adv. CCT				pron. CI	V núcl.
GV pred.	V núcl.	adv. CC cant.	GN At.	pron. nexo/suj.	GV predicado
or. sub. rel. suj.		GV predicado		or. sub. rel. suj.	

– Oración compuesta que contiene una oración subordinada de relativo sin antecedente.
– El adverbio *hoy* pertenece al grupo verbal *me interesa*.
– El pronombre relativo complejo *lo que* puede también analizarse como:
  • *lo* (antecedente)/*que* (pronombre) + una oración de relativo. El conjunto sería un grupo nominal.
  • *lo* (artículo sustantivador) + oración de relativo. El conjunto sería otro grupo nominal, pero el núcleo sería la oración de relativo.

37. (Las citas veraniegas de Almagro, Mérida y Sagunto

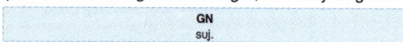

intentan (incrementar la afición al teatro.))

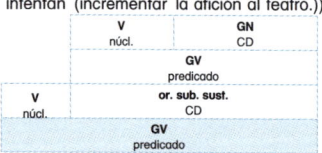

– Oración compuesta que contiene una oración subordinada sustantiva de infinitivo.

38. (La riqueza no es un mal en sí mismo);

	adv. m. neg.	V núcl.	GN At.
GN suj.		GV predicado	
	1.ª or. yuxt.		

(el mal radica en su mal uso.)

	V núcl.	G.Prep. C.Rég.
GN suj.	GV predicado	
	2.ª or. yuxt.	

– Oración compuesta por yuxtaposición.

39. (Colón inició su viaje hacia las Indias)

	V suj.	GN CD	G.Prep. CCL
N suj.		GV predicado	
	or. princ.		

(porque [S.O.] estaba convencido (de que la Tierra era redonda.))

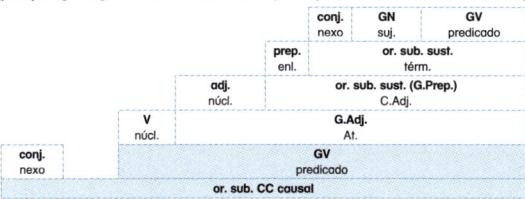

– Oración compuesta formada por una oración principal y por una oración subordinada circunstancial no adverbial causal.
– La oración subordinada es a su vez una oración compuesta que contiene una oración subordinada sustantiva.
– Si entendemos que la oración causal complementa al verbo principal, el conjunto sería oración compuesta.

40. (Este es un pequeño paso para el hombre),

	V núcl.	GN At.	G.Prep. CC destinatario
pron. suj.		GV predicado	
	1.ª or. coord.		

(pero un gran salto para la humanidad.)

	GN At.	G.Prep. CC destinatario
	GV (con V omitido) predicado	
conj. nexo	2.ª or. coord.	

– Oración compuesta formada por dos oraciones coordinadas adversativas.
– La segunda oración coordinada tiene elíptico el núcleo del predicado verbal (*es*) y el sujeto (*este*).

Las oraciones coordinadas y subordinadas

41. (¿Por qué las nubes de tormenta parecen negras),

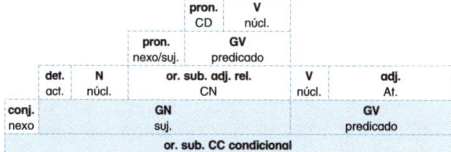

(si las gotas (que las forman) son trasparentes?)

- Oración compuesta formada por una oración principal y por una oración subordinada circunstancial no adverbial condicional.
- La oración subordinada es, a su vez, una oración compuesta que contiene una oración subordinada adjetiva de relativo especificativa.
- El antecedente del pronombre relativo *que* es el sustantivo *gotas*.

42. (Como el papa Clemente VII no le concedió el divorcio.)

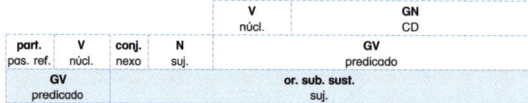

(Enrique VIII rompió con la Iglesia católica.)

- Oración compuesta formada por una oración subordinada circunstancial no adverbial causal y por una oración principal.

43. (Se cuenta (que Newton descubrió la ley de la gravitación universal

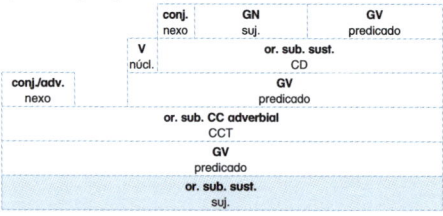

(cuando [S.O.] vio que una manzana caía de un árbol.)))

- Oración compuesta que contiene una oración subordinada sustantiva.
- La oración subordinada es a su vez compuesta y contiene una oración subordinada circunstancial adverbial de tiempo.
- La palabra *cuando* es un adverbio relativo que ejerce de conjunción.

44. (Un objeto (que está en reposo) seguirá en reposo)

det. act.	N núcl.	pron. nexo/suj.	V núcl.	G.Prep. At.		V núcl.	G.Prep. At.
				GV predicado			GV predicado
			or. sub. adj. rel. CN				
GN suj.						GV predicado	
or. princ.							

(si no actúa sobre él otra fuerza.)

conj. nexo	adv. m. neg.	V núcl.	G.Prep. CCL	GN suj.
		GV predicado		
or. sub. CC condicional				

- Oración compuesta formada por una oración principal y por una oración subordinada circunstancial no adverbial condicional.
- La oración principal es compuesta y contiene una oración subordinada adjetiva de relativo especificativa.
- El antecedente del pronombre relativo *que* es el sustantivo *objeto*.
- El grupo preposicional *en reposo* ejerce de atributo con *está* y con *seguirá*, aunque también se puede entender que ejerce de CCM.

45. (El arte es una mentira),

GN suj.	V núcl.	GN At.
	GV predicado	
1.ª or. coord.		

pero ([S.O.] nos permite (comprender la verdad.))

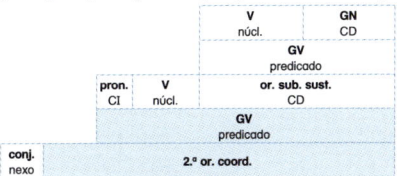

- Oración compuesta formada por dos oraciones coordinadas adversativas.
- La segunda oración coordinada es compuesta y contiene una oración subordinada sustantiva de infinitivo.
- El sujeto de la oración de infinitivo es *nosotros*, deducible del CI *nos*.

46. (El científico observa un fenómeno), ([S.O.] propone hipótesis),

GN suj.	V núcl.	GN CD		V núcl.	GN CD
	GV predicado			GV predicado	
1.ª or. coord.				2.ª or. coord.	

([S.O.] realiza experimentos) y ([S.O.] establece leyes científicas.)

V núcl.	GN CD		V núcl.	GN CD
GV predicado			GV predicado	
3.ª or. coord.		conj. nexo	4.ª or. coord.	

- Oración compuesta formada por cuatro oraciones coordinadas copulativas.
- También se puede entender que se trata de una oración simple con cuatro predicados coordinados, pues el sujeto es el mismo para todos.

Las oraciones coordinadas y subordinadas

47. ([S.O.] Nunca olvido una cara),

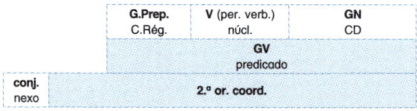

pero ([S.O.] con usted voy a hacer una excepción.)

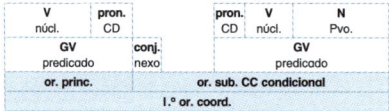

– Oración compuesta formada por dos oraciones coordinadas adversativas.
– El grupo preposicional *con usted* ejerce de complemento de régimen del conjunto verbal *hacer una excepción*.

48. ([S.O.] Discúlpen - me) (si [S.O.] les llamo caballeros),

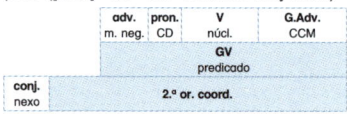

pero ([S.O.] no les conozco muy bien.)

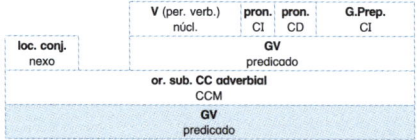

– Oración compuesta formada por dos oraciones coordinadas adversativas.
– La primera oración coordinada es una oración compuesta formada por una oración principal y por una oración subordinada circunstancial no adverbial condicional.
– Este empleo de *les* es un caso de leísmo, ya que se ha empleado este pronombre como complemento directo en lugar de *los*.

49. (El empleado permaneció en el umbral),

GN	V	G.Prep.
suj.	núcl.	CCL
	GV	
	predicado	

(como si [S.O.] fuera a decir - le algo al contable.)

	V (per. verb.)	pron.	pron.	G.Prep.
loc. conj.	núcl.	CI	CD	CI
nexo		GV		
		predicado		
	or. sub. CC adverbial			
	CCM			
	GV			
	predicado			

– Oración compuesta que contiene una oración subordinada circunstancial adverbial de modo.
– En casos como este, también se puede entender que la oración modal complementa a una oración principal. En ese caso, se trata de una oración compuesta por subordinación.

50. (El rey dijo (que el español es una herramienta insustituible

					V núcl.	GN At.
		conj. nexo	GN suj.		GV predicado	
	V núcl.			or. sub. sust. CD		
GN suj.				GV predicado		

(para potenciar la comunidad hispanohablante.)))

	V núcl.	GN CD
conj. nexo	GV predicado	
or. sub. CC final		
GV predicado		
or. sub. sust. CD		
GV predicado		

– Oración compuesta que contiene una oración subordinada sustantiva.

– La oración subordinada es una oración compuesta que contiene a su vez otra oración subordinada circunstancial final.

– La oración subordinada circunstancial *para potenciar la comunidad hispanohablante* podría analizarse también como oración subordinada sustantiva.

51. (En la *Ilíada* Homero narra la guerra de Troya),

G.Prep. CCL		V núcl.	GN CD
GV predicado	N suj.	GV predicado	
	1.ª or. coord.		

y ([S.O.] en la *Odisea* cuenta el accidentado viaje de regreso de Ulises a su Ítaca natal.)

	G.Prep. CCL	V núcl.	GN CD
			GV predicado
conj. nexo	2.ª or. coord.		

– Oración compuesta formada por dos oraciones coordinadas copulativas.

– El grupo preposicional *a su Ítaca natal* es complemento del grupo nominal *viaje de regreso*.

Las oraciones coordinadas y subordinadas

52. (Ulises dejó a las puertas de Troya

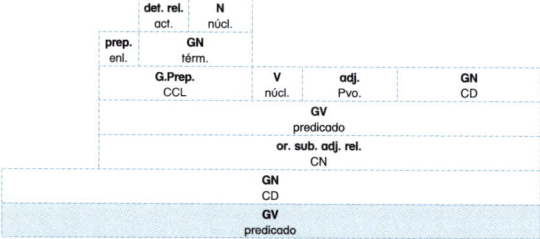

un caballo, (en cuyo interior había escondidos muchos griegos.))

- Oración compuesta que contiene una oración subordinada adjetiva de relativo explicativa.
- El determinativo relativo *cuyo* desempeña la función de actualizador del sustantivo *interior*. Por eso concuerda con él. Su antecedente es *caballo*.

53. (¡Ah, (cuando yo era niño),

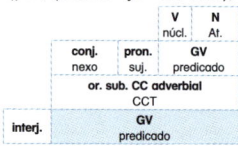

[S.O.] soñaba con los héroes de la *Ilíada*!)

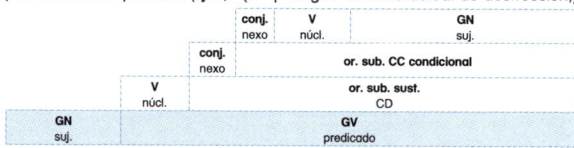

- Oración compuesta que contiene una oración subordinada circunstancial adverbial de tiempo.
- La interjección *¡Ah!* constituye un enunciado propio.

54. (Los científicos piensan (que, (si prosigue el ritmo actual de destrucción,)

en el año 2050 no quedarán selvas en el planeta.))

- Oración compuesta que contiene una oración subordinada sustantiva.
- La oración subordinada es una oración compuesta formada por una oración subordinada circunstancial no adverbial condicional y por una oración principal.

55. ((Siempre que uno está verdaderamente triste) son agradables

loc. conj. nexo	pron. suj.	or. sub. CC adverbial CCT			V núcl.	G.Adj. At.
					GV predicado	
					V núcl.	adj. At.
					GV predicado	

las puestas de sol.)

| GN suj. |

– Oración compuesta que contiene una oración subordinada circunstancial adverbial temporal.

56. ([S.O.] Volverás (para decir - me adiós))

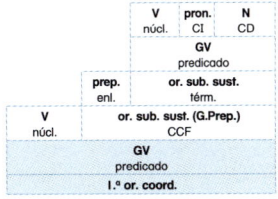

y ([S.O.] te regalaré un secreto.)

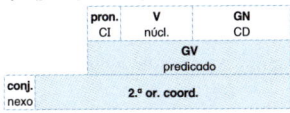

– Oración compuesta formada por dos oraciones coordinadas copulativas.
– La primera oración coordinada es una oración compuesta con una oración subordinada sustantiva de CCF.

57. (El tiempo (que [S.O.] perdiste por tu rosa)

det. act.	N núcl.	pron. nexo/CD	V núcl.	G.Prep. CC causa
			GV predicado	
		or. sub. adj. rel. CN		
GN suj				

hace (que tu rosa sea tan importante.))

V núcl.	conj. nexo	GN suj.	V núcl.	G.Adj. At.
			GV predicado	
		or. sub. sust. CD		
GV predicado				

– Oración compuesta que contiene una oración subordinada adjetiva de relativo especificativa y una oración subordinada sustantiva.
– El antecedente del pronombre relativo *que* es el sustantivo *tiempo*.

Las oraciones coordinadas y subordinadas

58. (La tinta (que se emplea en las bolsas de plástico) contiene cadmio, un metal muy tóxico.)

- Oración compuesta que contiene una oración subordinada adjetiva de relativo especificativa.
- El antecedente del pronombre relativo *que* es el sustantivo *tinta*.

59. ((Hasta que se inventó la escritura), todo el conocimiento estaba confiado a la memoria individual y colectiva.)

- Oración compuesta que contiene una oración subordinada circunstancial adverbial de tiempo.
- Algunos gramáticos analizan las oraciones con *hasta que* como grupo preposicional con *hasta* como enlace y con lo que le sigue como oración con función de término.

60. (Desde entonces nuestra memoria no retiene (cuanto sería capaz (de recordar) con un buen entrenamiento.))

- Oración compuesta que contiene una oración subordinada de relativo. La oración subordinada es a su vez una oración compuesta que contiene una oración subordinada sustantiva de infinitivo.
- La palabra *cuanto* equivale a *lo que*. Es un pronombre relativo sin antecedente explícito.

61. ((Una vez que se inventó la imprenta), el libro se convirtió en un bien mucho más accesible.)

- Oración compuesta que contiene una oración subordinada circunstancial de tiempo.

62. (Sócrates fue maestro de Platón),

N suj.	V núcl.	GN At.
	GV predicado	
1.ª or. coord.		

(Platón fue maestro de Aristóteles), y

N suj.	V núcl.	GN At.	
	GV predicado		
2.ª or. coord.			conj. nexo

(este fue el tutor de Alejandro Magno.)

pron. suj.	V núcl.	GN At.
	GV predicado	
3.ª or. coord.		

– Oración compuesta formada por tres oraciones coordinadas copulativas. Las dos primeras se unen sin nexo (yuxtapuestas) y la tercera con la conjunción *y*.

63. (En España no se dialoga) (porque nadie pregunta.)

G.Prep. CCL	adv. m. neg.	part. imp.	V núcl.	conj. nexo	pron. suj.	V predicado
	GV predicado					
or. princ.				or. sub. CC causal		

– Oración compuesta formada por una oración principal y por una oración subordinada circunstancial no adverbial causal.
– Si se entiende que la oración causal complementa solo al verbo principal, el conjunto sería una oración compuesta.

64. ([S.O.] Me gustas (cuando callas)) (porque [S.O.] estás como ausente.)

pron. CI	V núcl.	conj. nexo	V pred.	conj. nexo	V núcl.	G.Adj. At.
		or. sub. adverbial CCT				
	GV predicado				GV predicado	
or. princ.				or. sub. CC causal		

– Oración compuesta formada por una oración principal y por una oración subordinada circunstancial no adverbial causal.
– La oración principal es compuesta y contiene una oración subordinada circunstancial adverbial de tiempo.
– El grupo adverbial *como ausente* consta de núcleo (*ausente*) y modificador aproximativo (*como*).

65. (Porque [S.O.] en noches como esta la tuve entre mis brazos),

conj. nexo	G.Prep. CCT	pron. CD	V núcl.	G.Prep. CCL
	GV predicado			
or. sub. CC causal				

(mi alma no se contenta (con haber - la perdido.))

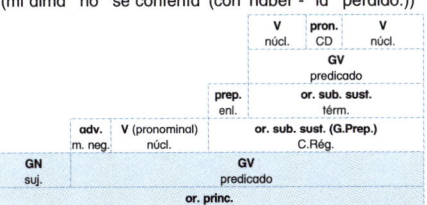

–Oración compuesta formada por una oración subordinada circunstancial no adverbial causal y por una oración principal. La oración principal es compuesta y contiene una oración subordinada sustantiva.

Las oraciones coordinadas y subordinadas

66. (El creador de Sherlock Holmes, Arthur Conan Doyle,

GN
suj.
1.ª or. coord.

acabó harto de su criatura de ficción) y

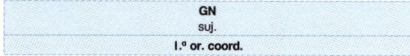

([S.O.] decidió (matar a su famoso detective.))

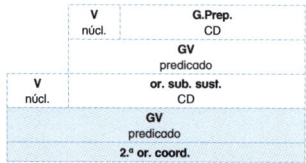

– Oración compuesta formada por dos oraciones coordinadas copulativas.
– La segunda oración coordinada es compuesta y contiene una oración subordinada sustantiva de infinitivo.

67. ((Lo que desde arriba no se ve) son las fronteras.)

pron.	G.Prep.	adv.	part.	V		GN
	CCL	m. neg.	pas. ref.	núcl.		At.
suj.	GV			V		
	predicado			núcl.		
or. sub. rel.				GV		
suj.				predicado		

– Oración compuesta que contiene una oración subordinada de relativo sin antecedente.
– En este caso el verbo concuerda con el atributo y no con el sujeto.
– El pronombre relativo complejo *lo que* puede también analizarse como:
  • *lo* (antecedente)/*que* (pronombre) + una oración de relativo. El conjunto sería un grupo nominal.
  • *lo* (artículo sustantivador) + oración de relativo. El conjunto sería otro grupo nominal, pero el núcleo sería la oración de relativo.

68. (Hacia 1955, (siendo Manuel niño),

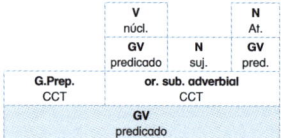

solo había dos horas diarias de luz eléctrica y mortecina.)

– Oración compuesta que contiene una oración subordinada circunstancial adverbial de tiempo en gerundio.

69. (Es mejor (estar callado) y (parecer tonto)

				V núcl.	adj. At.		V núcl.	adj. At.
				GV predicado			GV predicado	
V núcl.	adj. At.	1.ª or. coord.		conj. nexo		2.ª or. coord.		
GV predicado		or. sub. sust. suj.						

(que hablar) y (despejar dudas definitivamente.))

			V núcl.	N CD	adv. CCT	
	V predicado			GV predicado		
conj. nexo	1.ª or. coord.	conj. nexo	2.ª or. coord.			
or. sub. comparativa						
GV predicado						

– Oración compuesta en la que la subordinada sustantiva de sujeto y la subordinada comparativa están formadas a su vez por dos oraciones coordinadas copulativas.

– La oración subordinada comparativa se subordina al adverbio intensificador *mejor*.

70. (Hasta que los leones tengan sus propios historiadores),

		V núcl.	GN CD
loc. conj. nexo	GN suj.	GV predicado	
or. sub. adverbial CCT			
GV predicado			

(las historias de cacerías seguirán glorificando al cazador.)

	V (per. verb.) núcl.	GN CD
GN suj	GV predicado	

– Oración compuesta que contiene una oración subordinada circunstancial adverbial de tiempo.

– Algunos gramáticos analizan las oraciones con *hasta que* como grupo preposicional con *hasta* como enlace y la oración encabezada por *que* como término.

71. (Si [S.O.] acaso doblares la vara de la justicia),

	adv. CCM	V núcl.	GN CD
conj. nexo	GV predicado		
or. sub. CC condicional			

(no [S.O.] sea con el peso de la dádiva sino con el de la misericordia.)

adv. m. neg.	V núcl.	G.Prep. CCI	conj. nexo	G.Prep. CCI
GV pred.	GV predicado			
or. princ.				

– Oración compuesta formada por una oración subordinada circunstancial no adverbial condicional y por una oración principal.

– El predicado de la oración principal tiene dos complementos circunstanciales de instrumento coordinados adversativos.

– El adverbio *acaso* es en realidad un marcador de modalidad de posibilidad.

Las oraciones coordinadas y subordinadas

72. ((([S.O.] A - el que [S.O.] has de castigar con obras)

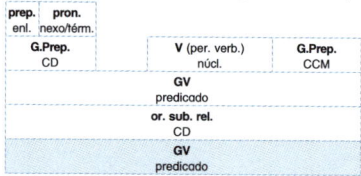

no trates mal con palabras.)

adv.	V	adv.	G.Prep.
m. neg.	núcl.	CCM	CCM

GV
predicado

– Oración compuesta que contiene una oración subordinada de relativo sin antecedente.

– La preposición *a* tiene como término al mismo tiempo al relativo *el que* y a la oración *el que has de castigar con obras*.

73. ([S.O.] No comas ajos ni cebollas),

adv.	V	GN (coord.)
m. neg.	núcl.	CD

GV
or. princ.

(porque [S.O.] no saquen por el olor tu villanería.)

conj.	adv.	V	G.Prep.	GN
nexo	m. neg.	núcl.	CCM	CD

GV
predicado
or. sub. CC final

– Oración compuesta formada por una oración principal y por una oración subordinada circunstancial no adverbial final.

74. (Aunque [S.O.] hablara las lenguas de los hombres y de los ángeles),

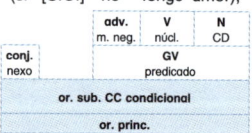

(si [S.O.] no tengo amor),

conj.	adv.	V	N
nexo	m. neg.	núcl.	CD

GV
predicado
or. sub. CC condicional
or. princ.

[S.O.] (soy como campana (que suena) o címbalo (que retiñe.))

			pron.	V		pron.	V
			nexo/suj.	predicado		nexo/suj.	predicado
		N	or. sub. adj. rel.		N	or. sub. adj. rel.	
		núcl.	CN		núcl.	CN	
		GN		conj.	GN		
	prep.	térm.		nexo	térm.		
	enl.	GN (coord.)					
V		térm.					
núcl.		G.Prep.					
		At.					

GV
predicado
or. princ.

– Oración compuesta formada por dos oraciones subordinadas circunstanciales (una, concesiva; la otra, condicional) y por una oración principal.

– La oración principal es compuesta, pues contiene dos oraciones subordinadas adjetivas de relativo especificativas.

– Los antecedentes de los pronombres relativos son los sustantivos *campana* y *címbalo* respectivamente.

75. (Por mucho que un hombre valga),

loc. conj.	GN	V
nexo	suj.	predicado
or. sub. CC concesiva		

([S.O.] nunca tendrá valor más alto (que el de (ser hombre.)))

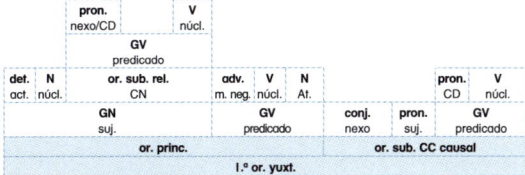

- Oración compuesta formada por una oración principal y otra subordinada circunstancial no adverbial concesiva.
- La oración principal es a su vez compuesta, pues contiene una oración subordinada comparativa que complementa al adverbio *más*: *el de ser hombre* (*tiene*).
- La oración comparativa puede analizarse también como una construcción conjuntiva que hace de 2.º término de comparación; el nexo sería la conjunción *que* y el término el grupo nominal *el de ser hombre*.
- La oración comparativa o, en su caso, la construcción conjuntiva comparativa lleva incrustada otra oración subordinada sustantiva de infinitivo. Esta se encuentra dentro del grupo preposicional *de ser hombre* y funciona, además de como término de la preposición, como complemento de nombre (el núcleo *valor* está elíptico).

76. (El ojo (que [S.O.] ves) no es ojo) (porque tú lo veas);

([S.O.] es ojo) (porque [S.O.] te ve.)

- Oración compuesta por yuxtaposición formada por dos oraciones yuxtapuestas.
- La primera oración yuxtapuesta es una oración compuesta formada por una oración principal y por una oración subordinada circunstancial causal. La oración principal es compuesta y contiene una oración subordinada de relativo.
- La segunda oración yuxtapuesta es una oración compuesta formada por una oración principal y por una oración subordinada circunstancial no adverbial causal.
- El antecedente del pronombre relativo *que* es el sustantivo *ojo*.
- La oración causal puede entenderse también como complemento circunstancial del predicado (*no es ojo*). En este caso, no habría oración principal.

Las oraciones coordinadas y subordinadas

77. (Bueno es saber (que los vasos nos sirven (para beber)));

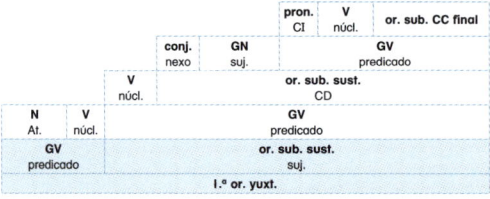

(lo malo es (que [S.O.] no sabemos (para qué sirve la sed.)))

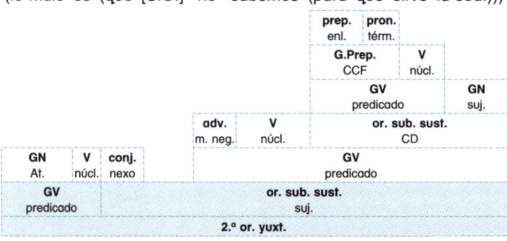

- Oración compuesta formada por dos oraciones yuxtapuestas.
- La primera oración yuxtapuesta es compuesta y contiene una oración subordinada sustantiva de sujeto. Esta oración subordinada es también compuesta y contiene una oración subordinada sustantiva de complemento directo. Esta oración subordinada es una oración compuesta formada por una oración subordinada circunstancial no adverbial final.
- La segunda oración yuxtapuesta es compuesta y contiene una oración subordinada sustantiva de sujeto. Esta oración es también compuesta y contiene una oración subordinada sustantiva de complemento directo (interrogativa indirecta).

78. ([S.O.] No extrañéis, dulces amigos, (que esté mi frente arrugada)),

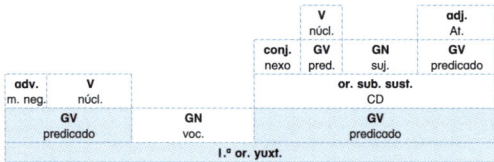

(yo vivo en paz con los hombres y en guerra con mis entrañas.)

pron.	V	G.Prep.	conj.	G.Prep.
suj.	núcl.	CCM	nexo	CCM
				GV
				predicado
		2.ª or. yuxt.		

- Oración compuesta formada por dos oraciones yuxtapuestas.
- La primera oración yuxtapuesta es una oración compuesta que contiene una oración subordinada sustantiva.
- En la segunda oración yuxtapuesta hay dos grupos preposicionales coordinados copulativos.

79. (Nuestras horas son minutos (cuando [S.O.] esperamos (saber)),

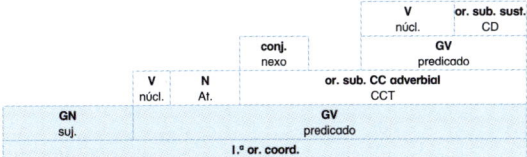

y (siglos (cuando [S.O.] sabemos (lo que se puede aprender.))

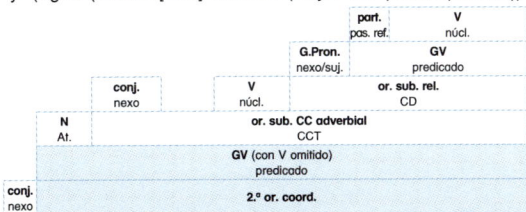

– Oración compuesta formada por dos oraciones coordinadas copulativas.
– La primera oración coordinada es compuesta, pues contiene una oración subordinada circunstancial adverbial de tiempo. Esta oración subordinada es también compuesta por contener una oración subordinada sustantiva.
– La segunda oración coordinada es también compuesta y contiene una oración subordinada circunstancial adverbial de tiempo. Esta oración subordinada es a su vez compuesta y contiene una oración subordinada de relativo sin antecedente.
– La segunda oración coordinada tiene el núcleo del predicado verbal (*son*) elíptico.
– El pronombre relativo complejo *lo que* puede también analizarse como:
  • *lo* (antecedente)/*que* (pronombre) + una oración de relativo. El conjunto sería un grupo nominal.
  • *lo* (artículo sustantivador) + oración de relativo. El conjunto sería otro grupo nominal, pero el núcleo sería la oración de relativo.

80. ([S.O.] Dices (que nada se pierde) y (acaso dices verdad),

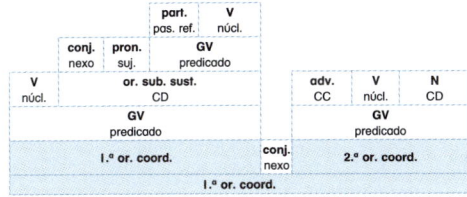

pero ([S.O.] todo lo perdemos) y (todo nos perderá.)

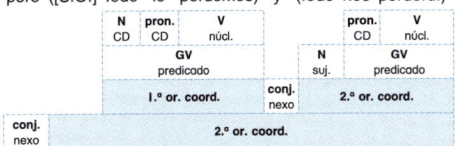

– Oración compuesta formada por dos oraciones coordinadas adversativas.
– La primera oración coordinada es a su vez una oración compuesta formada por dos oraciones coordinadas copulativas. La primera de ellas es compuesta, ya que contiene una oración subordinada sustantiva.
– La segunda oración coordinada adversativa es a su vez una oración compuesta formada por dos oraciones coordinadas copulativas.
– El adverbio *acaso* es en realidad un marcador de modalidad de posibilidad.

Las oraciones coordinadas y subordinadas

81.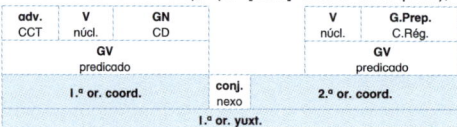

(todo eso es cosa de fuera.)

- Oración compuesta por yuxtaposición.
- La primera oración yuxtapuesta es una oración compuesta formada por dos oraciones coordinadas copulativas.
- La segunda oración yuxtapuesta aporta valor causal respecto de la primera.

82. (Un clásico

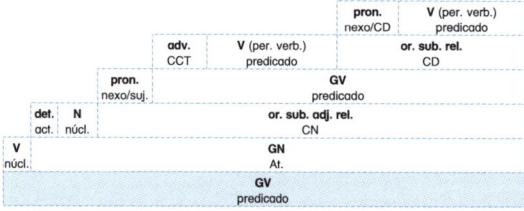

- Oración compuesta que contiene una oración subordinada adjetiva de relativo especificativa. La oración subordinada es compuesta y contiene una oración subordinada de relativo sin antecedente.
- El pronombre relativo complejo *lo que* puede también analizarse como:
  • *lo* (antecedente)/*que* (pronombre) + una oración de relativo. El conjunto sería un grupo nominal.
  • *lo* (artículo sustantivador) + oración de relativo. El conjunto sería otro grupo nominal, pero el núcleo sería la oración de relativo.

83. (Al despertar Gregorio Samsa una mañana, tras un sueño intranquilo,)

([S.O.] encontrose en su cama convertido en un monstruoso insecto.)

- Oración compuesta que contiene una oración subordinada circunstancial adverbial temporal.
- En oraciones subordinadas temporales como esta, la preposición *a* (con el artículo *el*) ejerce de conjunción en la función de nexo.

84. ([S.O.] Una vez me preguntaste (por qué [S.O.] te temía.))

- Oración compuesta que contiene una oración subordinada sustantiva interrogativa indirecta.

85. (Este idioma rico, culto, preciso y extenso **GN (coord.) suj.**

corre ciertos peligros (que sus propios dueños debemos conjurar.))

- Oración compuesta que contiene una oración subordinada adjetiva de relativo especificativa.

86. (Nada podrá medir el poder (que oculta una palabra.))

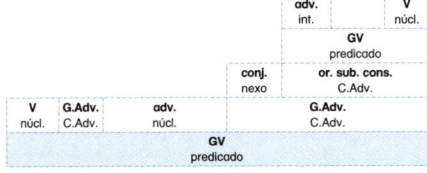

- Oración compuesta que contiene una oración subordinada adjetiva de relativo especificativa.

87. ([S.O.] Finge tan completamente (que hasta [S.O.] finge

que es dolor el dolor (que en verdad siente.)))

- Oración compuesta que contiene una oración subordinada consecutiva complemento del adverbio *tan*.
- La oración consecutiva es compuesta, pues incluye una oración subordinada sustantiva.
- Esta oración es a su vez compuesta, porque incluye una oración adjetiva de relativo especificativo.

Las oraciones coordinadas y subordinadas

88. ([S.O.] Di - me (con quién [S.O.] andas))

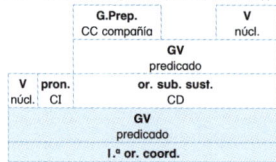

y ([S.O.] te diré (quién eres [S.O.].))

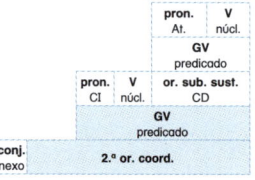

— Oración compuesta formada por dos oraciones coordinadas copulativas.
— La primera oración coordinada es compuesta y contiene una oración subordinada sustantiva interrogativa indirecta.
— La segunda oración coordinada es compuesta y contiene una oración subordinada sustantiva interrogativa indirecta.

89. ([S.O.] Vienes) o ([S.O.] te quedas),

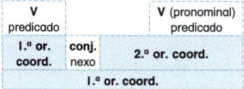

(pero [S.O.] decídete de una vez.)

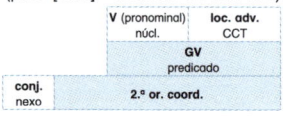

— Oración compuesta formada por un conjunto oracional coordinado y una oración coordinada adversativa.
— La primera oración compuesta está formada por dos oraciones coordinadas disyuntivas.

90. (Por lo mucho (que [S.O.] trabaja), [S.O.] ha caído enfermo.)

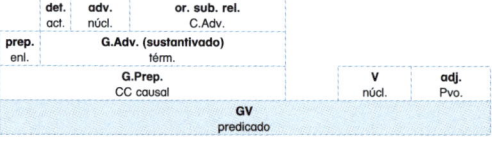

— Oración compuesta que contiene una oración subordinada de relativo que complementa el adverbio sustantivado *mucho*.
— El relativo *que* tiene como antecedente a *mucho* y, como él, es también adverbio.
— El determinante *lo* sustantiva al adverbio *mucho*.

La sintaxis

sintaxis *s.f.* Parte de la gramática que estudia la coordinación y unión de palabras para formar oraciones y expresar conceptos.

Así define el diccionario el término *sintaxis*. Pero ¿esto qué significa realmente? ¿En qué consiste analizar sintácticamente? Y, lo que es más importante, ¿a mí para qué me sirve?

Analizar sintácticamente no es...

- Repetir de memoria conceptos gramaticales. (De poco me sirve saberme la definición del sujeto de una oración si no soy capaz de reconocerlo, o no entiendo cómo se relaciona con otros elementos del sistema lingüístico).

- Memorizar etiquetas lingüísticas ajenas a nuestros intereses. (Ya me sé los nombres de los distintos tipos de oraciones que existen. ¿Y ahora qué?).

- Etiquetar cada palabra de una oración con nombres que vienen en el libro. (Dar nombres a las partes de una cosa no es entender cómo está hecha).

- Entender cada elemento o cada secuencia como un objeto aislado.

Analizar sintácticamente es...

- **Comprender** cómo está hecha una oración.

- **Comprender** un sistema abstracto (el sistema lingüístico) que relaciona la forma de lo que decimos con su significado.

- **Comprender**, en definitiva, una parte de nosotros mismos: la que nos permite comunicarnos y relacionarnos con los demás.